胡荣华
口述历史

胡荣华口述　丁旭光撰稿

口

ORAL HISTORY

上海市文史研究馆
口述历史丛书

上海书店出版社
SHANGHAI BOOKSTORE PUBLISHING HOUSE

胡荣华

象棋特级大师胡荣华，1945 年出生，江苏建湖人，中共党员。上海市文史研究馆馆员，上海市第九、十届人大代表，上海市第九、十届政协委员，国家级象棋教练，曾任亚洲象棋协会副会长、中国象棋协会副主席、上海市象棋协会主席、上海棋院院长、上海棋院三棋总教练。先后 14 次获全国象棋个人冠军，是全国唯一的"十连冠"，为中国在首届世界象棋锦标赛上夺得团体冠军立功，率上海象棋男队获得第一届全国象棋甲级联赛冠军、亚洲象棋赛团体冠军。先后获得上海市体育局系统先进工作者、上海市劳动模范称号。著有《反宫马专集》《胡荣华象棋自战解说谱》等。胡荣华以深厚的功力、独具慧眼的创新，对象棋的理论和战术进行了全面的战略性改革，取得了巨大成就，极大地丰富和深化了当代象棋的宝库。

编　撰　说　明

　　上海市文史研究馆成立于1953年6月，首任馆长张元济先生由毛泽东主席提名，时任上海市市长陈毅亲聘。建馆六十余年来，上海市文史研究馆由历任市长共延聘近1 200名馆员。馆员专业遍及文化历史、金石书画、新闻出版、教育学术、戏剧电影、传统医学、传统体育等多个领域，多以深邃造诣、杰出成就和一定的社会影响，成为专业翘楚乃至具有代表性的知名之士。他们在人生和事业道路上所经历蕴积的波澜起伏、经验见识和丰富阅历，是具有多重价值的宝贵的人文历史资源。

　　为了充分发掘文史馆馆员群体所特有的珍贵而丰厚的人文历史资源，保存历史记忆，记录时代风云，推动口述历史研究工作，上海市文史研究馆于2013年7月正式成立上海市文史研究馆口述历史研究中心。著名历史学家、上海市文史研究馆馆员姜义华和熊月之先生联袂担任中心主任。中心成立后，即聘请沪上学有专长的十位文史学者担任特聘研究员，启动上海市文史研究馆口述历史丛书（以下简称丛书）编撰项目。为了保证丛书的整体质量，在广泛征求各方面意见后，确定以下编撰原则：

　　一、丛书主要以上海市文史研究馆馆员、同时适当选取符合要求的馆外人士为访谈对象（即口述者）。

　　二、丛书恪守口述历史征集途径和开展过程的规范性。凡列选书目，概由口述历史研究中心先根据相关原则选取访谈对象。征得同意后，由口述历史研究中心约聘的撰稿人拟定采访提纲，经中心审议和口述者认同后付诸实施。访谈结束后，由撰稿人在文字笔录对比录音、影像的基础上整理成文，最终由口述者本人修订定稿。

三、丛书注重口述历史区别于一般"自传"或"回忆录"的独特性。访谈范围涉及口述者家世、经历、事业、交往、见闻等多个方面，尤其重视本人在场或参与之所历、所见、所闻、所传、所思，具有历史价值却缺乏文字资料的内容。

四、丛书本着客观的态度保存口述者的记忆。由于认识水平和记忆偏差，其内容可能与事实有出入。撰稿人应对口述中出现的人、地、物名及时、空、事件等进行必要的核对，尽量减少常识性错误，必要时可加以注释论证，亦可视具体情况在正文后面附录口述者活动年表等相关资料。

五、丛书在整理成稿并交付出版时，除了部分内容因涉及敏感暂不公开，或不得已而有所技术处理外，应努力保持资料原貌，切忌依据主观价值标准任意删除或更改，以此体现对口述者、对口述历史的尊重，同时也给口述资料的使用者保留可供继续解读和分析考证的空间。

六、丛书按照以图辅文、以图证史的原则向口述者征集和选用图片，包括照片、书信、手稿、字画、实物摄影等各种形式的图像资料，基本要求是：图片题材应该与口述内容直接关联，图片质量应该达到刊用水准，图片说明应该以新闻报道原则来撰述，时间、地点、人物、主题，基本齐全。

我们热忱希望丛书的编撰出版能拓展史料搜集的范围，能丰富读者对历史的认知，也衷心希望大家对我们编撰工作中存在的疏漏或差错，不吝批评指正，以利于口述历史的健康发展。

上海市文史研究馆
2015年6月

目 录

1

第一章
得益于天时地利与人和

一、出生在上海的石库门里

我1945年出生在上海肇周路126弄，祖籍是江苏建湖。肇周路126弄，也叫志成坊。志成坊是石库门建筑。石库门是出现在上海设立租界之后，也就是1860年前后。

志成坊是一坊跨两区：肇周路的北面是卢湾区，路的南面是南市区。志成坊属于卢湾区。因为黄浦区卢湾区南市区三区合并，现在的志成坊，属于黄浦区。

小时候，我听母亲说志成坊的弄堂口，原来是有大铁门的。半夜里，大铁门关闭后，有居民半夜回家时，会大声叫开门。过街楼上看门的阿福师傅听到叫喊声，不一会就会下来开门。有时候，一晚上要下来多次，弄得阿福师傅没有办法好好睡觉。但是，阿福师傅从来也没有什么怨言，他说他已经习惯了，他说这就是他的工作。

1958年，国家号召"大炼钢铁"，居委会紧跟形势，把大铁门拆下，扔进了炼钢炉。因为大炼钢铁，阿福师傅总算可以好好睡觉了。但是，大铁门没有了，负责开门关门的阿福师傅，因为没有门关了，失业了。在听母亲讲了大炼钢铁和阿福师傅的事情后，当年小小的我，竟然就开始杞人忧天："上海有很多很多的石库门，有那么多的大铁门，这样的大炼钢铁，要拆多少大铁门啊。这一拆，又有多少个阿福师傅要失业？"

吉安路300弄，是志成坊的北出口。吉安路北到崇德路，南至肇周路，全长700米左右。如今，吉安路的北边已经拆光了，复兴中路到肇周路这一段，还有几家弄堂工厂，还可以感受到我小时候的氛围。以复兴中路为分界线,吉安路被分成两段。复兴中路以北,已经成了新发展区域的新天地板块。在这个区域里,大型的商业建筑覆盖了原来的石库门旧居。复兴中路以南的吉安路,还保留着老上海的腔调。

二、母亲撑起了一家人的生活

我们家有兄弟姐妹五个，我排行老二，上面一个姐姐，下面有一个妹妹和两个弟弟。那个时候，大多数家庭是多子女。当时的社会医疗水平，还是比较低的。本来，我们家有兄弟姐妹七个，走了两个。

我们家的顶梁柱是我母亲，全家靠母亲在荣银针织厂做工糊口。荣银针织厂后来改名为针织九厂，厂址在建国路马当路那里。解放初期，我去过荣银针织厂。记得当年私营老板没有及时发工资，发生了劳资纠纷，工人们罢工。我母亲要去工厂找老板要工资，因为家里没人，母亲不放心把我一个人留在家中，就带着我一起去了工厂老板的办公室。当时，我耳朵里划过母亲的一句话："老板有绿纸头（美金）。"

这件事，我一直难以忘怀。长大后，我在母亲那里提起这件事，母亲告诉我，老板不是没有钱，只是想拖欠工资。

去母亲的荣银针织厂，要经过顺昌路建国东路。记得建国东路96号，是一家当铺，叫"协裕当"。早在1921年，就在建国东路开业。不过，那个时候不是叫建国东路，而是叫康悌路。而且，不是96号，是145号。"协裕当"是原卢湾区境内最早的一家当铺。抗日战争爆发以后，租界难民云集，上海的典当行业空前兴盛。解放战争时期，上海物价飞涨，典当行业也因为入不敷出大量倒闭。到解放初，典当行的数量大大减少。但是，"协裕当"却非常挺括，诞生于1921年的"协裕当"，是上海诞生最早、消失最晚的一家当铺。一直到1966年，还在继续从事和典押贷款有关的业务。

母亲如果在老板那里讨不到工资，就会拿着家里的细软，拉着我，走进

"协裕当"去典当。

母亲的月收入,是70元不到,当时,人均最低生活费是8元。8元以下,可以得到政府的补助。

三、我学棋的时间比较晚

　　20世纪50年代，中国正处于农耕文化向工业文化过渡的阶段。那个年代，文体活动比较单一，娱乐工具贫乏，看不到电视机，连收音机都是奢侈品。象棋因为价格便宜，因此成为国人的主要娱乐项目之一。

　　现在回想起来，在我能记事的时候，我还不会下象棋。1950年2月6日的中午，弄堂里拉起了警报。听到警报声，家人马上叫我钻到八仙桌下面。后来，我才知道，这是"二六轰炸"。

　　我听到的轰炸声音，是从卢家湾传来。卢家湾在上海卢湾区的打浦桥地区。在卢家湾的徐家汇路与重庆南路交会口的西北处，就是现在的南北高架徐家汇路出口的一侧，当时有一座叫卢家湾的发电厂。

　　我下象棋的年龄，大概是在八九岁之间。八九岁这个年龄学象棋，在当时似乎已经晚了一些。那时的报纸在介绍一些象棋名手时，除了介绍前面提到的"六龄童""十龄童"，还有"六龄童"沈惠林，甚至还有更小的"五龄童"。

　　1953年，上海出现了两个象棋神童：一个是"六龄童"李耀芳，一个是"十龄童"郑渭森。李耀芳师承何顺安，郑渭森的老师是陈昌荣。陈昌荣是上海市前六名的好手。何顺安和陈昌荣均属李武尚的门下。1956年，神童李耀芳和郑渭森在八仙桥青年会作象棋公开表演赛。因为是第一次公开表演，青年会大礼堂被观众挤得水泄不通。结果，李耀芳先走顺炮负于郑渭森。

　　台上，杀得昏天黑地，台下面，何顺安、陈昌荣的双手是紧紧相握。何顺安对陈昌荣说："师兄果然厉害！小郑用你擅长的横车夹马招法为直车夹马,李耀芳拳打不识,还是败下阵来。"

没过多久,"六龄童"李耀芳败于"十龄童"郑渭森的对局,上了1956年广东《象棋》月刊的第3期上。《象棋》月刊是当时国内唯一的一本象棋杂志。

郑渭森是陈昌荣唯一的徒弟。因此,只要是郑渭森出战,陈昌荣战前都要为郑渭森悉心定策;战后,陈昌荣要为郑渭森复盘。陈昌荣自己下棋从来不拆棋,为了郑渭森,陈昌荣全力以赴。在陈昌荣的悉心辅导下,郑渭森的棋艺进步很快:大新公司游乐场八楼屋顶花园的棋坛,特地聘请他担任"小台主",专门在余兴节目中应战来宾。郑渭森也是不负众望,他在应战来宾中,常常会赢来满堂的喝彩。自从拜何顺安为师后,李耀芳棋艺也是日有所进。李耀芳小小年纪,水平了得。他不但在上海的各个棋场一展棋艺,还经常外出,去浙江和江苏等地的工人俱乐部与文化宫作巡回表演。有一次,报上宣传,李耀芳随老棋王谢侠逊去苏州应战来宾献艺,盛况空前。常常是一局结束,掌声不断。

当"六龄童"李耀芳和"十龄童"郑渭森的大名频频见报之际,8岁的我刚刚开始下棋。李耀芳和郑渭森没有想到,多少天之后,他们俩会和我同场竞技。我也没有料到,几年后的一个晚上,我在应战来宾中赢了陈昌荣先生。之后,陈昌荣又成了我的师伯。

四、父亲是我的启蒙老师

我记得,在我很小的时候,父亲的行动已经很不方便。走路时是外八字。走不了几步,已感到很吃力,这个时候,他要扶一下墙壁再继续行走。一开始,父亲的脚只是有点痛导致行走不便。慢慢的慢慢的,越来越不能走了。按现在的说法,应该是风瘫。

行走不便的父亲喜欢下棋,他是我学棋的启蒙老师。平时,父亲只是和邻居下棋。有时,也会请上两三个邻居到家里来下上几盘。以现在的标准去衡量,父亲的象棋水平是很低很低的。低到什么地步?我进上海象棋集训队后,难得回家一次。有一次,我回家后,看到父亲正和邻居下棋。邻居姓王,年纪比父亲小一点,平时我叫他爷叔。专心下象棋的父亲,居然没有看到我回家。邻居爷叔也没有觉察到我已经站在他们的边上。我一瞄,竟看到两个人都走了瞎眼棋——两个人的车都在对方的口里。一直到一盘棋下完,他们俩都没有发现。后来,那位姓王的叔叔搬走了,父亲又和我姑姑的儿子下。姑姑儿子的棋力,和父亲的水平是脚上脚落——差不了多少。

正是水平不高的父亲,让我对象棋产生了极大的兴趣。

我进小学后那年冬天的一个晚上,父亲把我和姐姐叫到了桌子边:说我来教你们两个人下棋。桌子上,摆着一副象棋。这一副象棋,父亲已经使用了很久。父亲在讲解了各个棋子的走法和规则后,就让我和姐姐下起来。我和姐姐下了两盘棋,这也是我一生中下的最早的两盘棋。这两盘棋,都是姐姐胜出。我虽然稀里糊涂地输了两盘棋,但是,却对那32个红黑棋子产生了强烈的兴趣。因为,我体会到了一种从未有过的乐趣。当时的我，长得十分瘦小，一直都缺乏自信心。平时，在弄堂里和小朋友玩游戏，也是一直在输；在学校和家里玩游戏时，又总是让同学和姐姐呼来唤去。在我可以随意指挥的车马炮面前，我感到自己成了一个呼风唤雨的大将军。从此，我就和象棋结下了不解之缘。

从第三盘开始，姐姐就不是我的对手了。这以后的每天晚上，父亲总是把我和姐姐叫到桌前，教我们下棋。父亲教我和姐姐下棋的初衷，为的是增添家庭生活的乐趣，也是让我们不会因无所事事，外出惹是生非。

一开始，我的水平很差。在学会了简单的规则和车马炮的走法后，8岁的我就沉迷在楚河汉界中不能自拔。只要有空，我就缠着父亲下棋。我和父亲下棋最多的地方，是志成坊18—24号之间的过街楼下。这过街楼是志成坊的北出口。18号，是我姑姑家。18号和24号中间，朝北走几步，才是过街楼。天热的时候，过街楼下有穿堂风。过街楼的北面，是吉安路300弄。300弄的北面，才真正是300弄的地块。300弄的南面，属于志成坊。我家是24号，24号在弄堂尽头，从我家的这一排拐个弯，穿过长30多米的300弄的弄堂，就到了吉安路。300弄这条弄堂，因为宽不到2米，显得很远很深。

再顺便说一句，除了象棋，我的"大怪路子"和麻将，都是在年幼时无师自通于志成坊。那个时候的玩牌，基本上都是三打三的大怪路子，也不赌钱。即使有人赌钱，也是在外人看不见的地方。

五、心血凝聚在圆纸片上

有时候,棋瘾上来了,小伙伴找到了,却没有象棋了。家里的那一副象棋,是父亲的常用物品,我基本上不用。

我知道家里生活不富裕,也不习惯随意向大人要钱。怎么办呢?没有钱去买棋子,我就自己动手。我找来一张硬纸壳,用姐姐的圆规画了许多小圆圈。然后,再把圆圈一个个剪了下来。剪下的圆纸片,往往超过了原来画好的尺寸。圆纸片上的"车马炮兵将士象",虽然一笔一画如同刀刻,但还是歪歪斜斜。对年幼的我来说,这凝聚了我心血的圆纸片,是我的最爱。

10岁之前,我曾经花了200元买了一副纸象棋。1955年币制改革之前,1万元等于现在1元。那个时候的200元,等于现在的2分钱。其实,买的还不是现成的象棋,只是买了两张纸。每一张纸上有16个圆形字,一张是红字,还有一张是黑字,要剪下来后,才能成为纸棋子。纸象棋买回来后,我会把棋子剪下来,然后贴在硬纸壳上。那个时候,一副木头棋子要1 200元也就是1角2分。1角2分对我来说,是很大的一个数字,我买不起。我记得,当时买一包零食最低是500元也就5分钱。5分钱可以买一包很小的山楂。

在我们弄堂里,有很多人喜欢下象棋。当时,还有两位在我眼中是水平相当高的高手。两位高手经常去淮海中路的凌云阁茶楼喝茶下棋。其中一位高手,一开始和我下棋时,让我两个马,还要让我先走十步。我当时很崇拜他,后来,他去了兰州。没多久,就获得了兰州市象棋冠军。20世纪50年代初的凌云阁,是上海棋坛甚至是全国名手的荟萃之地。外省市棋手到上海，必定要去凌云阁。因此，就凭"到凌云阁下过棋"这一句话，就可以赢得棋手们的尊敬。当年，杨官璘就经常在凌云阁下棋，而且，还下让子棋。上海的二流棋手如王寿海、韩文荣、李萃升、许立勋、邱永高、姚镜容等人，都被杨官璘让马分先，即一盘让对手一匹马杨官璘先走，一盘让对手一匹马杨官璘后走。结果，让一匹马杨官璘先走时杨官璘几乎全部胜出，让马先时互有胜负。以至于上海的二流棋手有了一句口头禅："如果能像杨官璘那样，让我们一匹马过关，才是真正的国手。"

我在学会了车、马、炮的走法后，开始走出志成坊24号。上学不久，我就成为吉安路小学的"棋大王"。每天放学回家，做完功课后，我就找人杀几盘。那时功课好像也不多，我经常是在学校里就做好了。学校里的同学很快都不是我的对手。于是，我又转到里弄找同伴下棋，但年龄相仿的孩子会下棋的不多，我就找大人"比赛"。那些叔叔伯伯也愿意和我下一两盘，不过大人终究比小孩强。弄堂里有三四个高手，他们开始跟我下的时候，大约是让两个马，再让"十先"，就是在不吃子的情况下让你先走十步。当时我还很不懂，先走十步也不知道该怎么走，让了也没用，还是输。这样大约前后两年，三四个高手只能让先。一位爱下棋的邻居叔叔见证了我棋艺的进步：他开始时是让我车马炮还能赢我，后来让子越来越少，最后直至只能让我长先。几个月后的一天傍晚，这位经常和我下棋的叔叔和我下了几盘棋后，郑重其事地对我说让不动你一先了。以后，我们分先。

我一直在等着这一天。那天晚上，我的心情别提多高兴了，吃饭也特别香甜。这以后，我出了志成坊，到志成坊弄堂口吉安路上的棋摊，或者到附近的复兴中路顺昌路口的棋摊上，去看大人下棋。

吉安路300弄弄堂口一侧，有一个老虎灶，下面也就是一楼出售热水，价格低廉。20世纪的50到70年代，每瓶热水是1分钱。老虎灶的二楼，是茶水坐堂服务，可以喝茶，也可以下棋。马路上下棋的那一群棋友，下雨时会移到老虎灶的楼上，继续他们的车马炮。这些良好的外部条件，为我棋艺的进步和发展，打下了良好的基础。20世纪80年代末，旧区改造后，煤气使用普及,老虎灶消失。老虎灶曾是遍布上海市井小巷的一大景观,有一种说法是老虎灶有点像一只蹲下来的老虎:前头堆烧柴禾的炉膛是老虎张开的大嘴,后头一根烟囱伸到房子外面像老虎竖起来的尾巴。

吉安路300弄的斜对面,有一座佛庙,叫法藏寺。法藏寺是老卢湾区规模最大的佛寺,门牌号码是吉安路271号,我和271这数字似乎有缘,和法藏寺也有缘。我的小学最早是在靠近肇周路的一所私立小学,叫思诚小学。后来改名为吉安路小学。改成吉安路小学后,小学的一半,在法藏寺里,我就在法藏寺里上课。和思诚小学相比,法藏寺里的课堂条件,算是好的。

法藏讲寺始建于1924年,五年后落成。寺又简称法藏寺,占地不大,只有2 713平方米,建筑面积也不过是6 357平方米。此外,它的结构与其他寺庙没有什么两样。现在看到的法藏寺是20世纪90年代以后修复的,以前法藏寺里,曾经是吉安路小学、无线电厂、玩具厂和戏剧服装厂的所在地。法藏寺的对面,有一家清真永丰面馆,父子两代经营面馆已达七八十年。

小时候的我,有时也会奢侈一把,到老面馆里去尝鲜。对我来说,老面馆是童年的味道。如果这味道还要再深究一层,那么,童年里,还有双档(面筋、百叶包)的鲜、鸡鸭血汤的香,另外加上油墩子油炸表皮和里面萝卜丝的清新。这是童年的味道,也是老卢湾老南市的味道,更是上海的味道。

志成坊是上海老城厢里的老弄堂。可能是因为我的关系,东面通吉安路南面通肇周路的志成坊,成了吉安路上名气最响的弄堂。一般来说,老城厢里的老弄堂受条件限制,有时会杂乱无章。志成坊却是一尘不染,很整洁,让人刮目相看。志成坊里的一位阿姨曾对人说:"因为阿拉弄堂里住的上海人多,又出一个胡荣华,所以干干净净。"阿姨的这一句话,只是说了一个表象。真正的原因,是志成坊的一头是法藏寺。因为法藏寺近在咫尺,自然会影响人们的举止行为。还有就是,小小的只有34户人家的志成坊,除了我以外,还出了另两位艺术家:画家仇德树和作家童孟侯。1948

年出生的仇德树，在上塑十八厂和卢湾区文化馆做过美工。仇德树在"文革"中也是两耳不闻窗外事，经常把自己锁在法藏寺里，面对菩萨笔墨纵横。1979年，仇德树组织了"草草画社"，从此走上艺术之路。仇德树艺术语言和哲学思考的核心是"裂变"。作家童孟侯在上海滩的文学圈子里，也不是一个小众人物。后来，童孟侯还在《解放日报》发表的文章里，写到了志成坊，写到了我和仇德树。

志成坊里，有一棵长得歪歪扭扭年头很长的无花果树。夏日时节，是无花果结果的时候。小时候的我，经常爬上去采无花果。我的平衡力非常好，除了爬无花果树，小时候的我经常在志成坊的弄堂里侧身翻。而且，一翻就是十几个。多少年之后，在广州参加"五羊杯"大赛的我，常常在激战之际，去广州的公园去玩碰碰车。

六、从坚决反对到让步的母亲

放学后，或者是节假日，不管是身在何处，我都会带着那副心爱的纸壳象棋。我常常会到老西门垂柳婆娑的树荫下，和小伙伴们车马争雄。很快，纸壳象棋上的字迹因摩擦次数太多，变得模糊不清。这时候，我会很专心地用笔重新描过。没过多久，字迹又变得模糊不清，我会再描上一遍。就在一磨一描中，我的象棋水平几乎是天天进步，我成了学校的棋大王。没隔多久，又从学校的棋大王成为弄堂里的棋大王。

其后，我开始了我的浪迹天涯——去棋摊上闯荡江湖。我会站在马路边的棋摊边上，悄悄地看着邻里的叔伯们横车跃马。正是在这样的条件下，学会了象棋的基本杀法。因为进步很快，学校和弄堂已经满足不了我。这样，我就去了棋摊。那个时候，棋摊很多。一个弄堂里或者一个客堂里摆几副棋，大家都能进去。可以做观众，也可以进去下棋。输的人付两分钱，赢的人当然不付钱，和棋各付一分钱。

看到我的棋艺日有所长，父亲非常高兴。他已经隐隐约约地意识到，儿子是一个可造就的棋才。父亲是高兴了，但母亲却不高兴了。原先总是笑嘻嘻看着我和姐姐和父亲下棋的母亲，开始坚决反对我下棋。母亲反对我下棋，并不是我因为象棋影响学习，因为我不仅从没有耽误过功课，而且，成绩一直是优良。我的记忆力特好，即使晚上因为下棋来不及背书，第二天早上读上两遍，也是过目不忘。

有好几次，母亲甚至把我的象棋丢到了煤球炉里焚烧。母亲坚决反对我下棋的原因，是因为我在棋摊上下棋，经常是下到很晚才回。不仅如此，下完棋回家后，还经常坐着发呆，含着饭也在想棋。有时母亲叫我吃饭，我也没有听到。吃饭时，我还用筷子在桌上画来画去，寻找残棋的突破方案。母亲看我下棋老是痴痴呆呆的，非常担忧，她怕我因棋走火甚至入魔。于是，便采取了极端行为，横下心来把我的象棋烧掉了。母亲烧的是纸头的棋子，木头棋子她舍不得烧，毕竟，买一副木头棋子，要花1角2分。

经过几次烧了做、做了烧的反复，更因为我没有因下棋而耽误功课，人也没有因下棋变傻，又加上父亲的支持，几个月后，母亲终于让步，不再反对我下棋。不仅如此，母亲还会给我零用钱。和今天的小朋友们相比，我们那个年代的零用钱，实在是少得可怜。我很羡慕今天的小朋友们的学棋条件，每逢寒暑假，他们可以到各种各样的棋训班中去学棋；需要什么棋书，只要跑一趟书店，就可以买到一堆教程、指南之类的书，也根本不需要考虑要花多少钱。

在我下棋的头几年，基本上没有看过什么棋书，更加不懂什么象棋理论。即使有钱，也难买到需要的象棋书。有一次，我们街道与邻近街道的棋友下对抗赛，作为参赛队员，我被对手用了象棋谱《橘中秘》中的一个圈套杀败。从那天起，我才知道棋谱对于一位下棋的人来说，是多么的重要！对棋手或棋迷而言，棋谱犹如令人神往的武侠世界中的武学秘籍。我真想去买一本《橘中秘》来，但是，我没有那么多零用钱。当我认识到棋书的重要性后，正好广州的《象棋》月刊问世，《象棋》月刊成了我的宝贝。这是一份由当时的棋坛两大高手杨官璘、陈松顺共同主编的棋刊，全国独此一家。我省下妈妈给的早餐费，每个月买一本。这本定价一毛钱、总共32个页码的小册子是我最好的精神食粮。封底上每期必有的棋局测验题，出自名家之手。我用母亲给的零钱，一分一分地藏着，凑齐一毛钱后，就会去买一本《象棋》月刊。每一次，我买好《象棋》月刊后，总是先花功夫解封底上的棋局测验题。有时，为了找到破题的走法，一直冥思苦想，甚至忘记了吃饭。《象棋》月刊上的实用杀局，比加减乘除复杂多了。我也不摆棋子，就在脑子里拆棋，我超人的记忆力很可能与这个童子功有关。实用杀局是先走方胜，和江湖排局的和棋相比，难度相对小一点。

七、在良好的象棋氛围中成长

现在回想起小时候的下棋氛围，应该说是非常之好。我的成长，离不开这座城市，离不开那么多老棋手架起的人梯。20世纪的50年代末60年代初，是我国象棋界的春天，当时的上海是象棋的鼎盛之乡，棋坛上异常活跃，以擂台赛为首的赛事活动频繁，出现了历史上从未有过的繁荣景象。不但本地涌现出许多象棋高手，就连全国各地的高手也经常云集到上海，这为我棋艺的进步创造了良好的条件。从经常去淮海中路凌云阁茶楼喝茶下棋的两位叔叔那里，我知道了一代棋王杨官璘。

1956年，杨官璘夺取首届全国象棋个人赛桂冠，一统中国棋坛几十年"诸侯混战"的格局，开创了杨官璘的"魔叔"时代。从1956年到1959年，杨官璘因为三度获得全国象棋冠军，威震棋坛！与此同时，广东队也是如日中天。反观上海棋坛，和广东队相比，成绩是很一般。1956年，在第一次全国象棋比赛中，代表上海出战的何顺安只获得了第6名。1957年，在全国三项棋类锦标赛中，上海的刘棣怀和尤国钟分别获得围棋冠军和国际象棋亚军，徐天利获得象棋第6名。在以后的两届全国棋赛上，除了刘棣怀蝉联围棋冠军外，国际象棋和象棋冠军大多花落广东。

1960年，陈毅同志在上海大厦接见了刘棣怀、顾水如、陈祖德和吴淞笙等围棋运动员，勉励他们为发展围棋事业做出贡献，为上海争光。1960年，上海棋社成立时，陈毅同志专门发话，说老棋手应该享受教授级的待遇。全国冠军杨官璘很早就享受到了教授级待遇。1956年前，杨官璘打完擂台回到广州之后，广州有关领导和中共中央华南分局宣传部的部长吴南生（《中国象棋谱》编写者之一），参照杨官璘在上海的出场费，折算杨官璘的工资为12×30就是360元。因为冬天后杨官璘还是要来上海，工资减半，所以当时杨官璘的工资是180元。因为杨官璘，广州才有了"象棋城"的美名。因为杨官璘，广东才能创办《象棋》月刊。后来，在吴南生的创意下，广州诞生了"羊城八景"。"羊城八景"中有一景叫"杨官璘下象棋"。广东象棋的兴旺，离不开杨官璘，而杨官璘的成功，和上海又有很大的关系。

八、复兴中路顺昌路口的棋摊

　　20世纪的50、60年代,全国各地的棋风很浓,上海的棋风更加浓。除了各区的工人俱乐部、各区各街道的文化馆的棋室之外,上海私人开设的民间棋社很多。民间棋社虽然场地较小,但因为营业时间长,服务态度好,棋客常常是爆棚。在棋社里下一盘棋2分钱,由输者付,和棋各半。下棋的时间基本上不限,观棋者是分文不收。稍有水平的人,一天恐怕也花不了两毛钱。当然,喜欢走快棋而水平较低的人一天花一元钱也是有的。棋社店主免费供应茶水,代购香烟、午餐或晚餐,这些都使棋客感到方便。民间棋社很受棋迷们的欢迎。民间棋社丰富了人们的文化生活。

　　当时,上海比较有名的是云南棋社和大众棋社。云南棋社地处市中心,在云南南路上,与金陵东路和宁海东路相交,云南棋社对面就是有名的小绍兴鸡粥店。据徐大庆介绍:约20平方米的棋社里,竟放了20只棋盘。大众棋社原位于西藏中路,在老公兴鸡粥店隔壁,上海市青年会(现为淮海饭店)斜对面。大众棋社比云南棋社要大一倍,约40平方米,可放40盘棋。大众棋社后来搬到了云南南路上,与云南棋社做了邻居。其时,上海的名棋手徐大庆、宋义山、姚镜容、丁上迪等人,都是云南棋社和大众棋社的常客,一些不肯露名的民间好手也经常光顾棋社。甚至于外地的许多棋手经过上海,也会慕名前往。大众棋社的店主顾老板除了经营棋社,还做其他生意。顾老板的女儿顾玉凤因耳濡目染了象棋,后来成为上海第一位女子象棋冠军。

　　1966年以后,象棋活动被停止,民间棋社也消失。

　　复兴中路顺昌路口有一个棋摊。摆棋摊的,是一个比较随和的中年人,姓邓。人们都叫他老板。所谓棋摊,是当时社会上一些低收入者的谋生手段,摊主一般有点象棋功底,在马路边或者弄堂口摆几副象棋供人对弈。两个棋友对弈,每输一盘,输家付摊主2分钱"盘钱",和棋一人1分。2分钱一盘棋,不算低。要知道,当时的大饼,不过是3分钱一个。棋摊一侧,有一根铁签,铁签上面,是一圈一圈用硬纸板剪出来的牌子。这牌子就是筹码,一个筹码代表2分钱。

　　小时候的我,放学回家后经常会去棋摊看棋,邓老板因此也注意到了我。因为,在邓老板的棋摊上,从来没有出现过我这样的小不点儿。我是棋摊上唯一一个戴红领巾的少先队员。而且,我看人下棋的神态,又是那样的专注。专注中,还有超出年龄的老成。因为囊中羞涩,我只能站在棋摊一旁当观众。一天,也许是因为生意清淡,也可能是想测试我的棋力,邓老板主动招呼我与棋客分先对弈,他还问我为什么光看人家下棋而自己不下? 小小年纪的我,非常要面子。我老老实实地回答说我没带钱。实际上我不是没带钱,而是没有钱带。邓老板说你在这里下棋,输了不要你付钱。听到不需要付钱,我便高高兴兴地坐了下来。不一会儿,过来了一个要下棋的成年人。邓老板对他说:"今天没人下棋,要么,你就和这位小朋友下。"对方看到棋摊确实无客,又想过把瘾,便坐下来漫不经心地和我开始了当头炮马来跳。当时的我,9岁刚出头,个头又小,成年人一般不会把我放在眼内。对方没想到,我竟连胜了他4盘。

　　这个时候,棋摊上已有旁观者。旁观者也没想到,我竟连胜了一个个成年人。旁观者见我一个小小少年出手不凡,都在一旁摩拳擦掌。换了几个对手后,在接下来的一个小时里,我又胜了10盘。

　　邓老板和棋客们没有想到我这么厉害。当然,这不是我的最高纪录。有一次,我在一个小时里赢了6、7个成年人,加起来一共是赢了23盘。也就是说,我帮邓老板赚了4角6分。我大过了棋瘾,摊主邓老板当然是十分高兴。他希望我多到他的棋摊去,条件还是不变,我输了不付钱。那个时候的我,经过和成年棋手的交流,已经知道了自己的几斤几两:在邓老板的棋摊上,我输棋的可能性很小。通过几次接触,我也知道,邓老板是让我这个小孩子,为他的棋摊招引对手!按照时下的说法就是为他做广告代言人,而且又是免费的。那时的行话,叫坐地虎,我就是坐地虎,地头上的老虎。当时的我没有想那么多,我只是想万一我输了,不需要付2分钱,又有棋可下,很划算。

我的广告效应好像确实很大!大到什么地步呢?每当我在那里和大人下棋,周围都会被围得密不透风。我的身后,比对手身后的人更多。因为我人小,观棋者在我的后面可以看得更清楚。有一次,我杀得兴起,又忘记了回家吃晚饭。母亲先是到吉安路300弄弄堂口的棋摊上去找我,没找到。母亲又赶到复兴中路顺昌路口邓老板的棋摊,走进棋摊后,她一时竟没有看到淹没在人群里的我。

复兴路靠近济南路那里,扬州人陈荣棠开过一个棋摊。陈荣棠当时也是上海名手,他那个棋摊开的时间不长,但平均水平比邓老板棋摊头要高。顺昌路往北面走,也就是在太平洋菜场(现名顺昌路菜场)对面有一家香烛店。香烛店一旁,也有一个棋摊,那个棋摊上最好的棋手叫汤秉堂。汤秉堂的水平,当时在上海三流棋手里是最高的。我刚到那个棋摊去下棋时,一直在输,因为棋摊有几位上海的三流名手。我非常崇拜这些名手,心里一直在想:什么时候,我才能够和这些三流名手抗衡呢?

今天的复兴中路顺昌路口,已经是旧貌换新颜。当年的石库门建筑早已是无影无踪。

九、朱翰章带我拜见窦国柱

在顺昌路邓老板的棋摊上磨炼后,我的棋路宽了,也结识了不少棋友。而这些棋友,又把我引领到更广阔的天地。有一天,有位在棋摊上认识的熟人、法语翻译朱翰章对我说,要请一位象棋名手指点我。朱翰章说的这位名手就是窦国柱老师。窦国柱是上海文史馆馆员,中国象棋史上赫赫有名的扬州三剑客之一。不过那个时候我对文史馆馆员的概念不清楚,只知道他是一个象棋高人。

第一次去窦国柱家,是1956年夏天的一个中午。窦国柱的家离肇嘉浜路和大木桥路很近,肇嘉浜路东起当时的日晖东路,北到徐家汇。当时有"十里肇嘉浜十里臭水浜"的说法。那时的肇嘉浜路还是一条臭水浜。那条臭名远扬的河浜于1957年被填平。肇嘉浜路在当时是一条分界线,路的北面属于高档地段,路的南面属于低档地段。窦国柱住在肇嘉浜路的南面。上海路名中带肇字的不多,我家住肇周路,有点巧。在20世纪50年代,肇嘉浜跟北京的龙须沟差不多,是一条臭水浜。那一次去窦国柱家,我印象最深的就是空气很臭很臭,路上也全是泥巴,踩得满脚都是。

一路上,朱翰章对我详细地介绍了窦国柱老师。窦国柱1900年出生于江苏省扬州市,6岁时就开始学象棋。其父为商人,在扬州开有九如斋糕饼点心茶食店,附有工场,颇有名气。其时,扬州棋坛上的象棋高手,从原有的周焕文,又增加了从镇江来的王浩然,以及刚刚崛起的张锦荣。三人的棋艺相当。因王浩然工作较忙,张锦荣年岁较轻,在窦国柱父亲的眼中,最理想的师傅当属中医师周焕文。周焕文棋艺高超,又正在培养儿子周德裕和周德广学棋。窦国柱的父亲三顾茅庐几经恳请,周焕文答应"带国柱学棋"。因周德裕弈棋的钻劲比其弟德广大,因此,窦国柱和大师兄周德裕磨砺的机会自然要多。两人常常是在鸡鸣声中开盘,一直下到下午收手。听了朱翰章对窦国柱老师的介绍,我从心底里对窦国柱是愈发敬重。

窦老的家在棚户区里,我跟着朱翰章叔叔在棚户住宅中绕来绕去,绕了很长时间才找到窦老师家的平房。窦国柱的家,就在现在的正阳路,当时还没有路名的小道旁。窦国柱家的门牌上写的是斜土路1219弄,门牌号码我已记不清了。窦国柱家屋顶上是小黑瓦,白墙是用石灰粉就,墙壁上紧贴着的是竹篱笆。窦国柱家的门前是一条弹硌路。

朱翰章知道窦国柱有午睡的习惯,敲门的声音很轻。开门后,一位穿着朴素的中年妇女开了门。中年妇女是窦国柱的妻子,她比窦老要年轻好多。窦国柱夫妇有一个女儿。窦国柱远行后,他的妻子去了扬州乡下的女儿处。见窦国柱还在午睡,朱翰章和我退了出来。我们俩站在窦国柱家的门外,看着对面的庄稼地。不一会,朱翰章又继续他的窦国柱介绍。窦国柱自成为职业棋手后,主要活动由扬州移往上海,担任徐汇区象棋队的指导,还为报刊撰写棋局和棋评,著有《近代象棋名局选》等著作。

想到童年时第一次拜见窦国柱的情景,我的思绪又跳跃到20年之后的1978年。1978年,窦国柱驾鹤仙去时,我和另一位国手杨官璘正在北京集训,准备代表中国参加在东马古晋举行的亚洲象棋大赛(最终未成行)。得知窦国柱老师西行,我从北京飞回了上海。

再说,一个多小时之后,午睡的窦国柱醒了。知道我们等了一个多小时,他非常感动,马上拿出棋盘和我下棋。我也没有客气,拿起棋就先走了一个当头炮,接着又结成了连环马。开始,窦国柱只是漫不经心地信手拈来,中盘时,在我强渡了一中兵后,窦国柱在大吃一惊后,对我重视起来。窦国柱费了很大的一番周折,才和我下了一盘和局。事后,窦国柱非常满意地对朱翰章说他已经用了五成力量,但还是被我下和了,说我真厉害。朱翰章马上对窦国柱说请窦老师多教教我。窦国柱非常高兴,让朱翰章今后多带我去他那里。

那天回家后爸爸问我窦老师答应教你下棋了吗？我对爸爸说窦老师答应了。然后，我把整个过程说了一遍。爸爸听了之后，非常高兴。妈妈虽然不懂象棋，但得知我和名家窦国柱下了一盘和棋，窦国柱又肯带我，当然也是非常高兴。高兴之后，妈妈说要谢谢朱翰章老师。

后来，我自己又去了窦国柱家几次。去了几次后，我才敢仔细地看看窦老师：窦国柱的额头后倾，突出的眉骨，下颚有点前冲，弈棋时很专注。他弓着背，有时会耸耸肩。有一次，朱翰章又同我一起去窦国柱家下棋。下完棋后，窦国柱笑眯眯地看着我，满脸慈态。我看到窦国柱是那么和气，胆子也就大起来了：我说窦老师，你哪一天有大象棋表演赛，带我去看好吗？窦国柱说没有问题。过了一会儿，他又说我想起来了，下个礼拜天，我在城隍庙正好有一场大象棋表演，让老朱带你一起来。一旁的朱翰章看着我，忍俊不禁。一时间，我竟有点兴奋。不过，我没有把这兴奋放在脸上，只是笑嘻嘻的。

十、窦国柱让我去得意楼应战来宾

　　窦国柱说的星期天到了。这一个星期对我来说,实在是太长太长。星期天的大象棋表演是在下午1点开始,吃过午饭后,12点钟不到,我就匆匆赶去。城隍庙离家不远,走过去也只要20分钟。以往,逢年过节的时候,母亲常常带我去城隍庙。

　　到了城隍庙,看到了朱翰章。然后和朱翰章一起来到了春风得意楼。这是我第一次登上得意楼。得意楼是一幢闻名遐迩的老式三层楼,是当时上海规模最大、生意最兴隆的茶楼。20世纪的50年代中期,得意楼生意渐趋清淡。

　　得意楼茶馆除了饮茶谈生意会客外,还是象棋棋友的聚会场所。除了上海的本地棋手,外地的一些高手也经常来得意楼下棋。20世纪的50年代,何顺安、朱剑秋、徐和良等象棋名手经常在凌云阁下棋品茗。但是因为凌云阁地方很小,只能下小棋盘,无法挂大象棋表演。为此,窦国柱想另起炉灶,办一个有气派的大一点象棋场所。机缘巧合的是,20世纪50年代,得意楼茶馆委托窦国柱创设一个可挂大棋盘比赛的象棋表演场所,双方一拍即合。不到一年,春风得意楼居然变成上海象棋界的一个重要场所。全国各地的名手如宁夏的马宽、湖北的方绍钦、宁波的陈昌荣、嘉兴的高琪、平湖的朱明华,甚至大名鼎鼎的杨官璘、陈松顺、李义庭等人,都是不请自来。每逢星期日,还有刘彬如、毛信能等人参加的上海市双冠军比赛。

　　但是,这种好景并不长久。几年后,因为外地名手基本上有了工作,进入体委集训队;而上海的知名高手也有了工作,没有时间参加比赛,棋场的上座率是越来越低。窦国柱见状,知道大势所趋,北上去拜访一位老首长,准备其他门路。北上后，窦国柱进京拜望了围棋棋友、全国人大常委会副委员长李济深。不到半个月，窦国柱回到上海。

再说，第一次来到得意楼的我，感到特别新鲜。窦国柱正在和几位朋友喝茶，傅鄂定老师也在座。我是在顺昌路棋摊上认识了傅鄂定老师。傅鄂定是邑庙区文化馆的职工，具体负责开展各项棋类活动，负责搞大象棋表演赛。傅鄂定还专门物色有象棋才能的少年。经傅鄂定看中后培养的少年儿童棋手，已有多位。

远远的，窦国柱已经看到了我。窦国柱拍了拍一把空椅子，让我过去。我在窦国柱旁边的椅子上坐了下来。窦国柱指着对面的一位50开外的长者对我说这位是徐大庆徐老师。我站起来叫了声徐老师好！徐大庆回应说这孩子长得好机灵！

正说着，朱翰章也到了。朱翰章坐下来后，窦国柱对徐大庆和傅鄂定说今天我是特地叫小胡来看大象棋的。小胡第一次到我家里时，和我下了一盘棋，他很有杀力，如果不是我残局经验丰富，那一盘棋，下不了和棋。徐大庆和傅鄂定听了之后很惊异。听窦国柱说没有让我子，徐大庆和傅鄂定非常赞赏。

这个时候，傅鄂定看看表告诉窦国柱和徐大庆说时间差不多了。窦国柱让朱翰章和我坐原地看棋。待窦国柱起身走后，我才注意到，窦国柱椅子的靠背上，倚着一块围棋盘，桌子上，还有一副围棋。想来，这围棋是窦国柱带过来。窦国柱不但是象棋名手，而且还是一位围棋高手。窦国柱、徐大庆和傅鄂定三人走后，我向朱翰章打听徐老师的情况。朱翰章老师告诉我，徐大庆是上海的名手，是上海象棋表演队的队长。朱翰章老师讲话的时候，我已经想到了一本1956年的广东《象棋》月刊。那一期的杂志上，有一盘上海"六龄童"李耀芳败于"十龄童"郑渭森的对局。这一盘棋，双方以顺手炮开局。这盘棋我已看了多遍，早已烂熟于心。这一期的《象棋》杂志上，还有窦国柱五六炮先和张德魁的对局，还有徐大庆老师先走五八炮胜王尊骥的对局。《象棋》月刊是当时中国唯一的一本象棋杂志，一共才对局能够登上这一本杂志,也能够说明对局者的水平。

今天,是窦国柱和另一位年龄和棋艺相当的名手邓春林作大象棋表演。邓春林是江西南昌人,号称"南昌棋王",和窦国柱一样,邓春林也是在民国时期就已出名的棋手。"南昌棋王"邓春林的主要活动城市是上海和南京。

得意楼茶楼下象棋的地方,约有学校里的三个教室那么大。当天,因为是窦国柱对邓春林,已经是座无虚席,观棋者起码有两百人以上。棋迷们一面品茶,一面看表演。茶座前,高竖着一块大棋盘,棋盘左上角和右上角贴着两位对局者的姓名。得意楼象棋表演的程序是先由两位高手对弈,然后由我这样的"小不点"与观众交战作为余兴节目应战来宾。

傅鄂定走到大棋盘前,介绍了两位名手。然后,他向棋迷们说,今天,我们还请来了上海名手、象棋表演队队长徐大庆担任这次比赛的讲解员。在窦国柱和邓春林比赛之前,傅鄂定介绍了我,说不久前胡荣华先走,和窦国柱老师下了一盘和棋。棋迷们在听到我和窦国柱老师下了一盘和棋后,鼓起掌来。窦国柱和邓春林的大象棋表演结束后,傅鄂定开始鼓动观众:"今天来的观众中,有很多是业余高手,大家都知道胡荣华小朋友的实力也不俗。那么,小胡的象棋水平到底有多高呢?我想,最好的检验方法,就是现场实战。你们说好不好?"

大家异口同声地说"好——!"。

傅鄂定站在那里,场子里是一片嗡嗡声。

虽然场上是"好"声一片,但是,没有人肯上来和我比高低。显然,大象棋表演前傅鄂定的一席话,起到了反向作用。你想,我既然能和窦国柱下一盘和棋,一般的棋手怎么能下得过我呢。上来之后,赢我这个小孩很正常,万一输了,这脸面全无。这赔本生意谁愿意做呢,冷场也属于理所当然。

坐在棋盘前的我有一些尴尬,一时间我似乎有些手足无措。这个时候,窦国柱见没有人响应,开了口:"我想在场的上海名棋手,不妨上台跟这个小把戏比试比试，也是对小把戏的鼓励。不要因为自己是名棋手，就瞧不起小孩，或者怕输给小孩。我也是有点名气的老棋手了，和这小把戏下了盘和棋，我没有觉得不光彩。相反，还特别兴奋。因为我看到了这个极有发展前途的好苗子。我们老棋手，不就是希望有比我们老棋手水平更高的接班人上来吗！"

茶室内是一片嗡嗡声，还是没有人上来。片刻，正在台下观战的一位老棋手站了起来，他满面笑容地说听了窦老师的话，我被感动了。我来陪小胡下一盘！窦国柱听了老棋手的话后带头鼓掌，全场观众也跟着鼓起掌来。

老棋手一边说着，一边已经走了上来。坐下来后他对我说：小胡我陪你下。老棋手名叫陈昌荣，在上海名棋手中是仅次于窦国柱、朱剑秋、何顺安等几位的名手。

看到名棋手上台，我一时窘迫，然后，又紧张起来。陈昌荣鼓励我说："没有关系的，你就定下心慢慢下。"看到笑容满面的老先生，我感觉像是看到了邻居家的老伯，原来紧张的心情，开始放松。定下心来的我，行棋很自如。

这是我人生的第一次应战来宾，徐大庆担任讲解员，傅鄂定当他的助手。窦国柱和邓春林坐在一边喝茶，朱翰章则在一旁为两位名手倒茶。

经过一小时的交锋，我意外地胜了陈昌荣。陈昌荣先生没有因为输给"娃娃"而感到丢脸，他微笑着对我说："小鬼，下得不错。"我仰视着面带笑容的陈老先生，强烈地感受到了棋坛前辈对我的期望。

那一刻，让我永生难忘。多少年过去后，只要回忆这一段往事，我依然是十分动情。直到现在，仍能清晰地记得陈老先生的笑容。陈老先生短短的一句"下得不错"，让当时的我十分震撼，对他的感恩之情无法用语言表达。陈老先生的举动，甚至影响到了我的棋艺生涯。

我在得意楼战胜陈昌荣先生的消息，很快传遍了上海的大街小巷。

这以后，徐大庆老师为了让我提高棋艺，又带我到大世界游乐场摆擂台。在大世界的擂台上，我的胜率也是非常之高。平时，徐大庆指导我下棋,遇到大比赛,总是带着我,让我增加实战经验。

窦国柱老师经常出去做大象棋表演。当时,上海的象棋活动非常兴旺。大公司、政府单位联欢会上,都有象棋表演。在我的印象中,窦国柱大象棋表演,基本上是在晚上。大象棋表演完之后,就把我叫上了场,他会对观众说有谁愿意下,就和这小孩下。这小孩的水平,很高的。待观众上来后,窦国柱便退场,再赶往其他场地表演。

窦国柱也是一个很有情趣的棋手,建国以前,他和国民党一些要员关系不错。但这并没有影响他对社会主义的热爱。有一天,我去他家里,他兴奋得不得了,居然打着节拍唱起了:"社会主义好,社会主义好……"而且,一开口,就是连续唱了好几遍。

在这里,我要说一说我的"酱菜师兄"曹林泉。曹林泉是扬州人,曹家曾经开设酱菜店,窦国柱是这家酱菜店的老主顾,也是店主曹林泉父亲的好友。曹林泉喜欢下象棋。1950年,17岁的曹林泉拜窦国柱为师。不久,青年棋手陈富贵也从窦学艺。我师从窦国柱后,知道曹家常年供应窦国柱酱菜,有时遇见曹林泉时会开开玩笑说"酱菜师兄"。

窦国柱见曹林泉聪明伶俐,又是同乡,更是悉心传授。从此小曹每天凌晨去窦国柱的家求教,回家再复盘打谱。不到两年时间,已熟悉橘中三昧。1956年,曹林泉参加徐汇区象棋赛,与陈富贵分获冠亚军,师父窦国柱屈居第三。这以后,师徒三人组成的徐汇象棋队,成为当年上海棋坛的一支劲旅。

曹林泉常去棋手聚集的得意楼、凌云阁等处下棋。一天,上海名手韩文荣约他去得意楼看大象棋表演。当韩文荣与窦国柱的表演赛结束后,由窦国柱应战来宾。此时,韩文荣让曹林泉戴上太阳眼镜上去攻擂。窦国柱是深度近视眼,下棋时常常是脸贴近棋盘,又加上戴着太阳眼镜的曹林泉故意沉低脑袋,窦国柱怎么也不会想到对手是自己的高足。等到势成败局,众人捧腹大笑说他"教会徒弟打师父"时,窦国柱才回过神来。窦国柱笑嘻嘻地说:"怪不得这样熟悉我的棋路,原来是小曹。"

十一、第一次参加重大比赛

1957年的暑假,非常炎热。躲在家里的我,手执一把蒲扇来来回回地引风。那个时候,蒲扇是一般上海人夏令时的常用用品。因为,一般人家不要说空调,连电风扇也是一种高级奢侈品。我们家其实也不是很热,我是因为找不到对手下棋,感到十分无聊。一无聊,热就从心起。

实在找不到对手时,我就会看《三侠五义》。在这之前,我已读完了《三国演义》《水浒传》《西游记》《封神榜》《官场现形记》《儒林外史》等古典小说。后来,又看了现代和近代的国内外的优秀小说如《钢铁是怎样炼成的》《卓娅和舒拉的故事》等。给我印象最深的是伏尼契的《牛虻》,主人公亚瑟坚毅顽强的性格,使我很受鼓舞:"一个好的棋手,应当磨炼得像亚瑟那样,敢于在任何逆境中坚持奋斗,不屈不挠。"

看书实在是一种享受。看书的习惯,我一直保留至今。随着年龄的增长,我的阅读面也在拓展,我对论述军事的著作也极感兴趣。毛主席的《论持久战》《矛盾论》和《实践论》我都细心阅读过,很受启发:一个棋手在对局比赛时,也应该运用辩证的军事理论观点。《十一家注孙子》,也是我心爱的读物。"昔之善战者,先为不可胜,以待敌之可胜。不可胜在己,可胜在敌。故善战者,能为不可胜,不能使敌之可胜。故曰:胜可知,而不可为"的精辟的论点,让我获益匪浅。

暑假里的一天中午,因为找不到对手下棋,我就又看起了小说。正看得津津有味时,听到有人在我们家20号的大门外传来叫声:"胡荣华是住这里吗?"

父亲正在睡午觉。我怕吵醒父亲,马上来到了大门前。我一看,是大朋友傅鄂定。我问傅老师找我有什么事？傅鄂定告诉我，暑假中市少年宫要举办上海市中小学生象棋比赛，问我想不想参加。

傅鄂定正和棋坛名流屠景明先生一起，筹备上海市少年儿童象棋赛、八大城市青年象棋选拔赛和在上海举行的全国象棋赛。

能参加上海市少年儿童象棋赛，我是求之不得。于是请傅鄂定帮忙报名。我把傅鄂定请到了家里。这个时候，父亲已经醒了。他刚刚听到了傅鄂定的声音。我端过一把椅子，请傅鄂定坐在父亲的旁边。父亲因为半身瘫痪，不方便起身迎接客人，只能坐在椅子上和傅鄂定打个招呼。母亲为傅鄂定端上了凉开水。

傅鄂定对父亲说我很聪明，很有发展前途。不久，上海要举行市少年儿童象棋比赛，他想让我去参加。父亲听说要让我参加市少年象棋赛，很高兴。

父亲和母亲早就听我说过，傅鄂定和徐大庆是如何热情帮助我。父母亲非常感激几位老师，总想去当面谢谢。

为了迎接市比赛，我在徐大庆老师指导下，每天打谱研究棋艺。所打的谱，都是近代的著名国手实战对局。这些对局都是徐大庆老师提供的。徐老师自己也写过一些棋艺作品，他手头有许多中国象棋资料，尤其是搜集了不少国手的实战谱。我的记忆力似乎特强，棋谱打过，就印在了大脑：尤其对战术应用和攻防妙手。同时，又把各位高手的共同点和不同点区别开来。为了加深记忆，我经常在空闲时闭上眼睛，在脑子里回忆打过的棋谱。有时吃饭时，我也往往会来一个休止符。然后，用筷子在空中点来点去。母亲见状，非常好奇。

1957年的上海市中小学生象棋比赛，在暑假拉开了帷幕。上海市少年宫的草地和西式的楼房，是我非常想去的地方。宽阔整洁的草坪、精美无比的建筑、优雅的环境令人神往，有机会在那一座殿堂里比赛，我是非常向往。

这也是我第一次参加市比赛。当时已经很有名气的曾经的"六龄童"

李耀芳、"十龄童"郑渭森都来了。其中，"十龄童"郑渭森当时被认为是男子小学组冠军的人选。

我对"六龄童""十龄童"已经很了解了。小时候，下午去报摊帮父亲买一张《新民晚报》，是我每天必做的功课。《新民晚报》买好后，还没有到家，我已经记住了报上的"棋局测验"。"棋局测验"我是每期必做。除此之外，我特别爱看晚报上有关小棋手的新闻。

为了这次市中小学生象棋比赛，我做了充分的准备。比赛的前两天，我已经不摸棋也不想棋了。父母亲和姐姐看到我又在看《三国演义》，都感到奇怪。父亲说马上就要比赛了，你怎么不摸棋，还在看你的《三国演义》？我把《三国演义》放在了床前的小柜台上后对父亲说：徐老师提醒我，要我比赛前尽量放松。因为太紧张就会疲劳，一疲劳，就会影响临场发挥。小柜台上，除了《三国演义》，还有《水浒》《封神演义》和《西游记》等书。

比赛那天的一早，傅鄂定带着我赶到了少年宫。上海市少年宫白色的楼房前，是一片青青的草场。楼前是彩旗飘扬，"1957年上海市少年棋类锦标赛"的大横幅，非常醒目。

傅鄂定因为是工作人员，到了少年宫后，他就去忙开了。进赛场后，我领了一份秩序册：中国象棋赛分四个大组，每组10名，我排在第2组。比赛分预赛和决赛两个阶段进行，预赛采取单循环，小组前2名进入决赛。决赛时，将各组进入决赛的8名棋手，单循环决出名次。预赛中对弈过的棋手，决赛中不再进行比赛，按预赛胜负计算成绩。比赛时间是预赛分4天进行，决赛也分4天进行，共计8天。

我算了一算，预赛中要下九盘棋，平均一天下两盘，其中有一天要下三盘。比赛从每天下午1时开始至晚6时结束，共有5个小时。这样，一个下午如果下两盘，则每盘平均为2个半小时；如果下三盘，则平均为每盘棋1时40分。如果要像名手那样，经过深思熟虑后才下棋，时间不允许。我想必须依据规则，掌握好用时。

每张赛桌上，有对局者的姓名卡片。我找到了我的姓名卡，坐了下来。这个时候，有人拍我的肩膀，是傅鄂定。傅鄂定叮咛我比赛时什么都不要想，只要静下心来下好每一步棋。我点头表示会意，我指了指主席台上一位长者问傅鄂定那老爷爷是不是谢侠逊？

傅鄂定说是谢老。谢老是这次比赛大会组委会的特邀嘉宾，这几天他都会来看棋的。比赛结束后，他肯定还会出席闭幕式，发奖仪式过后，我和徐大庆老师要约他和你见面。傅鄂定还说如果有可能，请谢老指导我一盘。这个时候我才知道，徐大庆也要来。

开幕式上，有关领导作了鼓动：新中国成立之后，伟大领袖毛主席亲自作了"发展体育运动，增强人民体质"的题词，党和政府非常重视发展各项体育活动，大力开展了各项体育活动。举办少年儿童棋类比赛，可以更好地促进棋类运动的普及和提高。

领导讲完话后，裁判宣布比赛开始。我第一轮的对手，长得胖胖的，个子也比我高，年龄也比我大。我想，他的棋龄可能要比我长。对手猜中了先走的红棋，上来就是一个炮二平五，架起了当头炮。我对当头炮的变化，早已作了多种研究。于是，胸有成竹的我针锋相对地还了一个炮8平5。对方马二进三，我没有走通常的马8进7，而是先上横车，走了一步车9进1。走到第6个回合时，我突然把自己的当头炮后退一步，接着上马。看似是防守的屏风马，其实是寓攻于守的"沉炮局"。以后，红方在第八步走了一步露出破绽的炮八平六。看到这个局面，我想起了杨官璘曾经执黑对付红方的手段。杨官璘的这一步棋，我是在徐大庆给我的资料上看到的。现在，正好用上了。于是，我在第9回合走了车1进2保炮，弃卒反击，最后打死对方的红车，赢下了第一盘棋。

裁判员记录了胜负后问我是马上下第二盘，还是要休息一下？我对裁判员说我去一下厕所，回来后再下。

第二盘我猜中了先走的红棋。开局，我就筑起了一道铜墙铁壁，任凭对方炮轰，车冲，在坚守中等待机会。对方进攻犀利，但行棋稳重，我一时也找不到破绽。经过兑子后，我只有一炮一兵，对方也只有一炮一卒，但对方残士。

全场悄然无声，只听到时钟滴滴哒哒的循环声。赛场里，除了我们这一盘，对局都已结束。已下完棋的"六龄童""九龄童"和"十龄童"都围绕在我们这一盘棋的前后左右。

有观棋者说这盘棋，一定是和棋了。我抬起头来，看了看发话者，微微一笑。因为我知道，我的用时比对方少，在对方残士，又受时间限制的情况下，我的胜出，只是时间问题。果然，经过你来我往的互缠后，我巧施妙手，赢下了比赛。

徐大庆知道这是我平时钻研残局的结果，很高兴。徐大庆知道，原先不了解我的小棋手们，看了我下的棋后会琢磨我。因此，他在现场并没有说什么，他不想把有关我的信息过早透露。

"六龄童""九龄童"和"十龄童"出名都比较早，年龄都比我大。因此，他们三人在比赛前都很自信，认为比赛的前三名，非他们莫属。这一盘棋之后，由于我的胜出，引起他们的高度重视！因为这是我第一次参加市比赛，他们当然是不太熟悉我。于是，便委托"六龄童"去傅鄂定那里了解我的情况。

"六龄童"是傅鄂定一手扶植起来的学生，他曾经听傅鄂定谈起过我，以前他对我没有重视。这一次"六龄童"没有怠慢。当天晚上，"六龄童"特地赶到傅鄂定家中问讯。

第二天，我两盘都赢了。在第二组里，我是唯一的四连胜。其他几个组的成绩登记表，都贴在赛场入口处，四连胜的，除了我，还有"六龄童""九龄童"和"十龄童"。

徐大庆和傅鄂定看到我连胜，告诫我戒骄戒躁。我还是和平常一样，每天晚上依然看小说。当然，我也没有因为先胜了四盘就对后面的几盘棋掉以轻心。四天后，预赛结束，我在第二组以九连胜名列第一，也是全场唯一的九连胜者。"六龄童""九龄童"和"十龄童"虽然也都是小组第一名，但都输过棋。

大会组委会主任、副主任和各位委员，裁判长、裁判员都对我的九连胜称赞不已，特别是特邀嘉宾谢侠逊。我的九连胜，引起了谢侠逊的高度关注。预赛最后一天，谢侠逊站在成绩表前问裁判员哪一位是胡荣华？

裁判员过来找我。当时，我正和徐大庆在谈比赛。听到谢老主动要见我，我有点受宠若惊。于是，我随徐大庆和傅鄂定，去见了谢侠逊。

傅鄂定已请裁判员安排了一间房间，在茶几上放好了棋盘棋子，谢侠逊被邀请坐在沙发上。我便坐在对面的一张小凳子上。

谢老放我两先的棋开始了。这时的棋桌两边，已围上了好多少年棋手，其中有"六龄童""九龄童""十龄童"等人。他们都对这盘棋很感兴趣，想看看我的下法。

我连走两步，第一步是炮二平五，架起当头炮，第二步是马二进三。谢老应以飞象7进5。我立即用中炮打吃对方的卒，将军，谢老上士6进5。我又把左炮八平五移至中间，形成重炮。谢老小心翼翼，每着棋都反复推敲。我也是小心谨慎，虽摆起了进攻的架势，却迟迟不动手。谢老棋法纯熟，布阵是森严壁垒。双方互有攻守，下了将近两个小时，最后终成和棋。下完棋后，谢侠逊站起来，拉着我的手连声称赞后生可畏！

回忆和谢侠逊的第一次见面，我突然又想到了1985年。1985年，我荣获第五届"五羊杯"赛的冠军，从广州捧回了景泰蓝奖杯和一台大彩电。为此，一家人都非常高兴。女儿鹭鹭和姐姐的儿子看到一台稀罕的大彩电，又蹦又跳。女儿鹭鹭和姐姐的儿子都学过下棋，鹭鹭曾参加过区少年象棋训练班，受过正规训练，但因为对象棋兴趣不是太大，平时投入时间有限，水平自然也是有限。聪明的鹭鹭是小学六年级学生，担任少先队中队委员，功课特别好。有时，爷爷为了让她下棋，邀她对局。她说没有时间，要温习功课。爷爷拿她没办法，只能摇摇头。一旁的奶奶护着她说："她不愿下棋也没关系，只要功课好就行。"我姐姐一听说鹭鹭不愿下棋，就有点着急。她想，弟弟是大名鼎鼎的棋王，总得有个接班人吧。于是，她把自己的儿子送到少年象棋训练班去学习。我外甥生得比较魁梧,爱称叫"大块头",外甥对象棋很有兴趣,进步很快,鹭鹭不是他的对手。

鹭鹭看见我捧回了景泰蓝奖杯和大彩电,忽然就想好好学棋。我鼓励她说如果你真想好好学棋,爸爸一定会把棋艺传给你,把你培养成为优秀的女棋手。鹭鹭闪着她的大眼睛,点了点头。

作为上海棋社社长,为了表示对棋界老前辈的尊敬和关心,1986年春节的大年初一,我和国家体委棋类处顾尔承处长一起,去向谢侠逊前辈拜年。去之前,已有99岁的谢侠逊在电话里关照我,把女儿一起带去。

谢老的住所十分幽静。正坐在沙发上看电视的谢老,一眼就认出了我和顾尔承。

我们三人坐到了客厅里的沙发上,谢老的家人早已把糖果、花生、瓜子等新年食品放在沙发前的茶几上。谢老看到鹭鹭很高兴,随手拿出一副象棋要和鹭鹭下棋。鹭鹭也不客气,搬了张小木凳,坐在谢老对面,上去就来了一个炮二平五,谢老立即马2进3。年龄差在九十个年头的这一老一少,是全神贯注。

鹭鹭在读小学时,在卢湾体育馆随上海名手李澄学过棋。但最终还是和象棋说了一声拜拜。对于鹭鹭的选择,我从不强求,这也让她做事更加独立。她从市三女中高中毕业后,我就顺势而为放手。

十二、成了最年幼的上海市冠军

再说，因为在上海市少年宫同谢侠逊下了一盘棋，那天我回家比平时晚了些。母亲早已做好晚饭，等着我回来一起吃。可是左等右等，不见我回家。

回家后我告诉爸爸妈妈，说今天又胜两盘，九连胜成为小组第一。而且，这次预赛中连胜不败的只有我一个人。棋王谢侠逊还表扬了我，又和我下了一盘棋，结果是和棋！妈妈走了过来，摸了摸我的头说你真行，父亲是一阵高兴一阵担心。我告诉妈妈预赛中出线的八名选手，实力都很强。特别是"九龄童"和"十龄童"。

决赛那天到来了。决赛是八人单循环。四张棋桌上，摆上了对局者名卡。我一看，第一盘就和"六龄童"相遇。裁判员宣布比赛开始，和初赛一样，还是让对局者自己猜先。我猜到了黑棋，"六龄童"执红棋先行。

"六龄童"炮八平五架起了中炮。预赛中，我曾用中炮对付其他选手的中炮。我想，今天还是改变一下吧，下棋不能老是一套。想到这里，我便来个马2进3。

"六龄童"见我很沉着，也不忙于进攻，走了一步马八进七。这时候，我故意挺起7路卒，使他产生下一步我就要出左路马发动进攻的想法。"六龄童"看到后，急忙出直车捉黑炮。我走车1平2。"六龄童"八路车河边巡河，下一步打算进三兵兑换我7路卒，为右翼开路。我跳起左马，与右马呼应，成为屏风马。这时候的"六龄童"有点急于求成，轻易冒进。我轻松地化解了他的攻势，反戈一击击中他红棋的要害。"六龄童"皱起眉头看了很长时间，认输。

下一盘，我对上了"九龄童"。"九龄童"上来就是炮二平五，然后看着我。我没有马上落子，我在想是用中炮还击呢，还是如对付"六龄童"那样,仍然跳马防守。最后我决定跳马,以不变应万变。不过上一盘对"六龄童"时我跳的是左马,这一盘我改跳了右马。看看都是跳马,但是,这左马和右马是大不相同的。象棋是不能相差一步的。

胸有成竹的"九龄童"迅速走马二进三。我见状,上了左马,再次形成屏风马。"九龄童"很开心,他可能在想你不过就是顺序的变化,还是老一套。"九龄童"跳了左马,我依然挺7路卒。双方又走了4个回合,走成了当头炮盘头马对屏风马进7路卒。相持阶段,"九龄童"误判为他胜利在望,他有点沾沾自喜。我知道自己根本就没有吃亏,当然是面带笑容沉着应对。徐大庆、傅鄂定都在一旁观战。

又走了几步后,"九龄童"见局面发展下去对他不利,便进三兵准备肉搏,然后乘机马上河头发挥八面威风的作用。我依然是按兵不动,只是炮2进2防守。"九龄童"见我没有上当,忍耐不住,驱车闯入我黑方阵营,企图攻马破屏。我暗笑!他居然单车冒险直入。我把自己的左车从9路移到6路,摆出了要换车的架势。"九龄童"不肯兑车,走了车四平三想捉黑马。我顺势车6进2保马。这时,"九龄童"发觉车已陷重围。如果不马上逃车,车要被我的黑炮打死。不得已,他走了车三平一顺便吃掉黑方一卒准备出逃。我乘机炮8进4发动进攻。这时候,我的车马炮都占据要位。而红方单车作战孤军深入孤掌难鸣,盘头马又未能配合作战,另外一车一炮仍未出动。局势已明显对黑方有利。"九龄童"想背水一战。但为时已晚!因为黑方着法严谨,没有任何破绽。红方见黑方的阵形犹如铜墙铁壁,无懈可击,自己又损兵折将,只能中盘认输。

决赛只需下六盘,同一组出线棋手之间的成绩,要带进决赛,因此一天下两盘棋,到第三天可下完。前两天的四盘棋,我都赢了。第三天只下了一盘棋,又赢了。我最后一盘棋的对手,是"十龄童"。裁判决定把这最后一盘棋留在最后一天的下午开战。

决赛的前三天中,我和"十龄童"都保持不败,"六龄童"输一盘,"九龄童"输两盘。因此,最后一天我和"十龄童"的决赛,是冠亚军之战。决赛那天上午,我依然在看小说。一旁的母亲看着我,担心我看小说影响比赛。我放下小说,对母亲说我和"十龄童"水平差不多,谁也没有把握,胜负要看比赛时的发挥。听我这样一说,母亲似乎是放心了。

组委会考虑到赛桌边容纳的人数有限,好多人又都想看我们的比赛,组委会决定挂大棋盘,并请高手讲解。

我猜中红棋先走。

在预赛和决赛中,大多数少年棋手都爱用当头炮。为了出其不意,我第一步走了兵七进一。"十龄童"感到有些意外,一时不知如何应对,走了步模仿棋卒7进1,我续走马八进七,"十龄童"还是在模仿中试探。我想你模仿我会吃亏的,第3回合,我马七进六,对方没办法模仿走马7进6了,只能走了一步马2进3。我立即炮二平七,从右边移到左边。又走了几个回合后,当红方的我架起当头炮后,对方只能苦于招架。但是,"十龄童"毕竟是久经沙场,我尽管局面占优,但一时也是攻无良策。

这一盘棋,我因为是先走,只是占优,并不是大好。从某种意义上来说,这是一场心理战。"十龄童"成名较早,如果仅仅拿到亚军,他会认为他失败了,但是要赢我又没那么容易。因此,下棋有点束手束脚。我认为自己是第一次参加上海市少年赛,拿亚军我可以接受。但我想不管是冠军亚军,首先要把棋下好。

双方又互缠了几十个回合,在不知不觉中我已经是积小胜为大胜。在第81步,我抓住战机,走了一步炮四进一的好棋,逼迫黑棋对杀。无奈之中,黑棋只能冒险反攻。因为冒险,被有备而来的我手到擒来。

我赢了"十龄童"郑渭森之后,他父亲当场就在他头上敲了一下。他父亲的意思是这一盘棋郑渭森下得窝囊,没有血性。

郑渭森的父亲给郑渭森的压力太大了,他实在受不了。其实,孩子下棋,不要给他太大压力,玩得开心就好。

郑渭森的棋不比我差,输一盘棋属于正常。因为他父亲的这一敲,改变了他的人生轨迹。非常遗憾的是,从此以后郑渭森就不下棋了。后来想想,如果郑渭森得了冠军,如果没有他父亲的这一敲,说不定拿十连冠的就是他了。郑渭森是一个三好学生,后来考上了市重点中学。

这天,谢侠逊先生也来了。谢老说:"胡荣华这次能取得十五连胜的成绩,绝非偶然。说明他无论在棋艺上和心理上,都是高人一等。小小年纪,便能在比赛中不骄不躁,心平气和,难能可贵!我相信小胡一定会成为一代棋王。"

闭幕式上,市体委领导在讲话中着重表扬了我。说我是上海市最年幼的少年冠军,是极有发展前途的棋手。不久,上海就要建多项运动的集训队,三棋集训队里,既要有已经成名的老棋手,更要有少年棋手,特别是要有胡荣华这样的少年棋手。

那天,当我上台领奖时,全场响起了热烈的掌声。那天的我,穿着是白色球鞋,身着深蓝的卡其布裤,红领巾飘在雪白的衬衫上。

发奖时,市体委领导握着我的手鼓励我说好好努力,哪一天成为全国冠军。在热烈的掌声中,我拿着冠军的奖品:一面三角形锦旗和一副精制的木头象棋、一本日记本。从台上回到自己的座位后,仔细看锦旗上的那一行字是:"1957年上海市少年中国象棋赛冠军"。

用现在的眼光看,奖品实在是微不足道。但是,对于第一次参加正式比赛,又是第一次获奖的我来说,意义非同一般。

回家后,我把奖品递给父亲。父亲让我把锦旗挂起来。他说这是你第一次参加全市的比赛,第一次得到的奖品,特别珍贵。这不仅是你的光荣,也是老师的光荣,我们全家的光荣。

徐大庆和傅鄂定对我在比赛中出色的表现,感到十分满意。过了几天,为了祝贺我获得冠军,母亲特地做了色香味俱佳的好菜,还准备了高粱酒,让我请徐大庆和傅鄂定两位老师来家中。母亲对两位老师说荣华能得冠军,全靠老师的爱护和栽培。我们全家都非常感激老师。徐大庆说老师只是起个辅助的作用,主要还是靠小胡自己的努力,没有他自己的努力上进,老师再怎么教也没有用。

又过了几天,朱翰章陪我登门拜谢了窦国柱老师。

十三、徐大庆成为我的老师

　　1957年,小学毕业后的我,考进了上海市五爱中学。那一年,我正式拜徐大庆为师。拜师的话题是由傅鄂定引起。那是一个周日,还是在城隍庙得意楼,当时在场的有傅鄂定、窦国柱、徐大庆和朱翰章几位老师。傅鄂定说各位老师都看到了,只要有名手指导,小胡今后一定会脱颖而出。我只是作一些棋类活动的组织工作,棋艺实在是不行。还是要请窦老师、徐老师多指导小胡。

　　徐大庆看着窦国柱,没有发话。一旁的朱翰章担心冷场,接过了傅鄂定的话题说今天是窦老师让小胡来的。我带小胡去窦老师家拜访过,小胡家离窦老师家太远,来去不太方便。小胡年纪又小,如果他一个人去,他爸爸妈妈不大放心。

　　窦国柱看着朱翰章点了点头。显然,朱翰章和窦国柱事先已通过气。傅鄂定说:"徐老师家就在顺昌路太平桥大庆剧场对面的弄堂里,与小胡家和我家都很近,只相隔两条马路,几分钟就可以走到的。徐老师做小胡的老师,是最合适的。窦老师那里,小胡也要去。"

　　其实,徐大庆非常喜欢我。但是,窦国柱不表态,他也不能唐突。看到窦国柱表态了,徐大庆表态说窦老师也发话了,我不敢不带。朱翰章和傅鄂定的极力推荐,窦国柱和徐大庆对我的认可,让一旁的我,大为感动!

　　徐大庆是说到做到。从此,徐大庆不论到什么地方,都带着我。我们这一老一小,是形影相随。我开始更多地跟随徐大庆老师和他的象棋表演队去他们最重要的"主场",当时最具标志性的人民游乐场——大世界!

　　"不到大世界,枉到大上海"。早在解放前,由黄金荣控制的大世界这座娱乐中心就闻名中外。解放后，大世界不再由私人经营，这座建筑群内部被分割成若干表演场地，分别表演戏剧、杂技、曲艺，或者展览等等。深受群众喜欢的象棋也被安排在一小剧场内。徐老师他们在这里表演，每场可以挣到6元，而我是每个星期日下午去，也能有1元的收入。这对我来说意义很大，因为在此之前，我下棋从来没有收入。1元钱不多，但一个月累积起来，也能买个球鞋之类的日用品。更重要的是，大世界汇集了上海滩几乎所有的弄堂、工厂企业大大小小的"棋王"，这样，我面对的世界更广阔了。

"大世界"的游乐场里天天有"大象棋"比赛，比赛由名家表演，轮番出阵。一局下完，再设擂台，迎战跃跃欲试登台打擂的棋类爱好者，算是余兴表演。

为了让我经风雨，见世面，创造实战机会。徐大庆为我说情，修改擂台规则：上半场名家表演，下半场安排我应战来宾。对此，我非常高兴。只是高兴之后，碰到了难题：如果哪一天我自己一个人去，是怎么也进不了"大世界"。任由我磨破嘴皮，说"大象棋"等着我摆擂上阵，但门卫总是不客气地手一挥！说我在吹牛！

开心的是，那一个个成年人，都被我一个个地打下了擂台。不过，我也不是常胜将军。我上阵应战来宾，也有输棋的时候。1959年的我，已经是上海象棋集训队队员。除了队内比赛，在外很少输棋。1959年12月20日，我在文庙路蓬莱区文化馆守擂时，输给了前来攻擂的闸北区名手赵俊清。赵俊清是北海路清心棋社的编辑，有留存文字的习惯，在和我比赛时，请棋社的队友为其记谱。这一盘棋，先走的赵俊清以中炮开局赢了我。这一局象棋对局，以简谱的形式记谱，记在一本在当年算是奢华的硬质封面的日记本上。日记本里，记录的全部是象棋对局。赵俊清晚年时，把这本日记本和他收藏的棋谱转赠棋谱收藏者陈建国。赵俊清留存文字的习惯，为我记录了我在上海擂台赛上与成年棋手的对局。

十四、我被推荐"三代同堂"

1957年的全国象棋比赛,分预赛、决赛两个阶段,华东地区的预赛及最后的决赛都在上海进行。那时的全国象棋比赛,只有个人赛,没有团体赛。比赛开幕那天,国家体委竞赛司的一位领导说象棋是我国的文化瑰宝之一,具有悠久的历史和极其广泛的群众基础,为人民群众所喜闻乐见。但是在1949年以前,棋艺只是民间自发性的活动,得不到政府的重视。现在人民当家作主了,从中央到地方都很重视发展棋艺活动。棋艺要在普及的基础上提高,并在提高指导下进一步普及。更要大力培养青少年棋手,使我国的棋艺水平不断提高。

这一番话,在我的心灵里留下了极深的印象,我对象棋的热爱,也从感性认识开始提高到理性。我问傅鄂定这样的全国比赛,少年棋手什么时候才可以参加?傅鄂定告诉我说成年棋手的比赛,一般的少年是不参加的。但如果你的棋艺水平能和超一流成年棋手分庭抗礼,是可以参加的。傅鄂定这一番话,给了我很大的鼓舞。

全国比赛期间,我主要是看杨官璘的对局。我发现杨官璘先走的布局喜欢用当头炮、巡河炮对屏风马或当头炮过河车。如果拿黑棋后走,总是用屏风马或平炮兑车,左马盘河。执红棋时,第一步总是炮二平五,第二步马二进三,第三步车一平二,第四步开始才有些变化。无论对谁,他都是这么下。杨官璘的行棋看似平淡,但研究后发现,却是最好的应着。杨官璘功底很深,棋风细腻缜密,着法巧妙,考虑周到,极少出现失着。杨官璘最终以较大的优势,蝉联冠军。杨官璘的出色表现,让我看得如痴如醉。

在闭幕式上,有关领导祝贺杨官璘连续获得两届冠军,对他的棋艺大加赞扬，称他是棋坛巨匠。领完奖后，杨官璘挂着红绸带金牌，走下台去。那一刻，我对杨官璘更加钦佩了。我暗暗发誓，自己一定要努力，一定要超过他。

全国比赛第一阶段华东地区预赛结束后，组委会提出要举行一场新老棋手的三代同堂表演赛。热心为大家服务的傅鄂定立即物色合适的人选，他和屠景明先生一起，要拟出一个三代同堂棋手的名单。我在市小学生象棋比赛上泼辣的棋风、不落俗套的攻守，已经引起了屠景明先生的注意，屠景明先生和傅鄂定拟出的一个三代同堂棋手的名单是老一辈的谢侠逊、邵次明，中年一代的刘忆慈（全国第三名）、何顺安，少年一代的我和"六龄童"。屠景明和傅鄂定推荐的理由是69岁的谢侠逊是中国棋坛老前辈，德高望重；77岁的邵次明有"山东棋圣"之称，是民国时期著名的棋手，毕生精研棋艺，从称雄于山东起，弈游全国各地三十多个城市，同各地名手进行棋艺交流，胜多负少，还致力于培养棋艺人才，享有"桃李满天下"的声誉，国家体委竞赛司棋类处的著名棋艺家张雄飞也是他的学生。张雄飞曾赠诗一首给老师，赞颂老师在棋艺上的贡献："棋国仰山斗，鲁东一古稀。枰缘结海内，桃李遍天下。"

谢侠逊和邵次明是1957年全国象棋比赛的正副裁判长。两位前辈身体健康，步履轻健。在那次比赛期间，两人每天都是一早起来打太极拳、慢跑。有一天，两人慢跑到南京路时，还兴致勃勃地进行了百米赛跑。赛跑的路线是由东往西，以国际饭店为终点。结果，两位前辈是同时到达，打了一个平手。谢侠逊特地作了七绝诗一首，表达两人愉快的心情："年高耄耋尽还童，树老开花分外红。喜到江南别无恋，故交有梦绕山东。"

中年一代的刘忆慈时年41岁，何顺安时年34岁。刘忆慈、何顺安两人都出生在平民家庭，在旧社会有类似的遭遇，都是在艰难生活中刻苦钻研棋艺，最终成为一代名手。傅鄂定和屠景明推荐我和"六龄童"的理由是："胡荣华和'六龄童'都是很有培养前途的少年棋手，让两位少年棋手在这样的场合亮相见世面，是对少年棋手的鼓励。尤其是胡荣华，从胡荣华的天资、气质、棋艺和棋品来看,将来一定会成为一代大国手。"

三代棋手名单一经商定,屠景明便在座无虚席的卢湾体育馆里宣布:"这是上海首次别开生面的高规格公开表演赛,名副其实的三代同堂……"

现场已挂起了三个大棋盘,第一台的谢侠逊以仙人指路开局,邵次明应以对卒底炮。邵次明大胆创新布局,把第4步的出车改为弃马冲兵的新着。但谢侠逊行棋极其谨慎。中局互斗,你来我往后成车炮兵对车炮卒,和棋。第二台的刘忆慈和何顺安,双方着法极其细密,最后双方握手言和。第三台我对"六龄童"那局棋,采用了中炮对屏风马。因为双方下得很平稳,最后是红方马双炮单兵少一相对黑方马双炮士象全的均势弈和。

三局棋都是和棋。有评论说可能是对局者以友谊为重,故意握手言和。但是三局棋,都下出了很高的水平,观众都很满意。当天的《新民晚报》专门作了报道,赞扬三代棋手的精湛的棋艺和高尚的风格,尤其对我是大加称赞,这让我有点受宠若惊。

十五、淮海公园里与名手相遇

前面说过，在我交往的棋手中，徐大庆是一个比较关键的人物。是窦国柱把我带到了城隍庙的春风得意楼，在春风得意楼，我认识了徐大庆。拜徐大庆为师后，徐大庆除了热情指导我下棋，为了让我增加实战经验，还经常带我去大世界游乐场、淮海公园茶室等棋手聚集之处，创造条件让我和一些知名棋手过招。因为徐大庆，我在少年时代，就有了向何顺安、朱剑秋、徐天利、李义庭等名手学习的机会。徐大庆是上海名手，曾获上海市赛第7名。我曾经在广东《象棋》杂志上，看到过徐大庆先走五八炮胜名手王尊骥的精彩对局。

那个时期，我是如鱼得水，几乎是天天看棋、下棋、拆棋。当时的我有机会与大江南北、长城内外的各路好手对阵。这么优越的条件，难得一遇。

自从获上海市少年象棋冠军和在"三代同堂"表演赛中登台亮相后，经过报纸的宣传，我似乎在上海出名了。

作为老师的徐大庆看到我的进步，当然是非常开心。开心之余，又觉得我平时同名手对局的机会太少。徐大庆担心我只是和业余高手下棋，会影响我棋艺的提高。而我自己也觉得必须同名手对局，才能进一步提高。在大世界游乐场摆擂台，把一个个业余高手打下台去，虽也有乐趣，但毕竟是娱乐性的对局。长此以往，不一定是好事。在这样的情况下，徐大庆决定不再让我去大世界设擂应众。

1958年，淮海公园茶室开放后，好多象棋名手都去那里交流。那茶室是一个像现在的会所一样的茶座。当时，一个星期只有周日一天休息。每个周日的下午，我固定的节目是去大世界应战来宾，但上午的我也没有闲着。1958年淮海公园茶室开张，允许游客在内下棋，环境也比较好，很多上海和外地的象棋名家都来了这里，徐大庆老师也经常在那里坐镇。我知道这个情况后，请徐大庆带我去淮海公园茶室见见世面。徐老师本来就有这个想法，当然不会拒绝我的要求。这以后，每个周日的上午，我就去淮海公园茶室找徐大庆老师。我们俩泡上一壶茶，坐等名手。在名手未到之前，徐大庆会先同我对局。在那里，我得到了何顺安、徐天利这两位当时上海象棋界数一数二的高手的指点，还有幸向湖北李义庭、江苏惠颂祥等名手求教（当时和他们下至少受让两先）。当时的我，把自己的棋比作丝瓜藤，像攀藤的植物，竹竿有多高，我就能爬多高。

那时上海还没有象棋专业队，只有一个上海象棋表演队，隶属于上海文化局。徐大庆是上海象棋表演队队长。象棋表演的场地在城隍庙得意楼，在楼上泡一壶茶就可以看象棋表演，好像是1角5分。得意楼里，有水晶大包可买，5分钱一只。

徐大庆为了帮助我提高中局作战杀力，特意推荐了他和陈钟颖联合编写的《象棋中局杀势》一书。这本书对我来说非常受用，1958年由上海文化出版社出版，是中国最早的象棋中局谱。

徐大庆叮嘱我："你好好琢磨，对杀原理研究透了，杀力自然会大大提高。"说完后，他似乎意犹未尽，又补充道："一个棋手不能只是对局，还得多看看棋书，提高棋艺理论。要把实战经验提高到理性认识，再用理性认识指导实践。毛主席在《实践论》中说'实践——认识——再实践——再认识，循环往复以至无穷；而实践和认识之每一循环的内容，都较之上一环节更进了一步。'当然，毛主席的《实践论》现在你可能还看不懂，但以后你一定要仔细看看。你如果把各种棋书都仔细看了，又能把实战经验加以总结，你的水平就会大大提高。"

徐大庆的一席话，我是似懂非懂。不过主要的意思，我还是听懂了。这个时候，忽然有人叫老徐。而且，还不止是一个人在叫。徐大庆听到有人叫他，便站了起来。我也站了起来，并且用好奇的目光打量着四位来者。

四位来者分别是1935年就得过苏州、无锡、吴江、昆山、常熟五市县象棋冠军惠颂祥,1958年全国象棋冠军李义庭,上海名家何顺安与徐天利。

我对年轻的徐天利还是比较了解的,当时23岁的徐天利,已经与何顺安、朱剑秋一起被盛誉为象棋沪上三杰。1956年8月,在全国八大城市大学生象棋比赛中,代表上海参赛的上海外国语学院学生徐天利荣获冠军。1957年春,徐天利获得了上海市象棋个人赛冠军。同年,第一届全国象棋赛的第二至第五名王嘉良、刘亿慈、李义庭、侯玉山四大国手应邀访问上海。徐天利和朱剑秋、龚一苇、韩文荣四人组成的上海队(何顺安因病未参加)出场应战。1957年9月,上海的大学毕业生统一分配,百分之九十以上的学生都分配至外省市。因为市政府“优秀运动员不外流”的政策,徐天利被分配到华东化工学校任外语助教。1957年和1958年,徐天利以上海市冠军的身份参加了第二、第三届全国象棋个人赛,均获第6名,由此跻身于国手行列。

在叫了声惠老师、李老师、何老师之后,我又叫了声徐老师。徐天利说你叫我老师我担当不起,你就叫我大哥吧。徐天利讲起话来是温文尔雅,脸上一直带着笑容。

那天,徐天利让我两先。我非常珍惜这来之不易的机会,面对棋盘,我没有马上动子。思考了一会,执红的我走了炮二平五,马二进三两步棋。徐天利应以象7进5,成为飞象对当头炮。下了18个回合之后,我就输了。我感受到了徐天利的厉害:他不愧是国手,算度很深,非常精细,构思不落俗套。

与徐天利下完后,我又向何顺安请教,何顺安也是让我两先。那天,我采取了先挺三路兵的下法,何顺安应以卒7进1的弃卒争先之法。这一盘棋,还是我输了。局后复盘,何顺安指出中局时我如果走士四进五,再走炮平八路,埋伏炮八退一打死车,就可夺回一马而占先。接着,李义庭、惠颂祥又分别和我下了让两先棋。结果当然是我又输了。

那天,我虽然连输了四盘棋,但得益匪浅!之后,徐大庆要求大家对我提提意见，指教指教。四位国手都说我的实力同他们相差不多，他们赢得比较吃力。说我下棋时毫不畏惧，只是在计算上不是很周密，被他们利用了。说再努一把力，他们就没法让我两先了。

何顺安说他们在我那么大的时候，根本没有我这样的棋力。何顺安看着我，脸上充满了爱意。当时的我实在也想不到，只是不到一年的时间，我竟然成为何顺安和徐天利的队友。

想到要组建上海市象棋集训队的事，徐大庆问何顺安和徐天利：是不是很快要成立市象棋专业集训队？何顺安和徐天利都说也听到这个消息了，只是还没有正式下调令。何顺安表示集训队最好是新老棋手搭配。说如果他和徐天利进了集训队，肯定会推荐我。

回家的路上，我仍然沉浸在四盘输棋中。看到我的一脸严肃，徐大庆鼓励我："能同4位国手下成这样，已经很不简单了。"

第二章
没想到 15 岁成为全国冠军

十六、14岁入选象棋集训队

1957年我荣获上海市小学生象棋冠军后,五爱中学把我送到上海市体育宫象棋培训班去学棋。为了迎接1959年的第一届全国运动会,1959年,上海成立了象棋集训队。华东化工学校外语学院的助教徐天利在体工队担任集训队的队长。上海集训队要求四个人,当时已经定下的三人是何顺安、陈奇、徐天利,还少一人。徐天利对我的情况十分清楚,除了我是1957年上海小学生象棋冠军,他认为我潜力无限。于是,他力荐我进入上海象棋集训队。那年戴着红领巾的我进入上海象棋集训队时,只有14岁,是一个正在念初一的卢湾区五爱中学的中学生。

学校通知我有上海象棋集训队的调令,我非常开心,父母亲也非常支持。去上海象棋集训队报到的那一天,我走到上海体育宫大门时,传达室的师傅看到戴着红领巾的我问找谁?我对师傅说我是来棋队报到的。一开始,老师傅怎么也不肯相信。

1960年10月,在陈毅同志的支持下,上海棋社正式成立。上海棋社归属上海市体委。一开始,上海棋社并没有正式的办公场所,是临时借在南京西路150号的体育大厦的楼上办公。体育大厦的前身是西侨青年会,是一幢上海市文物保护建筑,作为上海与西方体育、建筑交流的硕果,体现了历史建筑和城市发展的完美融合。这里,是上海近代竞技体育开展较早的一个地方,对上海乃至中国内地的西方现代体育文化的传播和竞技体育的开展,影响深远。体育大厦四楼的半个楼面让三棋运动队住,五层楼的一半是办公室。上海市领导和体委对棋社都很重视,为上海棋社的办公场所之事,时任常务副市长宋季文还特地向柯庆施和陈毅同志汇报。知道是成立棋社，柯庆施和陈毅都很支持。宋季文说一定要为上海棋社找一个好地方。后来，上海市体委的领导张振亚，带着上海市象棋队的领队俞玉昌，在全上海找场所。一行人在上海市区东转西转，后来看中了吴兴路87号的花园洋房。1961年11月底，上海棋社搬到了吴兴路87号，位置在徐汇区的衡山路和吴兴路的路口。这一幢花园洋房有700平方米，有一个停车库。花园也有700平方米。1985年，上海棋社搬迁到位于南京西路上的上海武术院内。

进入上海市象棋集训队的第一天，集训队开了一个会。杨明副社长作了一个开场白，接着屠景明先生发了言。屠景明是队中年长者，比何顺安大一岁。屠景明说："上海成立全市的象棋集训队，专门研究棋艺。这样的大好事，只有在新中国才能办得到。这在解放前的旧中国是不可想象的。我作为一个象棋爱好者，组织上看得起我，把我调来集训队，我很感动。今天，棋艺活动在党和政府的重视和支持下，已经蓬勃地发展起来。和旧中国相比，真是有天壤之别。在旧上海，虽然下棋的人也不少，但都是为消遣娱乐：大都是在茶馆里下棋，人员很杂，三教九流都有。虽然也有社会团体青年会和华联同乐会办的棋社，但也只是提供象棋爱好者下棋的场所，谈不上研究棋艺。今昔对比我是有很多感慨的。就我本人来说，我能在开展棋艺上发挥一些作用，还是解放以后。"

屠景明又说："1949年冬天，上海解放后不久，就在八仙桥成立了沪青棋社，有100多名业余高手参加，我被聘为棋社顾问，后来又叫我当了社长，由于棋社经常邀请名手表演和举办社员棋赛，我就经手制订了一套《象棋比赛规程》。到1950年，《亦报》社和沪青棋社联合举办了全市象棋比赛，有300多人参加，《象棋比赛规程》起到了很好的作用。现在我进了集训队，就有了发挥作用的更好条件。我想除了参加集训，把自己的经验传给青少年棋手，还想把象棋作为一门独立的科学艺术来对待，进行研究，然后编写成书，比较全面地反映象棋的历史面貌，使全国乃至世界同仁得以了解象棋的历史、风情、人物、场景等等。"

屠景明说完后何顺安开始发言。何顺安说1957年党把我从死亡的边缘救了回来，彻底治好了我的病，使我还有机会为人民做点事。现在组织上又把我调到集训队来，我是感激不尽，我一定要为发展新中国的棋艺做力所能及的贡献。说到这里，何顺安伸手拍拍我的肩膀说："小胡呀，你生在新社会，一开始学棋，就得到党和政府的关心，好好努力吧！"

　　这时候杨明带头鼓起掌来，杨明说老何的亲身经历，很说明问题，对小胡这样的青少年很有教育意义，小胡，你听了两位老棋手的话，有什么想法？我虽然对屠景明和何顺安两位老棋手很敬重，但对他们俩的经历不了解。听了两人的叙谈，心里很不平静！我说我从小学到现在，可以说是一帆风顺，这是因为有了共产党有了新中国，如果没有共产党没有新中国，我即使有下棋的天赋，也不会有这么好的条件。今天，党和政府这么重视棋类活动，把我这样的少年也调来集训，我非常激动。我决不会辜负党和政府的关怀，不辜负老师们对我的期望。

十七、100局之后终于开和

在上海象棋集训队，何顺安、徐天利、陈奇和我四人，构成了老中青的四人组合，是队友也是对手。当时研究棋艺的方式，是以训代赛。之前，我和何顺安、徐天利等名手下棋，他们都要让我两先。陈奇也可以让我一先。进集训队后，情况就不一样了，是分先下，也就是说他们都不再让我先了。

集训队教练员屠景明认为，集训队的内部训练就应看作是正规比赛，严格按规则进行。正式比赛是没有让子让先的。因此不论水平高低，都作为分先下。这样规定后，我对局时就不能请老棋手让先和让子了。我心想这对自己有极大的促进作用，原先何顺安、徐天利让我两先，我还顶不住，现在分先对下，那就难度更大了。不过，不能怕，要迎着困难上。

屠景明给队员安排了一个训练计划，何顺安、徐天利、陈奇和我四个人打循环，每下完10盘棋换一个对手。这样的一次循环下来，就得每人下30盘棋。对局时第一局猜先，以后轮流执红棋。我这时候的棋风有股冲劲，很泼辣，富有想象力，常常不落俗套。但是，训练比赛的对手不同于一般业余高手和少年棋手：何顺安、徐天利等诸位前辈，都是中国象棋界响当当的名将，和名将进行分先对弈，让我得益匪浅。我尽管在对局中大胆泼辣，进行拼杀，而且落子较快。可是下到最后，总是失败。第一个10盘输给何顺安，第二个10盘棋输给徐天利，我觉得情有可原，因为水平相差较大。可是，第三个10盘棋我又输给陈奇。这时候，我心里就有点发毛了，难道陈奇的水平也比自己高出一大截吗？俗话说，棋高一着，束手束脚，自己难道就打不破这个规律吗！第一个循环赛结束时的成绩是一串"大鸭蛋"。教练员屠景明登记的成绩表上，我的名下从头到尾都是"0"，我自己看了成绩表,脸上发烧。进入集训队后的三个月中,我输了100局,是下一盘输一盘。墙上的成绩表上,显示的是一百个零。这一百个零,让我非常伤心! 我感到前辈们的棋艺是深不可及。

输了100局,这可是我下棋以来从未有过的惨败,过去参加得意楼、大世界的擂台赛也好,参加全市少年棋赛也好,我几乎是常胜将军。没想到,进了集训队会这么丢人现眼。这是什么问题? 是自己的棋力不够? 还是其他问题? 我带着这些问题去请教屠景明教练。屠景明先是指出我的优点,敢想敢拼,不怕强手,不落俗套,有自己的着法。然后,又指出我落子太快,不够细心慎重。所以,每走一步棋,都要非常慎重,都要经过周密计算后才下子。如果你每步棋都仔细考虑了,最后还是输,那就是水平问题。因为受水平的限制,考虑不出最理想的下法,主观愿望与客观实际的发展并不完全对头,说明自己的功夫还不到家。最后,他建议我把下过的每盘棋都复盘研究,看看究竟是哪一步走错了,找出输棋的关键所在。这样便能吃一堑长一智,水平才会逐渐提高。

几位老师过去在淮海公园都辅导过我,本来就熟悉。现在,成了朝夕相处的队友后,自然是十分关心我。老师们不但天天和我下棋,下完棋后,还帮助我分析其中的成败得失。我输了以后,他们总是鼓励我"再想想"。

除了屠景明,何顺安也一直在帮助我。一次我与何顺安对弈。行棋中,我走了一步随手棋。发现是一步劣着后,我把棋子又拿了起来。那一瞬间,何顺安的脸马上绷紧。何顺安指了指棋盘,严肃地对我说把棋子放回来。见我把棋子放回原处后,何顺安说小胡啊,落子无悔是规矩! 输一盘棋没有关系,落子后,再拿起来重走,是绝对不可以的。何老师的一席话,让我又明白了一个道理:优秀,就是一种习惯。从此,我每次与人对弈,都认真对待。每走一步棋前,我总是要深思熟虑,考虑的不再是一种走法,而是四五种,甚至更多;决不会轻易走子。后来,我在比赛中计算精细、落子准确的习惯,就是从那一天开始的。

集训队的老师们和屠景明一样,要求我每次下好棋,必须当众复盘。

有一次，我复盘刚走了十几个回合，何老师就说错了，你把刚才的步子颠倒了，说明你下棋时还不够专心。他说只有当你能把一盘对局一步不错地复出，水平才会提高。

从此以后，我严格按照老师们的要求去下棋，采取强记硬背的办法，连走路和吃饭时，也在大脑里研究棋艺。输了棋后，我会把对局在大脑里一遍又一遍地复盘。

面对墙上的那100个零，我暗暗发誓，一定要在最短的时间里，赶上并超过各位老师。于是，在白天训练比赛后，晚上我继续复盘研究。即便是星期天，我也独自一人在队里神游楚汉。为了不让爸爸妈妈挂念，有时我会回家小憩。稍待片刻后，便又打道回队。研究棋谱后的我，大受启发：我学会了许多多变的棋路，如"乌龙摆尾""四卒攻心""七擒七纵"等残局。研究的结果，是让我以后每走一步棋，不再是只顾一路不管其余，而是考虑再三，多路权衡。

何顺安给我讲棋时，从来也不保留。1957年，何顺安遵从医嘱治肺养肺修身养性，一年中暂别棋坛。在住院诊疗的4个月中，何顺安还是心系楚汉，《当头炮进三卒对屏风马》一书，就是在住院诊疗的4个月中完稿。1958年，身体有所康复的何顺安，在全国锦标赛的扬州分区预赛上脱颖而出。同年，何顺安赴广州参加决赛。在倒数第2轮前，何顺安领先李义庭1分。最后2轮何顺安是1胜1和，总成绩为26分。李义庭最后是连下两城积26分赶上。根据竞赛规则，同分者两人对局和局时，看两人之间对局的用时，何顺安因为用时多于李义庭屈居亚军。当头炮进三卒对屏风马布局，是何顺安的秘密武器，何顺安在我面前从不保留，他把自己花了十几年心血的研究成果当头炮进三卒对屏风马的看家套路，在我面前和盘托出。

老师们为了让我更快地成长，只要有全国一流高手来上海，总要请他们和我下指导棋。为此，何顺安老师感叹胡荣华几个月里遇到的名将，比他们几年中遇到的还要多。何顺安还告诉我，在旧社会，棋手拜师学棋，也是很不容易的。那个时候，你想找名手指点，比登天还难。这不能怪那些名手，因为他们生活也很难，没有闲暇的时间去指点他人。更何况他自己必须还得留一手，以防他人敲破他的饭碗。所以那时学棋只能偷着学。所幸的是，我的老师对我都不保留。

何顺安还说在旧社会，有不少棋手命运多难：闻名棋坛的"七省棋王"周德裕抽上了鸦片，得了重病后没钱医治，在上海解放前三天死去。死后，还是靠朋友买棺材给他收殓。听何顺安说了棋坛的昨日往事后，我知道今天的生活来之不易。于是我在象棋上就更加用功。因为用功，面对棋盘上扑朔迷离的局面，我是越来越神闲气定。有时，甚至在一个小时里都不挪一子。

老师们思考时是一支支地吞云吐雾，我思考时是靠那一个大搪瓷杯的开水。一杯完了，再来一杯。我的智慧在水中融化后，泻到了棋盘上。我严格按照老棋手的要求去做，采取强记硬背的办法，即使在走路、吃饭时，也在分析研究棋艺。有一次我输了一盘棋，晚间躺在床上，脑子里还在一遍又一遍过滤，一直过滤到天亮。长时期"默棋"的结果，终于使我练成了惊人的记忆力，我后来一次能同时下14盘蒙目棋，创造出蒙目棋的纪录，和集训队那一段时间的训练有很大的关系。在一共输了100多盘，接连输了几个月后的一天，我抵挡住了何老师的进攻，第一次与何顺安下了一盘和棋。我非常高兴地拍着巴掌，何顺安老师也是非常惊喜！这是我在上海象棋集训队的第一盘和棋。老师们快活地拍着我的肩膀，惊呼小家伙有苗头了。

屠景明老师走过来，让我和何顺安复盘。我们俩摆来摆去，没有发现错着。屠景明认为这是一盘高水平的对局，他说这是小胡应得法，才下成了和棋。老何呢也下了功夫，丝毫没有轻敌大意。那天我感到天空特别高，特别蓝，特别晴朗。星期天回家后，我继续研究棋艺。父亲见状，问我花了那么多工夫，棋长了没有？我告诉父亲说有了点进步，与何老师下了一盘和棋。母亲说：你的年纪比老师们小得多，能和何老师下一盘和棋，已经相当不错了。

池塘里荷花的开放,是几何级增长的。在荷花满塘开放的前夜,是半塘。半塘之后的一天,就是满塘——荷花效应在我的身上得到了体现!"零的突破"之后,老师们都感到我的棋子紧了,分量重了,胜我不大容易了。稍有疏忽,反而被我所趁。

十八、全国象棋赛前的试金石

1959年5月，我参加了上海市运动会象棋比赛，第一次参加市级成年人比赛的我，在比赛中赢了不少区一级的选手，最终获得了第七名。队友陈奇在平时的训练中，总是赢我。在这一次大赛中，我第一次赢了他。这一次的赢棋，成了一个分水岭，从此以后，他就被我甩在了后面。

1959年8月，在上海市秋季运动会上，我获得了第三名。那个时候，我感觉自己像一个爬藤的植物，渐渐能爬到更高的地方了。1960年春天，为了迎接全国象棋赛，上海举行了市比赛，上海所有的象棋高手几乎全参加了。上海市集训队的队员当然也都披挂上阵了。比赛分预赛和决赛两个阶段。当时的我，已具备了和顶级棋手抗衡的能力。我知道这是检验棋力的好机会，也是全国象棋赛之前的试金石，因此我是非常重视。预赛，我一路过关斩将，顺利出线。决赛阶段，我和老师何顺安遭遇。经过猜先，我猜到先行的红棋。我知道何老师对开局的研究很深，尤其精于五七炮进三兵。于是我做了针对性的准备。我以中炮开局，何顺安应以马2过3。在我走了马二进三后，何顺安没有选择既稳健又有反弹力能攻能守的屏风马，而是进了一步马8进9布成了单提马。何顺安应该知道我研究过他擅长的开局，出其不意剑走偏锋走了单提马。然而他可能没有想到，我对单提马做过研究，已经是成竹在胸。我右车出动，左马盘河，然后弃三兵发动了全面的进攻。何顺安原先低估了我，面对我的立体攻势，他一时竟找不到良策。苦苦思索后，回天乏力的何顺安只能签城下之盟。随着何顺安在记录单上的确认，一个特大的新闻便从他的签名中爆出：

"何顺安从预赛到决赛一盘未输，最后却输给了参赛选手中年龄最小的胡荣华。"

名次出来了：只输了一盘的何顺安名列第一，我名列第二。当时的我不想成为上海家喻户晓的公众人物，已经不大可能。谢侠逊、窦国柱等棋界老前辈，都应邀出席了闭幕式。谢侠逊、窦国柱这两位前辈，当时给了我很高的评价："这样的棋才，从清代到现代，都可以说是独一无二。"

十九、一条颇为轰动的新闻

　　我在1960年的上海市赛上制造了一个特大的新闻后，自己也没有想到，没隔多久又制造了一个更大的新闻。上海市赛结束后不久，皖、浙、黑、辽、沪五省市象棋邀请赛在杭州举行。参赛的棋手中，有三届全国亚军王嘉良、两届全国季军刘忆慈、东北名将孟立国等国手。赛前大家一致认为，这次比赛，王嘉良和刘忆慈夺魁的可能最大。上海去了两位选手，除了我，还有徐天利，徐天利是观战。

　　开幕式上，五省市的11名选手，各自就座。主席台上方，挂着"五省市象棋邀请赛"的横幅。杭州市有关领导在致辞中强调：这是新中国建国以来，杭州市举行的规模最大的一次邀请赛。被邀请的棋手，几乎都是驰名全国的棋坛宿将。上海的胡荣华年仅14岁，他同这次邀请赛中年龄最大的杭州老将刘忆慈相比，整整相差了30岁。老刘是新中国的第一代棋手，胡荣华是第三代棋手，这说明我们棋坛后继有人。

　　裁判长宣布，11位选手进行十轮大循环赛。十分凑巧，44岁的刘忆慈同14岁的我首场相遇。杭州棋迷们都想看看我在比赛中的表演，都早已来到了赛场。由于赛场容纳观众人数有限，为了棋迷们的要求，又另辟了场地进行大棋盘讲解。高1.75米的刘忆慈同我并立时，高出了我好多，我仅到他的胸部。刘忆慈是杭州象棋名手，因幼年丧母，所以取名"忆慈"。早在少年时代，刘忆慈的棋艺便扬名在西子湖畔。刘忆慈棋风稳健细腻，柔中带刚，曾两次获得全国个人赛第3名。因为刘忆慈对"仙人指路"有独特的研究，又喜酒，酒意微醺时行子挥洒自如，如耍醉拳。轻逸绝伦变幻莫测的扬州派的开局"仙人指路"，到了刘忆慈手里又进了一步，刘忆慈也因此被誉为"刘仙人"。

经过抽签,刘忆慈抽到执红棋先走。刘忆慈对我的棋有点了解。他事后说他当时认为他可以放我一先。现在他抽到先走的红棋,心里就更加踏实了。

我知道,刘忆慈先走一定会以"仙人指路"开局。果然,刘忆慈轻推了一步七路兵。刘忆慈笑眯眯地看着对面的我,我笑眯眯地看着那一只兵。徐大庆曾经对我介绍过刘忆慈的特长,自那以后,我就对"仙人指路"的应法,作了多次研究。我足足想了两分钟,估计了可能发生的四五种变化,然后,轻轻挺了一步7路卒。刘忆慈又是微微一笑,将他通常的马八进七,改变为炮二平三。我因为不愿意走成红方容易掌握的流行套路,所以没有走炮8平5或者飞象。我毫不犹豫地还以炮2平5,架起了中炮,这一步棋,是我准备好的"杀手锏"。

事后知道,我架了中炮后,观战室里挂大棋盘讲解员,把通常的应法摆出来进行比较,对我架中炮给予好评,认为是一种创新的着法。同时,讲解员又特别强调了"刘仙人""仙人指路"的厉害。又说凭小胡的棋力,战胜"刘仙人"的可能性不大。但因为小胡采用了新着,就很难说了。

见我还以中炮,刘忆慈想了一下,挺了一步三路兵。刘忆慈在第3回合挺三路兵,是一种激烈的应法。以往,他常走比较稳健的飞相或马八进七。面对红方的挺三路兵,我思考了两分钟,走了卒3进1。

观战室里的讲解员把卒3进1作了详细的讲解,证明了其他几种应法都是红方占优,只有卒3进1是我的最佳应法。第14回合红车三进二准备兑车,忽略了黑方可以平炮打车的妙手。观战室里,讲解员夸奖我说:"平炮打车是出其不意的好棋,小小年纪下出如此妙着,实在难得!"

此后,尽管我连出妙手,但一时还是没法拿下红棋。刘忆慈毕竟功夫老到,他在被动中竭力反击,曾一度给我造成麻烦,让我陷入困境。面对困境,我非常冷静。最终,我成功化解了刘忆慈给我制造的麻烦,脱离困境,取得了胜利。

刘忆慈从棋桌边站起来，身躯下伏，伸出手："小胡，你下得真好，祝贺你！"我用双手捧住刘老师的手说谢谢刘老师！讲解员对观众们说：小胡战胜老将绝非偶然！面对大名鼎鼎的棋坛名宿"刘仙人"，从开局到中盘，小胡是出其不意连出妙手。

我首战巧胜"刘仙人"后，在参赛的棋手中引起了强烈的反响。几位参赛棋手原先认为可让我一先，没把我当一回事。现在，他们看到执先手的"刘仙人"输给我，开始对我重视起来。吃午饭的时候，"东北虎"王嘉良看到我，热情地向我招手。我看到徐天利也在，就走了过去。

王嘉良对我说，你在上海赢了何顺安，在杭州又赢了"刘仙人"。看样子，我必须要好好对付你！说完后，王嘉良伸出一只蒲扇般的手掌，重重地在我肩上一拍。我赢了刘忆慈后，王嘉良开始打听我，他怕在争夺冠军的路上杀出来个程咬金。

十轮大循环赛，是裁判员按编号编排。王嘉良和我在前七轮没有碰头，第八轮我们俩相遇。我前七轮是五胜二和，王嘉良是六胜一负，成绩相等，都是以12分名列前茅。我们俩第八轮的这一仗，关系到冠军的花落谁家。1.90米以上的东北汉子王嘉良像篮球中锋，作为上海少年的我看上去似一个白面小书生。我们俩握手时，王嘉良把他巨大的身躯弯下来，把我白嫩的小手抓在他蒲扇般大手掌之中说好小子，今天咱们俩好好比一比！王嘉良的声音里，充满着自信。

王嘉良像一座铁塔，我是坐在铁塔下面的小孩。号称"东北虎"的王嘉良行棋杀力如猛虎，喜欢把局势引向复杂多变，善于搏杀。由于这一盘棋实际上就是冠军的决战，气氛当然不会轻松。正襟危坐，神态严肃的王嘉良，居高临下地注视着棋盘。脸上带着稚气微笑的我，是初生牛犊不怕虎。开局阶段，王嘉良就争得了主动。中盘，他又采用强硬下法，挑起战斗。我托着腮镇静地审察局势，寻找对方的弱点和破绽。通过周密的思考，我决定先是回炮打马，接着跃出受困的边马，然后弃子沉炮将军。最后，经过一番来来回回的折腾，我赢了王嘉良。观战室里，当讲解员讲我胜定时,观众们报以雷鸣般的掌声。

第八轮结束,我以六胜二和积14分名列榜首,王嘉良仍然积12分。第九轮比赛,我又胜一局。第十轮,我下了盘和棋,以17分夺冠。我夺冠的消息,成为轰动新闻,我又一次成了新闻人物。闭幕式上,有记者问:"这次五省市象棋邀请赛,除了你,邀请的都是全国有名的国手,在比赛之前,你想到过会拿冠军吗?"

我回答记者说:"上海派我这么一个少年棋手来参加国手们才有资格参加的比赛,是给了我一个很好的学习机会。参加这次比赛的老一辈棋手和中青年棋手,都可以做我的老师,我没想过拿冠军,我只是想一定要认真下好每一盘棋。"

当我上台去领奖时,全场是暴风雨般经久不息的掌声。在开幕式上致辞的领导在闭幕式上说:这次邀请赛,三代棋手欢聚一堂,11位棋手,有10位是全国著名的国手,只有胡荣华是排不上号的无名小辈。而胡荣华一盘棋都没有输,出人意料……

第一次走出家门参加高水平大赛的我,以七胜三和的不败战绩夺得冠军后,上海棋队的老师们都为我高兴。我在高兴之余进行了反思,反思之后,小小的我很有自知之明:从实力上讲,10位一流高手的水平,比我高出一筹,我没有理由自满。但这次比赛,增加了我的自信心,也由此得出了一个结论:只要把握住机会,一切皆有可能!

从杭州返沪到家时,已是傍晚时分。母亲知道我晚上要回家,请假提早下班回家。因为是夏天,家门没关。还没进家门,就听到姐姐的声音。一家人都在,叔叔知道我今天要回来,也特地赶来。我一进家门,姐姐就迎了上来。爸爸非常关心我的比赛成绩,每天让姐姐去买《新民晚报》。我在赛场的情况,他们都很清楚。坐在椅子上的爸爸笑容满面地说:"荣华,知道你拿了冠军,我高兴得晚上觉也睡不着。"

二十、广州小吃和神来之笔

1960年6月,我从杭州回来后不久,广东棋界邀请上海和温州组成联队去广州访问。联队由上海队的何顺安、陈奇、我和温州的沈志奕四人组成。广州是闻名全国的棋城,高手、名手很多,象棋爱好者众多。上海和温州的象棋活动,也是如火如荼。温州又是谢侠逊老前辈的故乡。上海和广州是我国棋坛的两个重要基地,近百年来,两地棋手频繁的艺术交流,促进了象棋事业的发展,给后人留下了一笔宝贵的象棋艺术遗产。

这一次,广州方面特地为我安排了表演赛,能同广州名手表演,机会难得!我非常高兴。表演赛的前一天,《羊城晚报》上登了一条消息:上海棋坛后起之秀、上海市成人象棋赛亚军、杭州五省市邀请赛冠军,年仅14岁的胡荣华,将同广州棋坛宿将朱德源和新近好手李旭英作公开表演。这一条消息,引起了棋迷们的极大兴趣。

这边的何顺安为了让我放松,在比赛前一天的早晨,带我到茶楼里去喝茶。这是我有生以来第一次一早到茶馆里喝茶。平时,只是在上海的得意楼茶室、淮海公园茶室和大世界游乐场下棋时才喝茶,从来没有为喝茶而专门去过茶馆。因此,何顺安一清早叫我去喝茶,我有些莫名。我是初次到广州,但我早就听说广州人对吃很讲究,我很想看看广州人吃些什么,对吃又是讲究到什么程度。何顺安对我说:"你不是想看看广州人怎么吃的吗?你去了茶馆就知道了!"

早上七八点钟,茶馆的几十张方桌边,已坐了不少茶客。何顺安和我坐在了二楼靠窗的地方。茶楼坐落在珠江岸边,只是第一眼,我已经被窗外的景色吸引:旭日映红了蔚蓝的天空,金光照着东流的江水,帆影点点,江面上,一群燕子在金色的阳光下来来回回上上下下……

正看得心旷神怡之时,服务员托着一盘点心来到桌前。服务员把托盘放在桌角,让我挑选。我看着盘子里有叉烧包、桃花烧卖、元宵、玉兰饼,还有大肚蒸饺。我好生奇怪:喝茶怎么会送来点心?这就是广州人的爱吃?

何顺安问我喜欢吃什么?我说何老师您挑吧我随便。何顺安说今天我请客,你是客人,当然要由客人挑选,你喜欢吃什么就挑什么!我指了指桃花烧卖和玉兰饼说:"何老师,就这两样。"

服务员刚把一碟烧卖和一碟玉兰饼端到桌上,又有一位服务员托盘而来。新来的服务员把盘子搁在桌角上让我们挑选。盘子里有四五种菜,我已经看花了眼。服务员见状,主动解说:"这是水晶鹅,这是烂烤蹄子,这是烧骨朵,这是炸牛排,这是八宝攒汤。"

我想如果把这几种菜都点了,价钱肯定不小,不能让何老师太破费,我说这些菜我不要,有点心就行了,我吃不了那么多。何顺安知道我是为了省钱,他说光吃点心没有菜不行!你不全点,就点一两个菜吧。两人吃,肯定吃得下。

盛情难却!我点了水晶鹅和八宝攒汤。一会,又有第三个服务员来了。服务员还是把盘子搁在桌子的边上。那盘里的菜,也有四五种,但是变了花样。吃完离开茶馆后,何顺安和我是一路闲逛,何顺安也没有和我谈棋。

表演赛在一家俱乐部里举行,能容纳四五百名观众的场子,座无虚席。首场表演,广州方面派出了后起之秀李旭英。年龄20出头的李旭英精力充沛,他得到过杨官璘、陈松顺等名手的指导,棋艺比较全面,能攻善守,在广州棋迷中享有很高的威望。

观众们把这场比赛看作是广州新秀和上海新秀的一次较量。广州名宿陈松顺、覃剑秋、卢辉等都来到了现场。卢辉是华南"四大天王"之一,人们称卢天王,卢天王以"五七炮"名扬天下。陈松顺被人誉为象棋王国的一条神龙,是棋城双杰之一,另一杰便是全国冠军杨官璘。曾经,陈松顺与杨官璘结成联军,迎战过全国各地来广州访问的联军,都取得了胜绩,使广州象棋一直处于全国的最高位,享有了棋城的美称。

李旭英猜中了先走的红棋,他胸有成竹地走了炮二平五,我应以马8进7。6个回合走下来,形成了当头炮过河车对屏风马的布局。红方的走法,同杨官璘平时喜欢的走法差不多。之后,双方经过一番精心的战略部署,红方屯重兵于左翼,黑方分兵两路,左右包抄。局势错综复杂,大战一触即发。我看到我黑马的脚被对方别住,左侧的车炮也被对方缚住,右路又受到严重威胁,非常小心。因为我知道,如果应对不当,将会导致全军覆没。在这关键的时刻,我告诉自己必须沉着冷静。我面对棋盘,进入到无我的状态。

何顺安后来告诉我,当时,观战室里的几位名手也在研究我下一步棋的走法。卢辉和陈松顺两位老前辈经过反复分析,都认为黑方的我无法脱离苦海。讲解员把两位名家的意见传达给观众后,观众们都以为黑方的我要输了。因为,观众们对两位德高望重的广州棋界老前辈的判断是深信不疑——陈松顺和卢辉认为黑方的我最高明的应法,只能是车3平4。因为只有车3平4,才能防止红马七进五。这样,还能苦苦支撑。除此之外,别无良策!

但是,我没有走陈松顺和卢辉认为的最佳应着车3平4,我走了一步车3退1。我的车3退1一出,全场观众当然感到莫名其妙。李旭英一时也不知就里,他有点手足无措。陈松顺和卢辉在仔细思考分析了之后,拍案叫绝。说这是一步神来之着。李旭英想了好久,皱着眉头应了一步兵七平六。我一看,暗笑:这一步看似好棋,其实是一步坏棋。我抓住这千载难逢的良机,立即以车3平7吃马,把黑棋的主力转移到对方左翼的薄弱环节。然后红方走炮七进三。这样,红方已是四面楚歌。我车3平7吃马后,陈松顺和卢辉两位老前辈再一次拍案,称赞我又走出了一步奥妙绝伦的妙手。李旭英见无法逃脱失败,站起来和我握手:"你下得真好,尤其是后半盘,杀得我气都喘不过来了。"

观众们要求和我见面,主持人请我来到大棋盘前。有观众问我怎么会想到那两步神来之笔？我回答观众说我也不是一眼就看出来的，是经过对十种应法加以比较以后的结果。十种应法都不是很好，虽然说车3平4稍稍好些，可以防备对方的马七进五，但有单纯防守的弊病。所以我认为车3退1是最理想的应手，是攻守兼备之着，是决定这盘棋胜负的关键所在。最后，我又补充了一句：我的体会是，要想走出这样的关键之着，就应该对全局的形势进行全面的观察。

观众们在听了我的分析之后，报以热烈的掌声。卢辉站起来说："小小年纪的小胡，下起棋来却是这么沉着，他能够在深思熟虑后，找到全局的关键，很了不起。我和松顺已下了几十年棋，两人反复研究后，也没有想到这两步妙手。由此可见，小胡的棋艺，已到了很高的境界。我想，小胡将来一定会成为棋王。"陈松顺也说我已经可称得上是一流水平，他说我的棋比较全面，开局、中局、残局都下得不错。他还说他从未见过一个这么年轻的棋手，棋艺就达到这么高的高度。面对观众和棋坛前辈的赞扬，我没有因此而沾沾自喜。我知道，我还有很长的路要走。

第二天，我又同广州棋坛老将朱德源进行了一场表演赛。结果，我又赢了。广州棋界看到新秀和老将都败在我手下，便鼓动第一高手，全国冠军杨官璘出马，为广州棋坛夺回荣誉。杨官璘没有马上表态。

我虽然崇拜杨官璘，看过杨官璘的比赛，也研究过杨官璘的棋谱，也被他放先对局过，但对他的具体情况并不是非常了解，只知道他闯荡上海，得过三次全国冠军。何顺安说杨官璘的经历同他有相同之处，有必要让我知道，有助于我提高对新旧社会的认识。

听到何顺安把介绍杨官璘一事放到原则高度，我更加用心，也知道了一个不一样的杨官璘：杨官璘1925年出生于广东东莞一个贫农家庭，他父亲做教师，也做过小农商。杨官璘的爷爷是个棋迷，经常带杨官璘去棋档下棋。杨官璘10岁时，已称王乡里。14岁那年，他父亲去世，家庭的重担就落到杨官璘肩上。杨官璘除了种田，做小挑夫，又学做裁缝，在家门前挂起了"承接车衣"的招牌。杨官璘当挑夫做小贩时，衣袋装着棋子、棋盘。后有人就建议他到广州去摆棋摊下棋，他便决定去广州，开始"博弈生活"。他先胜了两广名将黎子健，接着他又挑战"四大天王"之一的卢辉，用怪异的"双边马"阵陷卢天王于被动之中，最后战成平手，轰动棋城。1949年秋天杨官璘到了香港，以博弈为生。有时棋档长时间没有棋客，如果来了棋客，他会全力以赴。因为如果输了，就没法生活了。正因为此，杨官璘也养成了小心谨慎，稳扎稳打的棋风。有记者赞美说杨官璘是我国棋坛绵密细腻流派的佼佼者，他炉火纯青的象棋艺术，比湘绣更精美，比抽纱更巧妙，比象牙更细致。

何顺安的介绍，使我对杨官璘有了比较全面的了解，同时也受到很大的启发。我想，杨官璘之所以能成为新中国的第一代棋王，是和他的勤奋刻苦，勇于进取的精神分不开。他那温良恭俭让的品质，值得我学习。这次来广州，我最大的心愿，就是想同杨官璘过招。因为再过几个月，就要在北京举行全国象棋锦标赛。我想，在杭州的比赛中，我能赢下国手刘忆慈、王嘉良，我为什么不能在全国赛上赢下杨官璘呢？ 更何况，李义庭不也是在1958年全国比赛中，夺了杨官璘的冠军宝座吗！

去年，也就是1959年，进入集训队不久的我，迎来了杨官璘领衔的广东队的到访。广东队和上海队对抗，我只能是尾随于后，没有资格正式上场。我心有不甘，又自责棋力不逮。访问比赛结束那天，对抗赛下完后，何顺安带着我去见杨官璘，请杨官璘和我下一盘。何顺安笑着对杨官璘说："老杨，请你指导这小鬼一盘。"杨官璘是位热心人，对老棋友的要求总是有求必应："好的，好的，小胡是一个很有才能的棋手。怎么下呢？"何顺安客气地说："现在小胡长棋了，原来我们让他两先他还顶不住。您是全国冠军，就让他一子吧。"

杨官璘摇了摇手："不行，不行，我让不动他一子的。"

何顺安说："那就让两先吧。"

杨官璘怔了一怔，看了看何顺安，又低头看了看我。杨官璘不肯让两先，只同意让先。其实，何顺安本来的想法也是请杨官璘让先。

这是我平生第一次以被让先的形式参拜魔叔。我小心翼翼地在棋桌旁坐了下去，面对我崇拜的大神，拘谨地走了一步一生难忘的炮二平五。面对一代宗师，我是十分很紧张。很快，就稀里糊涂地输了。杨官璘看到因紧张而拘谨的我，笑着说："不要急，慢慢下。"

这一盘棋，我是终生难忘。本世纪初，香港《大公报》编辑夏智定请我在《大公报》开了一个《敲棋漫录》的专栏，我在专栏中写下了我当时的心情："这一年，我有幸拜识了来上海参加比赛的广东名将杨官璘，为其风采不凡而竟有幸求教而自喜。我有史以来与杨官璘首次的交锋、即下第一盘棋的当时印象，极之深刻，至今难忘。其棋艺之风光万千，令我眼界大开。当然，这第一盘棋自然是我输了。但其中的所知所学，非同小可。"

再说，我初次尝到了全国冠军的厉害，但心里有点不服。何顺安了解我的个性，知道我不服输，在一旁建议再下一盘。杨官璘不好意思推托，又和我下了第二盘。

何顺安鼓励我，要我好好下，下慢点。杨官璘也笑了笑说：对，对，好好下。

第二盘，仍然是我先走。我调整了一下情绪后，以当头炮过河车急冲中兵的开局，毅然决然地强攻。也许是第一盘胜得太轻松，杨官璘第二盘有些放松。我走得非常小心谨慎，始终掌握先行的优势，没有给杨官璘任何可乘之隙。中局时，杨官璘虽然使出浑身本事，但还是无法挽回局势。我也没有想到，杨官璘的第二盘让先，被我很漂亮地赢了。

当时，一旁的围观者有七八人之多，都是象棋高手。杨官璘没有因为输棋而感到难堪，他反而表扬了我。能赢杨官璘一盘棋，我心里是非常非常的高兴。我也从心底里，感谢杨官璘给了我一次难得的学习机会，感谢棋坛前辈何顺安老师为了我的成长，为我创造良好的学习条件。

胜了杨官璘之后，我的自信心得到了增强。回去复盘后，我也悟出了一个道理：和高手过招，不能手软，要想办法把局势搞乱。如果按部就班地较量，凭自己还没到火候的中残局功力，难以抗衡。

二十一、受邀去复旦大学表演

从广州回上海后，棋队领导决定让比赛回来的何顺安和我放假一天。我打算放假的这一天也就是第二天去拜访徐大庆和傅鄂定两位老师。自从到集训队之后，我整天忙于训练以及比赛，与徐大庆和傅鄂定见面的时间少了。徐大庆还在卢湾区的象棋少年班讲课，傅鄂定还在区文化馆工作。

第二天是星期天，吃好午饭，我准备去拜访徐大庆和傅鄂定。这个时候突然来了一位客人。我和客人是在门前相遇。客人认识我："小胡，您好！我姓张，在复旦大学负责俱乐部工作。今天是有事来麻烦你。"

我把客人请到家里。张老师和父母亲寒暄后，开门见山："我们复旦大学的师生中，有很多象棋爱好者，他们都非常喜欢小胡。小小年纪，就拿了五省市冠军。大家很想和小胡见见面，请小胡指导指导棋艺。学校领导为了满足大家的愿望，请我们俱乐部出面，邀请小胡前去指导。这件事，我昨天已和你们棋队领导谈过，棋队领导也很支持，给了我你们家的地址，让我来同小胡面谈。因此我才敢冒昧登门。"

听到这里，我已知对方的来意。我想复旦大学俱乐部热情相邀，棋队领导也已同意，哪有不去之理！张老师说今天正好是星期天，师生们都休息。张老师希望我当天就去。张老师他们是开车来的，车停在吉安路上。

在上海，复旦大学几乎是无人不知。我当然也仰慕这所名牌大学，能去学校同师生们棋友见面，同时参观学校，我非常乐意。车一直开到复旦大学俱乐部的门前。一下车，就受到了师生们的热烈欢迎。那天，我穿白衬衫，蓝裤，脚上是白球鞋。我学着大人的模样，频频向欢迎的师生们招手。师生们簇拥着我走进俱乐部大厅。厅里已摆着几十张桌子，桌子上放着棋盘棋子。棋迷们在一张张桌子边坐下来。张老师请我坐到主席台上。张老师说："今天，我们把神童棋手胡荣华请到学校来下指导棋，让大家近距离一睹小胡的风采……"

全场响起了掌声。我有点不好意思！

张老师接着说："小胡昨天刚从广州回来，他今天本想去探望他的老师徐大庆和傅鄂定，但被我横插一脚请到这里。为此，我们再一次表示感谢！"

又是掌声。

大厅里一共摆了30盘棋，但我却要1对100多位棋手。因为，每盘棋由三到五人组成。路上，张老师已经征求过我的意见。他问我一个人同时对付100多位，是否忙得过来？我对张老师说我从没有下过这样的棋，不过我觉得好玩，我可以试试。

100多位对手中，有须眉染霜的教授，有而立之年的讲师。当然，更多的是学生。从第一台开始，我一台一台地轮流来回。我发现每局棋的开局，都各有不同。显然，师生们已经在事前商量好了，他们要用多种开局法来考验我的应变能力。这难不倒我，进入上海象棋集训队后的我，经过老师们的指导，经过自己的努力，经过实战，对各种开局法都是心中有数。更何况面对的只是一般的业余爱好者呢。

每到一台，我只是略微一瞄，就迅速落子。因为，我必须快速落子：如果每一台一步棋以半分钟计算，那么一轮走过来，也要用15分钟的时间。因此我落子飞快。而等我落子离开之后，棋手们又会和他人一起，在棋盘上面翻来覆去摆弄各种变化。但即使这样，师生们也没能顶住我的攻势：有下到二十几个回合就认输的，最多的，也只是三十多个回合就败阵。对局结果，我全胜。

当裁判员宣布我全胜时，大厅里场沸腾起来。

这别开生面的比赛，也引来了记者。

二十二、我成了最年轻的全国冠军

从1960年起，上海队注入了新鲜血液，一批新手接班上岗：象棋有我，国际象棋有徐天利、许宏顺、戚惊萱，围棋有陈祖德、吴淞笙、华以刚等棋坛新秀。

1960年10月，我代表上海参加了全国象棋团体赛。本来，团体赛的队员已经有三个人：何顺安、我，另外一个应该是同一集训队的陈奇。但是领导为了确保拿冠军，没有让陈奇出场，而是调来了"扬州三剑客"之一的朱剑秋。当时领导敢用朱剑秋，还是很有魄力的。因为朱剑秋的身份有些敏感，曾加入国民党。领导下决心用朱剑秋，是要承担一定风险的。如果最后没有拿到团体冠军，成绩不理想，领导可能会担责。

1960年10月，象棋比赛在北京劳动人民文化宫举行。比赛分团体和个人赛两个阶段，先是团体赛，然后按照比赛成绩，从团体赛中选20位棋手参加最后的个人赛决赛，第一台选前十名，第二台选前六，第三台选前四。朱剑秋调上来之后，我们三个人的排序是何顺安第一台，我第二台，朱剑秋第三台。团体比赛的主要对手是广东队。

当时，因为娱乐活动不多，象棋的普及程度很广，几乎是受到了全民关注。正因为此，象棋全国赛成了媒体的关注焦点。团体赛的争夺主要在上海队和杨官璘领衔的广东队之间进行。尽管在第五轮上海队输给了广东队，而广东队也没有输过一场，但因为广东队比上海队多和了几场，最后是上海队超过了广东队1分夺冠。我也没想到，第一次参加全国团体比赛，就拿下了团体冠军。我在第二台表现还可以，顺利杀入个人赛决赛。我当时的想法就是："我超额完成任务了！"

何顺安、朱剑秋和我都取得了个人决赛的资格,我当时的成绩是第二台第一名。拿下全国象棋团体冠军的当晚,我一时没有入睡,想的很多很多。我想如果没有朱翰章的引见,没有窦老师的慧眼,没有伯乐徐大庆,没有集训队老师们的帮助,我不会有那么高的殊荣。想来想去后,我找到了一个很快入睡的理由:为了报答老师们的提携之恩,我一定要尽最大的努力,下好个人赛。

全国象棋个人赛要开始了,在去北京之前,我们队里的政治辅导员专门找我谈过心,领导说五省市你得了冠军,你现在应该有雄心壮志了。他给我的任务是"争取前六名"。前六这个名次,在象棋界算是一个标准,进入前六,就意味着你跨入了一流棋手的行列。不能说一定能胜冠亚军,但是,至少也能给冠亚军制造麻烦了。政治辅导员问我有什么打算吗?我说没什么打算,如果能够进前六,再好也没有了。我当时的心态很简单:之前杭州去过了、广州也去过,中国最大的城市里就是北京没去过,肯定是想去。但成绩方面,去之前没有任何想法。全国个人赛加上团体赛,强手如林,名家众多,每个人讲起历史来都可以写上一本书,我一个15岁的半大小孩,第一次打这种比赛,凭什么要得前六?但是辅导员说了,我也就随口答应下来,后来有人问我的目标,我都说前六,其实心里想:开玩笑嘛,得不到的。

1960年10月27日,全国象棋个人赛开始了。前三轮,我是气势如虹。第一轮,我战胜了有"东北虎"之称的孟立国。孟立国的攻击力很强,素有"杀象能手"之称。我以后走屏风马布阵,中局时,"杀象能手"孟立国果然杀了我一个象。但象是杀了,却让我因此抓住机会,拼兑了主力之后反先。后走的我以优势进入残局,完成了开门红。

第二轮,我遇上了1958年的全国冠军李义庭。李义庭功力深厚,棋风扎实。经过4个多小时的激战,我以双马炮双仕战和了对方的双马炮士象全。

10月29日的第三轮,我与象坛最负盛名也是最难对付的对手、被称为"第一国手"的三届全国冠军杨官璘过招。赛前，我几乎没有做什么准备，我知道自己和杨官璘相比，无论在开局、中局还是残局上，仍有不小的差距。我也知道，和杨官璘这样的高手过招，不是靠赛前做个准备就能对付的。不要说我这位初出茅庐者，那些个身经百战、久经沙场的国手，也奈何不了杨官璘。我唯一能做的，就是避开杨官璘最拿手的巡河炮。想到这里，我上床看起了小说。

前面交代过，在1960年全国比赛前的1959年，广东队访问上海打对抗赛。临走那天，何顺安带着对抗赛还不能上场的我，请杨官璘放一先和我下了两盘指导棋。何顺安开口，杨官璘也不好意思拒绝，结果是一来一去。在1960年的全国比赛前，杨官璘和我又下过4盘棋，杨官璘是2胜1和1负。我已经引起了杨官璘的注意。但只是注意，并不是重视。《羊城晚报》的象棋记者黎民良说，当时的杨官璘之所以注意到了我，是因为在我们俩的对局中，有一盘棋我以双马双兵单仕相胜了杨官璘马炮双兵单缺象；以及另外一盘我在中局受制时以车兑炮后还能守和杨官璘。杨官璘之所以不那么重视我，是因为有一盘棋杨官璘巧施弃炮擒车小计胜了我；以及另一盘杨官璘掠去了我的一象以不明显的优势获胜。正因为此，在1960年赴京参加全国赛赛前，杨官璘对黎民良说："胡荣华很厉害，但是还没有成熟。"

因为只是"注意"而没有"重视"，只是这一念之差，多少年过去后，杨官璘有点后悔！

比赛即将开始。赛前的我做了几次伸展运动。入座后，我闭目静思象棋古谱《橘中秘》里的棋谚：胆大如虎，心细如发，波平如镜。我抽到了后手行棋，但我丝毫没有怯阵。我抬头看了看纹枰对坐的杨官璘，很快就进入状态。此刻的我，已经是人棋合一。当一名棋手达到人棋合一时，对手是谁已经不是重点。我的心里只有一个念头：我要想办法赢——我要赢！

杨官璘以当头炮进七路兵开局，我用"左炮封车"阵式应战。20世纪的上海市名手陈昌荣先走擅长横车盘头马，后走则惯用"左炮封车"布局，常与沪上诸强手角逐抗衡。1955年11月17日，在上海美华茶楼与我的老师何顺安做公开表演赛时，陈昌荣后走也是走了"左炮封车"。这一次，在与杨官璘的实战中，我对陈昌荣的"左炮封车"做了改进。弈至第8回合，炉火纯青的杨官璘连走怪辣之着：马跃河口暗伏马踩中卒、强渡七兵又能捉炮。这是一石二鸟的凶着。一时间，枰上局势突变，狼烟四起。面对杨官璘的凶着，我抱头沉思。二十多分钟后，我决定化实为虚"弃炮争先"，毅然决然地采取了"一炮换三兵"的大胆战术。以一炮为代价换取对方三个兵后，我控制了全局。

媒体后来这样评价：胡荣华的这一着弃炮进车抢攻，显示出少年棋手胡荣华的锋芒，也体现了胡荣华敢于向老一辈棋手挑战的过人胆识。弃炮后的我，转换到化虚为实：全盘子力活跃。贪吃一炮的杨官璘，处处挨打被动，半壁河山被牵。而我的黑棋却是安然无事。经过78个回合的鏖战，我妙用车卒，直捣黄龙，拿下了关键的2分，为夺取冠军奠定了基础。

输棋后的杨官璘，风度依然。这一战的结果，让我和杨官璘两人分先对局的成绩改写为平分秋色的2比2。在这一盘棋里，我的布局相当成功：中局弃子，判断准确，算度深远；在弃子取势后，攻守有度，战术灵活；进入残局时，在只占有微弱优势的情况下，始终掌握主动。从艺术角度去看，这应该是一篇杰作。

本世纪初，我在香港《大公报》"敲棋漫录"的专栏中回忆了我当时的心情："1960年，我在经过自己日夜砥砺的艰苦的棋艺学习后，终于坐在杨官璘这位前辈面前，而且竟是参与和其争夺全国冠军谁属的决赛了。在经过极其艰辛的连一兵一卒都得来回争夺的残局过程后，杨官璘含笑推枰，最后把冠军奖座拱手与我。能战胜如此国手，我自然心头充满了狂喜之情，也同时为他高雅淡泊的风度心仪不已。"

媒体因为我胜了杨官璘，一时炸开，溢美之词不绝于耳。但是，谁也没有料到，在我胜了杨官璘的第二天，我就轻而易举地输掉了第4盘。

第4盘对王嘉良是我先走。现在回想起来，因为在前面两轮对两位全国冠军是一平一胜,年轻气盛的我,当时还是太得意了。和王嘉良对局时,见对方下得很快,我也下得很快。因为对手几乎是步步陷阱,我跟着他的节奏行棋后,中了圈套。

这一盘棋双方以中炮过河车高左炮对左马盘河布下阵式,至第13回合,王嘉良以弃掉一马的代价,换得对我右翼展开攻势的局面。而我却仰仗右翼有车、马坚守,还有左翼双炮一马遥控要道,自以为布下了坚实的防线。想不到王嘉良出人意料地将车送入红方虎口!此招一出,红方防线顿时被撕开。随后,王嘉良如有神助,攻势如行云流水,不到20步,就干净利落地取胜。

第四轮后,我淡出了人们的视线。我淡出,应该还和我的年龄与个子有关。当时的我个子矮小,如果要把棋子下到对方的底线,手还有点够不着。所以在比赛中,我会时不时地在椅子上撅撅屁股再出手。输棋也有输棋的好处。输了之后,我被浇了一盆冷水,更加清醒。

谢幕之战之前。媒体在预测桂冠谁摘的时候,把我排除在外。最后一轮激战前,朱剑秋积13分,杨官璘、何顺安、李义庭和我同积12分。

记者们在“大胆设想,小心求证”。《北京晚报》甚至用精确到小数点后面两位数字的百分比,测算出夺标的种种可能性。朱剑秋夺得冠军的可能性为45%,何顺安为22.5%,杨官璘为18.15%。属于胡荣华的可能性太小了,记者们给以忽略不计。媒体断言:“小人物”的雄心壮志难实现,如果要排列这次全国棋赛的名次,冠军怎么也排不到胡荣华的头上。一般来说,争夺全国冠军是有丰富经验的名宿之事,而不是初出茅庐的小孩子可为。胡荣华只是在老棋手的指导下下棋,棋龄又太短,缺乏实战经验。从胡荣华高质量地拿下杨官璘到轻而易举地输了第4盘,可以看到胡荣华的不稳定性。在胡荣华败于名将王嘉良之后,表现也开始平平,下棋的质量也很一般。而三获全国冠军的杨官璘毕竟是第一国手,他虽然输给胡荣华一局,但并没有动摇他冠军的宝座。更何况,还有1958年全国冠军李义庭和得过多次全国亚军的王嘉良等棋手,横在冠军的路上。

上海队的政治辅导员认为我有夺冠的可能。辅导员对迷信名手的观点反感。他鼓励我不畏人言，勇攀高峰。他说你既然可以打败第一国手杨官璘，为什么就不可以夺取全国冠军呢？辅导员还对我强调："你从团体赛到个人赛前三轮，表现都很出色。"辅导员很仔细，他还对我说："棋界一些权威人士预测，这次比赛的冠军可能是杨官璘、朱剑秋，何顺安等人。我想知道你的想法？"我说我会认认真真地下好每一盘棋。这是我当时真实的想法。辅导员听了我的讲话后点点头表示认可。事后，辅导员对人说我是少年老成。

辅导员离开后，我继续看我的书。住在运动队集体宿舍后，每天午睡和晚上就寝前，我都要花上个把小时翻翻书。这个习惯，我一直保留到今天。古今有关象棋的书籍，不论是铅印的，还是油印的，甚至手抄的，我只要打听到，总会千方百计地借来细读，一边还做心得笔记。

那天晚上，睡觉前，我想起了出征之前上海市常务副市长的宋季文的战前动员。当时，宋副市长在上海棋社二楼的会议室会见三项棋类选手时说，"我们应该去学学霍去病，霍去病18岁就当上了骠骑将军。"宋副市长的讲话，是很有针对性的。当时参加比赛选手中，国际象棋选手徐天利比我大9岁，围棋选手陈祖德只比我大1岁。后来，徐天利果然获得1960年全国国际象棋个人冠军，陈祖德也获得了全国围棋个人第3名。

最后一轮抽签揭晓：何顺安对朱剑秋，我对刘忆慈，杨官璘迎战另一位高手。赛制规定，同分者看对手之间的成绩决定名次。在前面的比赛中，我胜杨官璘，平何顺安；杨官璘负我，和何顺安；朱剑秋领先何、杨、胡一分。无疑，冠军将在这四名棋手中产生，但最后花落谁家，充满变数。

写稿的时候，记者们可能没有算到，如果最后一盘朱剑秋没胜，我对的是刘忆慈，而我又赢了刘忆慈的话，只要出现同分，比较胜负关系我的名次应该排在最前面。也就是说，真的出现这种情况，我就是全国冠军。

决赛前夜，上海队全体人员聚在了一起。他们既不是在研究棋艺，也没有时间闲侃大山。上海队在房间里开了一个冠军形势分析会。分析的结果是：如果朱剑秋胜，冠军肯定是朱剑秋；如果何顺安、杨官璘同胜，则何顺安与杨官璘并列冠军；如果我与杨官璘同分，则我冠军；如果何顺安与朱剑秋下成和棋，我又输了，杨官璘胜了，桂冠属杨官璘。为确保冠军不落他人之手，上海队做出了一个这样的决定：为了确保冠军落沪，何顺安与朱剑秋必须分出输赢。

领队的讲话是一石多鸟。他既要确保冠军落沪，又担心何顺安让棋于朱，辅导员怕因此坏了上海队的名声。更加深层次的考虑：朱剑秋曾经是国民党员。领队的担心有点多余！何顺安不可能让棋，因为，何顺安自己也认为，只要他赢了，冠军就是他何顺安。更何况，当时的棋手视让棋为耻辱！一旁的我是充耳不闻，我正在想，明天怎么样才能拿下刘仙人呢？

第二天，在最后一轮比赛中，同室操戈的何顺安与朱剑秋，果然分出了胜负——先行的何顺安胜了朱剑秋。

很快，杨官璘也战胜了对手。而我与刘忆慈的对弈还在进行中。针对"刘仙人"的"仙人指路"，我还以"过宫炮"。这一盘棋，我让子力拥挤、攻势不易迅疾展开的"金钩炮"，成为集中优势兵力攻其一翼的"新式武器"。我的"金钩炮"新变，先声夺人，打乱了"刘仙人"的计划。继而，通过精确的计算，我放任对方摆上空头炮，把形势引向复杂多变的决战。

最后，"刘仙人"在和我的激战中败下阵来，我是大分小分一起拿。那天，出现了一个戏剧性的场面：原先的象棋国手、后"改行"国际象棋的徐天利战和北京徐家亮，夺得了全国国际象棋冠军。当他春风得意地走出赛场时，看见疲惫的老友何顺安满脸兴奋地迎面而来。

徐天利笑着上前问道："老何，怎么样？"

"赢了！"

"啥人拿冠军？"

何顺安轻轻地回答："可能是我吧？"

他们都沉浸在喜悦之中，忽视了我的存在。

听到徐天利与何顺安的对话，我感到何老师肯定没仔细计算过小分。

我认为有必要把这个问题说清楚，于是就上前说："我赢了刘忆慈，冠军应该是我吧?"

何顺安与徐天利听了我的这一句话之后，非常意外。何顺安因为非常疲惫，一时还没有反应过来。徐天利追问了一句："你小分算清楚了?"

我不好意思地点了点头。沉默片刻后，何顺安老师大度地笑着说："哦，冠军原来是小胡的……"

徐天利看着何顺安，宽慰道："你真的是没有冠军命啊!"

我、何顺安和杨官璘三人同分，三人之间，我胜杨官璘、平何顺安，何顺安两战皆平，而杨官璘负于我，战平何顺安。因此，我为冠军，何顺安第2，杨官璘第3，朱剑秋第4。

我为何顺安老师感到惋惜。何顺安在1958年的全国个人赛上表现出色，但那一届的竞赛规则是同分者不以小分排名次。同分者两人和局时，看两个人对局的用时。何顺安因为用时多于李义庭，这样，何顺安只能屈居亚军。这一次，何顺安又一次与冠军擦肩而过。

冠军已经属于15岁的我，想让也不可能。在这之前，有着深厚象棋传统的上海，还从来没有人夺过中国象棋个人锦标赛的冠军。冠军一直落在广东杨官璘和湖北李义庭的身上。更有甚者，上海棋界又曾被杨官璘荡平，这一切，一直都是上海棋界的心病。由上海象棋前辈悉心指点和栽培的我，终于为上海扬眉吐气。不管是何顺安，不管是朱剑秋，不管是徐天利，作为上海棋手，看到我的夺冠，兴奋感是感同身受!

次日颁奖前，我专门到王府井附近一家理发店理了发并吹了个风。棋手们看到我，都笑着说我吹了个"春风得意头"。我之所以去理发，很重要的一个原因是，我知道闭幕式的意义非凡：时任国务院副总理的陈毅元帅要亲自为优胜者颁奖。陈毅元帅曾任上海市市长，对中国体育事业支持的力度很大，对棋类关心尤甚。

颁奖仪式上，身材高大的陈毅元帅特地弯下腰来，把金光闪闪的奖章挂到我的脖子上，惊喜地问："你叫胡荣华，15岁!"

我非常兴奋，一个劲地点头称是。随即，陈毅元帅还用标志性的大嗓门喊出了他那句标志性的名言："好哇，娃娃赶上来了！英雄出少年嘛！"

当天的晚宴上，主管体育的贺龙副总理也来了。陈毅同志特地拉着我到贺龙面前介绍："这是上海的娃娃，棋艺厉害得很啊，大人们都搞不赢他。"

自从我远离家门，激战沙场，父母亲和姐姐就一直处于担心和激动的情态：他们翘首以盼，神经一直处于紧绷的状态。姐姐每天最重要的一件事，是上街买《新民晚报》和《羊城晚报》。买好报纸的第一件事，是翻看体育版面。父亲虽然足不能出户，但他每天是捧着收音机，听"新闻广播"和"体育专题"。那一段时间里，父亲一直是兴奋和激动着。

和父亲一样，还有几位长辈——上海棋坛的几位高人徐大庆、刘彬如和徐和良，在淮海公园的茶室里，每天都在分析战况。他们也一直处在兴奋和激动的状态。一开始，他们认为我可进前六，后来说有希望进前三。预判到前三后，他们不敢有更高的奢望了。不仅如此，徐大庆还天天去我们家发布信息。当爸爸、妈妈看到报纸上刊登的那张发奖大会的照片，欣喜之情不可名状：照片上，上海市老市长、身材魁梧的陈毅副总理，把一枚金光闪闪的奖章挂到我的脖子上。

我获得了1960年的冠军后，《人民日报》上，有记者撰写了一篇报道，对我是大加赞赏。看到报纸后，我非常高兴。但是，我有自知之明，我的水平明显在杨官璘之下。在这里，干脆把这个话题谈谈透。既然我当时的水平明显在杨官璘之下，那为什么我在以后几年还是能拿冠军？这里面，其实还有点运气。

从1961年12月到1962年2月，身为上海象棋队队员的我，却在上海围棋队整整练了81天的围棋。以至于在1962年的传统性的上海广东象棋对抗赛中，作为新科状元、上海象棋队的主力队员，我以3和3负一盘未胜的成绩，成了丢分的薄弱环节。以往两队交手，都往往会打平或以极小的胜负收盘。可这一次的对抗，因为我，创造了比分差距的最高纪录。广东队居然以6胜10和2负大胜。

1961年,国家遭遇三年自然灾害,期间,虽然象棋友谊赛还是照样进行,但全国象棋个人赛暂停了一年。这一年,等于是多给了我365天的宝贵时间。

1962年的全国象棋个人赛,改"积分循环"赛为大循环赛。26名选手要进行25轮大循环。因旷日持久,体力有损的何顺安棋艺大打折扣,早早退出了冠军的角逐。23轮弈罢,杨官璘以积36分一马当先,我、李义庭则以1分之差紧紧追随。糟糕的是,我曾负于李义庭,增加了夺冠的难度。第24轮,何顺安对阵李义庭。自始至终,李义庭占据着优势。5个小时之后,封棋。下午开封续战,何顺安拼死抗争,终于战平了李义庭,全局历时达7小时。棋局终了,何顺安休克在棋案旁。这一盘和棋,使李义庭在冠军的争夺队伍中掉队,因为杨官璘也与对手弈和,我胜出。这样,杨官璘和我同以37分并驾齐驱,而我和杨官璘之间是一盘和棋。由此,我夺冠的形势得到了大大改观。最后一轮,我和杨官璘同奏凯歌,并列冠军。

我知道,没有何顺安老师以休克在棋案旁为代价拖住李义庭,也就没有1962年的我。1960年我获得全国冠军,幸好,第二年没有比赛,得以让我缓冲。1962年我能够同杨官璘并列冠军,有幸运的成分。

1964年杭州的全国个人赛,我赢了杨官璘。只是从这一年开始,和同时代棋手相比,我感到自己有一点优势了,得冠军的概率也高了一点。即便如此,我还是认为杨官璘是一代宗师。尽管我赢了杨官璘,不等于我水平在他之上。

作为一个棋手,杨官璘的敬业精神,让人钦佩。1964年全国赛上,杨官璘在输给我之后,在杭州的运动员食堂华侨饭店吃饭。饭前开胃菜有一盆尖椒,特别辣,当时饭还没上来。杨官璘居然一边想棋一边就把尖椒吃掉了,吃完尖椒后,马上叫了杯广东凉茶,但因为沉浸在棋局复盘中,凉茶也没喝。

我获得1960年的全国冠军,虽有很多的因素,但也可以说和杨官璘有一定的关系。1959年，杨官璘放下身段让一先和我下了两局指导棋。两局棋下成了一来一去。这一来一去，让我提早消除了对杨官璘的神秘感和恐惧感，加快了我夺取全国冠军的步伐。

许多年之后，只要回想起1960年全国赛的最后一轮，我都会感慨万千，如果当时的情况只要发生一点点变量，冠军可能就会易人：如果何顺安计算下来他胜了朱剑秋也拿不到冠军；如果朱剑秋不是生活在那个年代，不是一个文人棋手，如果朱剑秋请求何顺安让棋？再如果一下，如果，当时最后一轮比赛的情况发生在时下？我还是我吗？

当时的棋手真的是很纯。不过，话再说回来，先行的何顺安输给朱剑秋的概率很小。再说，何顺安也不会让棋。1950年，何顺安赴香港表演时，行李包囊等不慎遭窃，狼狈不堪，因东道主杨官璘的资助，摆脱窘境返回沪上，何顺安是心存感激——"那年棋国诸侯会，犹念香江一段情"。但友谊是友谊，比赛归比赛。这以后，在每一次全国象棋大赛上，只要何顺安遇到杨官璘，棋枰上总是铁马冰河。这也体现了何顺安的体育道德风尚——情是情棋是棋。

有的时候想想也很残酷，竞技类比赛几乎都有一个共同的法则："文无第一，武无第二。"不是身临其境者难解其中三昧。其实，在全国棋类比赛中，不要说二、三名，即便要拿到四、五、六名，也是难于上青天。但往往是除了第一名，其他的人都成了过眼云烟。

二十三、一张引以为傲的合影照

我拿了全国冠军后,徐大庆也诞生了一张他一生引以为傲的合影照。合影照上有三个人:徐大庆、我和陈富贵。

如果说我是一匹千里马,那么,徐大庆老师就是我的伯乐。他不仅热情指导我下棋,并且想方设法把我带到重大棋赛上去经风雨、见世面。那个时候,大家的生活水准都不高,1米7出头的徐大庆,不但抽烟,还喝酒。但是,他不收我指导费。现在想来,那个时候的民风,真是淳朴。从我少年成名到进入上海象棋集训队之前的这一段时间内,徐大庆在棋艺上给了我无私的指导。

其时,大世界的象棋活动开展得很活跃。我在那里曾和上海市各个街道的高手一比高下。在和他们交锋中,我有所得益。再以后,徐大庆又把我带到淮海公园茶室。20世纪50年代的后期,淮海公园的茶室里,汇集了上海和外地的象棋名手。通过徐大庆的介绍,我得到过何顺安、徐天利、惠颂祥、李义庭等名手的实战辅导。这些名师的精湛棋艺和棋品,把我带到了象棋领域的新天地。徐大庆在带我的同时,还指导过一位比我年长几岁的陈富贵,陈富贵后来去了湖北。在陈富贵去湖北前,徐大庆带我和陈富贵去了一次照相馆,三人拍了一张合影照。徐大庆在当中,陈富贵和我在两边。照片是黑白的,那个时候,没有彩照。

1960年,我拿了全国冠军,陈富贵拿了湖北省冠军。这个时候,徐大庆的得意之色溢于言表:每遇棋手,必取此照——富贵荣华、荣华富贵!需要说明的是,窦国柱也是陈富贵正儿八经的老师。当然,作为一个棋手,带过这样的两位学生,他是应该引以为傲的!

第三章
飘浮的不安与动荡岁月

二十四、81天的围棋生涯

围棋第一人吴清源曾赠送中国围棋棋圣聂卫平几个字:"不搏二兔。"原因是聂卫平除了喜欢围棋之外,在桥牌上花的时间也不少,似乎浪费了天赋。吴清源的"不搏二兔",发生在20世纪的80年代。而早在20世纪的60年代,我也面临"搏二兔"的选项。

1961年,在我获得1960年全国象棋冠军之后,曾经有过81天的围棋生涯。我81天的围棋生涯,和陈祖德有很大的关系。当年,上海三棋集训队的宿舍,在南京西路国际饭店隔壁的上海体育大厦的四楼。1959年,我进入上海市象棋集训队后,一周回家一天。平时,三棋集训队的少年选手都睡在集训队的宿舍里。陈祖德和我当年在上海棋队,住在同一间宿舍。我的下铺,是象棋集训队的陈奇。我和陈祖德是头对头睡上铺。没事,我们俩就会聊天。

因为年龄相近,又差不多是同时进上海三棋集训队,我和陈祖德交往比较多,我的围棋就是他教的。开始的时候他让我25子,后来随着我的围棋水平一路提高,他只能让我5子。2001年的春节,我还在宁波和他下过一场围棋、象棋双棋赛。围棋他让我2子,象棋我让他一马三先。陈祖德比我大一岁,1944年出生于上海,他7岁开始向父亲学棋。最初的对手是大他一岁的姐姐,后来成为著名作家的陈祖芬。很快,只喜欢洋娃娃不喜欢围棋的姐姐被他让到让子棋的最大数25子。两个月后,他父亲的棋力也不敌他。陈祖德的父亲是一所中学的校长,学校中有一个叫周己任的教员,水平比陈父高出一截。于是,周老师就成为陈祖德的第二任围棋老师。

当年,只是和陈祖德下了一盘棋,具有慧眼的周己任就知道了陈祖德的不俗。周老师把陈祖德带到上海的襄阳公园,拜顾水如为师,后又师从刘棣怀。

1960年我拿全国冠军的时候,比我大一岁的陈祖德获得围棋个人第3名。后来,他成为中国围棋界第一个打败日本九段的高手,也是中国第一代职业九段棋手,中国棋院首任院长。陈祖德作为新中国培养的第一代围棋高手,后来为中国围棋乃至整个棋界做了许多开创性的工作,完成了一系列卓越的使命。遗憾的是,在和癌症做了长期艰苦的斗争之后,还是撒手人寰!

从陈祖德那里,我对围棋的历史有了一定的了解。正因为了解了围棋历史,才有了我81天的围棋生涯。

唐朝的"棋待诏""棋博士",都是专业棋手。棋待诏是陪皇帝下棋的,棋博士是教宫人下棋的,也要间接接受皇帝的检验。棋待诏和棋博士的出现,把中国古代的棋艺水平向前推进了一大步。唐朝著名的棋待诏有王积薪、顾师言等人;宋朝著名的棋待诏,有刘仲甫、李逸民等。宋朝还出现了围棋的经典著作《棋经十三篇》。

1840年之后,中国逐步沦为半殖民地半封建社会。帝国主义列强的血腥侵略,反动统治者的横征暴敛,军阀的连年混战,把中华民族推向了苦难的深渊,围棋事业也必然走向衰落。不少有识之士为此感叹:"国技沦落,良可慨矣!"

反观日本,经过德川幕府两百多年的大力提倡和明治维新后日本棋院的建立,围棋活动更为普及,棋艺水平大为提高。于是,中国围棋在世界上首屈一指的地位被日本代替,出现了中日两国棋艺水平之间的逆差距。随着时间的流逝,这种逆差距不是缩小了,而是扩大了。中华人民共和国成立后,人民政府大力提倡,定期组织全国竞赛,情况才逐步变化。

1960年时的我,因为年轻,对所有新鲜事物都好奇,也没有什么门派藩篱的成见。在1960年我去北京夺得象棋全国冠军之前,陈祖德的老师,围棋泰斗顾水如先生和我下了一盘围棋,他让我5子,结果我赢了。

顾水如是陈祖德正儿八经的老师,是围棋界的老前辈。顾水如年轻时曾留学日本,专门研究围棋,回国后成为国内第一高手。顾水如做过北洋军阀段祺瑞的门下棋客,经常陪段祺瑞下棋,很得段祺瑞的器重。1966年,因为曾经是段祺瑞门客之故,受到了冲击。顾水如是金山枫泾人,爱下围棋经营米店的父亲原是一个书生。顾水如16岁时,在当地已无对手,于是,到上海、北京以棋会友,后东渡日本游学。中华人民共和国成立后,在上海的顾水如成为上海文史馆馆员,上海市政协特邀代表。

20世纪50年代初的一个周日,年过花甲的顾水如在上海襄阳公园与一个7岁的孩子下棋。棋还没有下完,顾水如就说:"这孩子我收下了。"这7岁的孩子,就是陈祖德。两年后,顾水如又与陈祖德下让子棋,9岁的陈祖德竟赢了老师。顾水如把这局棋谱寄往日本,日本棋手预言陈祖德将成为吴清源之后的又一巨星。果然,陈祖德后来成为九段国手,是第一个击败日本九段的中国棋手。

1960年,上海棋社有三项棋的集训队:即象棋集训队、围棋集训队和国际象棋集训队。我对围棋和国际象棋也极有兴趣。围棋训练室就在象棋训练室的隔壁,一有空,我就会到围棋训练室去看下围棋。年龄同我差不多的陈祖德、吴淞笙等围棋尖子,都是我的好朋友。陈祖德经常对我说:"下围棋比下象棋更有意思,你也过来一起下围棋吧。"

吴淞笙也经常对我吹风:"还是下围棋有意思。"

我觉得象棋、围棋、国际象棋都有共同之处,那就是都要讲究战略战术,都要作精心的构思。如果把这三项棋都掌握了,就会互相促进。于是,我决心同时学下围棋和国际象棋。还有一件事,是我决心下围棋的原因。1960年,中日举行了首次围棋友谊赛,中国围棋队惨败。在日本棋手让先的情况下,共下35盘棋,中国队仅仅赢了2盘,和了1盘,输了32盘。这么糟糕的成绩,简直是奇耻大辱。我想,围棋是中国的绝技,怎么反而不如日本呢?

有一天,我在围棋训练室请教顾水如:"为什么中国围棋队在中日围棋比赛中输得那么惨?"

顾水如正在打谱,本来我不想提问,但我走到他身边的时候,他正好抬起头来看着我,而且还对我点了点头。顾水如叹了口长气:"我也没想到中国队会输得那么惨。不过,这是有历史原因的,讲起来令人心酸。解放前的旧中国是个半封建半殖民地的国家,横遭帝国列强的欺压,国运不好,各行各业都不景气,棋运也就不好,特别是在最黑暗的军阀统治时期,民不聊生,棋艺更是一落千丈。解放后新中国大力提倡棋艺,以适应中国的国际地位。没想到首次同日本棋手较量,被让先还要输,而且输得那么惨,这同中国的国际地位很不相称。"

顾水如说陈毅同志曾同他和过惕生下过围棋,鼓励他们培养青少年棋手,赶超日本棋士。顾水如还对我说:我相信你下围棋也一定很有出息,能像吴清源那样称雄于棋坛,打败日本棋士,为国争光。

陈祖德、吴淞笙等年龄同我差不多的少年棋手,以及另一位老棋手王幼宸,也都希望我加入围棋集训队。晚上,我和陈祖德聊天。陈祖德告诉我,顾水如说我15岁就成为全国象棋冠军,说明我很有棋才。如果我再学围棋,肯定会成为出类拔萃的围棋国手。

第二天,在围棋集训队里,顾水如又对我说:"中国棋手是能够超过日本棋手的,关键在于培养青少年棋手。我们欢迎你到围棋队来,将来为国争光。当然,你仍然可以参加象棋比赛,同时身兼象棋和围棋。"

围棋老前辈的这一席话,让我动情。我点了点头,当然是答应了。顾水如先去找副社长杨明,说他愿意教我下围棋以及为什么要我下围棋的理由。杨明也是个围棋爱好者,对中国围棋落后于日本也很痛心。他想如果我攻下围棋,前程无量。考虑到象棋也需要我,我不可能两棋兼顾,杨明还是有点犹豫不决:"让我再考虑考虑。"

无可奈何的顾水如,又请刘棣怀再去找杨明谈谈。刘棣怀也非常看中我,他比顾水如年轻。刘棣怀的外貌与性格,与顾水如迥异:刘棣怀人高马大,顾水如是五短身材;刘棣怀棋风刚猛大刀阔斧,顾水如棋风属于阴柔。

刘棣怀也是一位德高望重的棋手。1897年出生的刘棣怀是中国围棋界一代名宿。刘棣怀13岁入南京北营小学读书,常至夫子庙看围棋对局,后从僧人释可慧学棋。1916年,刘棣怀迁居北京,常常与棋坛名将顾水如等高手切磋。建国后,刘棣怀夺得2次全国冠军。20世纪50年代,曾雄踞中国棋坛之首。与过惕生一起,享有"南刘北过"之誉。

时任国务院副总理陈毅对围棋非常重视! 20世纪60年代,陈毅同志发话,棋队里的名棋手不要称教练,应该叫研究员。并且要享受教授待遇。刘棣怀那个时候,工资是163元。刘棣怀的《围棋中盘战术》《围棋官子常识》等著作,在普及和推广围棋上,起到了非常重要的作用。陈祖德的老师顾水如工资是145元。围棋高手王幼宸只有104元。王幼宸为什么这么低呢? 据说1960年全国围棋个人赛,为了确保冠军落户上海,有关领导出面和王幼宸打招呼,让他让棋于陈祖德,王幼宸也答应了。如果王幼宸放给陈祖德,陈祖德就是冠军。王幼宸当年的水平,和刘棣怀很接近,只是名气没有刘棣怀那么大。

没料到,赛场上的王幼宸突然变卦,赢了陈祖德。那一年,王幼宸打了第二,陈祖德打了第三,冠军是安徽的黄永吉。后来,王幼宸的工资就高不上去了。陈祖德拿冠军只是时间问题,他也不需要他人让棋。后来,获得全国冠军的陈祖德成为中国围棋职业九段棋手。1963年和1965年,陈祖德受先和分先分别战胜日本杉内雅男九段和岩田达明九段,成为第一个在中国击败日本九段棋手的中国人。

那个时候,上海的有关领导偏爱围棋,政策有倾斜。和围棋选手相比,象棋选手的工资差了不少:何顺安本来定的也是104元,后来只定到92元。92元是当时研究员里面最低的,副研究员最高也是92元。徐天利那个时候就是副研究员,74元。我算研究生,44元;陈祖德49元。徐天利有点不服气,说胡荣华是全国冠军只有44元,而陈祖德只是第3名,反而49元。领导解释说陈祖德是高中生,胡荣华是初中生。

研究生和研究员的职称评定法,比现在称为教练更科学。这和棋艺的特性有关：如果你是研究员的话，你就负责研究棋文化，如果你是棋手，那就负责出成绩，其他可以百事不管。正因为这样，那个时候的分工会很明确：顾水如是《围棋》月刊编辑室主任，负责传播围棋和围棋文化；刘棣怀是研究室主任，负责围棋的技战术，比赛必须出成绩。

顾水如和刘棣怀一心要培养我成为围棋高手，我也很想在围棋上练出名堂来，两位老棋手争相把自己的功夫传授给我。围棋选手的地位，似乎比象棋选手的地位高，这也是我学围棋的原因之一。

再说，刘棣怀对杨明说明来意后，杨明心想顾水如来谈，我没同意，我也不能同意你刘棣怀。因此，杨明还是没有明确表态。因为顾水如老师让我5子，结果我赢了，还有中国围棋队惨败等因素。当时上海棋社负责日常事务的副社长杨明，最后决定让我改下围棋。这件事，他可能向当时市里一位领导汇报过。有了这一层的背景，弃象改围这件事也没有充分征求我个人的意见，就直接通知我改行了。

虽然，1960年我拿了全国象棋男子团体和男子个人两项冠军，但因为非常年轻，自我感觉良好，觉得象棋冠军不当下围棋也能当冠军啊，反正到哪儿都有希望！当时哪里知道会有后来的"十连冠"。所以，根本也不觉得什么可惜不可惜的。因为也没什么老本可吃，感觉下什么棋都一样。

这样，我就挪了座位，到围棋队专心致志练起围棋来了。那是1961年12月的事情。挪座位之前，陈祖德可以让我5子，挪座位的80天之后，陈祖德就只能让我3子了。如果当时我坚持下来的话，说不定会出一个"胡九段"。这种转型现在说来是匪夷所思，但当时新中国的棋类事业百废待兴，象棋相对成熟一点。围棋在以陈毅元帅为代表的国家领导人的关心下，肩负着赶超日本的历史使命，而国际象棋也是作为新兴事物受到扶持，徐天利改行夺冠也是在这个背景下。我当时想我也就是步徐天利的后尘，弃象改围罢了。

1962年3月，广东象棋队访问上海。因为当时上海象棋队的人手已经不多，加上我毕竟是现役全国冠军，所以还是让我回象棋队和广东打团体对抗。比赛在卢湾体育馆举行,现场挂大棋盘讲解,当时上海市体委副主任陈琳瑚也前来看棋。结果,上海队中我的战绩最差,是3和3负一盘未胜,成了丢分的薄弱环节。其实我功底还是在的,只是专心于围棋,象棋有点荒了。比赛结束后,陈琳瑚问棋手:"胡荣华是新科状元,全国冠军。这次对抗赛,怎么会下成这样?"

徐天利回答:"可能是胡荣华近来一直在下围棋的缘故。"

知情后的陈琳瑚大发雷霆:"这是谁的主意?你们为什么不告诉我?"

过了几天,上海棋社社长张振亚打电话到队里找我,问我到底是愿意下围棋还是下象棋?象棋、围棋我都喜欢,要去冲击围棋冠军,也不是没有这个可能。那个时候我主要的想法是,1961年没有大的全国比赛,交流也有限,所以棋界内外少有人注意我去下围棋,连上海体委领导都不知情。我是怕外人说我是在惨败给广东之后对象棋灰了心,所以改下围棋。这闲话我肯定接受不了。就因为这一个念头,我开了掉头车,离开了天圆地方,重新回到了楚河汉界。

我想了想后回答张振亚:哪里跌倒就在哪里站起来!

在陈琳瑚的直接过问下,我中止了围棋训练。从领导拍板让我去围棋队报到,到我做出选择,领导同意我回归象棋队,前后一共是81天。后来棋界的朋友们常常饶有风趣地和我开玩笑:人家袁世凯当皇帝81天,你胡荣华下围棋也是81天,所以,这注定是成不了事的!

二十五、风波蔓延到上海棋社

棋手们被扫地出门

1966年，我已连续夺得五届全国象棋冠军。那时候的我，棋艺正处在巅峰期。遗憾的是，就在我获得1966年全国象棋个人冠军的10天后，一场风波蔓延而来：造反派和红卫兵冲进了上海棋社……

令人啼笑皆非的是，上海棋社因为环境古秀树木葱茏，被莫须有地说成了是"封资修"的所在地，棋社也被人为地说成是"裴多菲俱乐部"。戴上了"封资修"和"裴多菲俱乐部"的头衔后，棋室被封，棋盘全部被砸，棋书尽数被毁。1970年，上海象棋队最终被解散，棋手都被扫地出门——我当然也不可能例外。上海棋社里，贴满了革命大字报，象棋、围棋和国际象棋都被列入"四旧"，受到了批判。社长杨明成了"走资本主义道路的当权派"，挨了批斗；何顺安、朱剑秋等新中国的第一辈棋手被看作是信奉四旧的"遗老"；围棋国手顾水如、刘棣怀因为在旧社会为军阀和国民党干过事，被认为有"历史问题"，需要清算。75岁的围棋元老顾水如先生，因为曾是段祺瑞的门客，成为上海棋界受冲击的首当其冲者。其后，是《围棋》月刊的编辑曹钧石先生。第三个受批之人是徐天利，因为经常做中国和苏联棋手的翻译，徐天利因此被问罪。

1966年8月的一个星期一的上午，走进上海棋社大厅的徐天利，看到墙上贴满了批判他的大字报：徐某人是"棋社宣扬封资修的罪魁祸首""资产阶级反动学术权威""修正主义体育路线的社会基础"。看了墙上的大字报，徐天利是百思不解，担任中国和苏联棋手的翻译，是职业所需。而选择国际象棋专业,不是他个人的意愿,是领导安排。

1957年9月,上海的大学毕业生统一分配,百分之九十以上的学生都分配至外省市。因为市政府"优秀运动员不外流"的政策,徐天利被分配到华东化工学校任外语助教。1957年和1958年,徐天利以上海市冠军的身份参加了第二、第三届全国象棋个人赛,均获第6名,由此跻身于国手行列。1958年,没有经过选拔,徐天利直接入选上海"迎第一届全国运动会三棋集训队",并被任命为象棋集训队长。1959年5月,徐天利荣获上海市象棋冠军。因为全运会每项棋的参赛名额只有一个,象棋项目是何顺安与徐天利二选一。谁代表上海参加全运会象棋比赛,当时成了一个难题。考虑到徐天利有象棋功底又熟悉俄语,具备深造国际象棋的优越条件,上海市体委领导希望徐天利改下国际象棋。徐天利临阵受命,在距离全运会只有短短3个月的时间里,改下国际象棋的徐天利,在全运会上获得了第9名。全运会结束后,上海市体委决定成立三棋专业队,专业队属上海体育学院运动系,编制仅有6名:象棋、国际象棋、围棋各2名。徐天利认为下棋已不是个人爱好,是和祖国人民联系在一起的事业。因此,徐天利决定终生以棋为业。如是,徐天利由教育界转到了体育界,成了一名真正的国际象棋专业棋手。

因为在第一届全运会上仅获第9,徐天利心有不甘。经过刻苦努力,一年后的1960年,徐天利一举获得国际象棋全国个人赛冠军,成了名副其实的象棋和国际象棋双枪将。1962年,徐天利再度获得国际象棋全国冠军;1964年和1966年,获得全国亚军,取得了比象棋更为辉煌的战绩。与此同时,徐天利并没有远离象棋。每逢节假日,应上海各区的文化馆和基层单位之邀,客串作大象棋表演和一对多人的车轮大战。

3个月后,1966年12月,闹剧结束,徐天利尽管恢复了自由身,但琴棋书画已成为被扬弃的封资修产物。我历史清白,没有任何问题。但是,因为是五届全国象棋个人冠军,我因此成了棋坛的"黑权威",是"走资派"杨明亲自培植的"黑苗子"。

在下放劳动的日子里

那个年代,物质生活非常贫乏,为了保持大众的精神面貌,人人都得参加充满了政治色彩的集体活动。早在"文革"开始前,我们就要经常去参加各种劳动,或者帮农民秋收,或者去港务局劳动,那时我还能扛起大包走得飞快。

劳动虽然锻炼了我们的体魄,却多多少少荒废了棋艺。可谁也没想到的,更长久的荒废还在后面!"文革"开始后,所有象棋比赛全部停摆,棋社房屋也被一家科研单位占据,棋手全部去上海体育宫待命。

1969年,我们出门"拉练",先是"拉练"到金山"三秋劳动",再"拉练"到宝山,最后,上海棋社的棋手全部下放到上海跳水池"劳动"。徐天利当救生员,我和何顺安当杂务工。作为保管员,我和何顺安负责更衣室的钥匙。因为苦闷,无棋可下,有肺气肿的何顺安继续在抽香烟。而且,抽得蛮厉害。可能是因为我年轻的缘故,我除了发钥匙外,还兼一个点眼药水的工作。每天要为六七百个小朋友点眼药水。我点眼药水的水平,被公认为最好。我听了之后,是五味杂陈:可笑一双本来摸棋子的手,在那个特殊年代,只能在小小的半透明眼药水瓶子上施展灵巧了。

后来,有报道说我被分配清洗过跳水池池底。清洗池底那可是力气活,我干不了。其实是有几个一起被下放劳动的老熟人被分做夜班,包括跳水池几位喜欢下象棋的职工,他们拖上我让我一起做夜班,我只是跟在他们后面摆个样子。

凡是泳客的衣服和贵重物品,都由我负责保管。像下象棋一样,我对保管员的工作很负责。

在衣物寄存处值班时,我要对每一位前来寄存衣物者,发一块领取衣物的牌子。有位姓王的游泳者,寄存衣物时还存有手表一块、皮夹子一个。我为了负责,特地问明了他的姓名、工作单位,写明皮夹子里的钱数后,又写下一张以资证明的字条。王姓泳者游完出来时,我把他寄存的物品,一件件地交还给他。没想到，一个小时后，他又返还找到了我，一本正经地对我说："我寄存过一只手表，忘记向你要了，你也没有还给我。"

我感到十分意外，不知道他真的是忘了还是来"敲竹杠"。当时，旁边站着好多泳客，见状，觉得好奇。我感到自己受到了极大的侮辱，非常生气。我竭力克制着怒气，用严厉的目光打量着对方，和他复盘："这是绝对不可能的。我们这里寄存的东西很多，包括贵重物品，从来没有遗失过。你那块手表连同那个皮夹子，我一起给你了。你当时赤着脚出来，怕脚上有水弄湿袜子，把袜子塞进裤袋里，光着脚穿了皮鞋。然后，我把三样东西——一块手表、一只皮夹子和一个黑色手提包交给你；皮夹子里有20块钱，黑色手提包里面放的是毛巾、肥皂。当时你接了手表，没有往手上戴，交给了站在你旁边的你的一个朋友。你只管穿鞋子，可是你的朋友却走了。我记得清清楚楚，绝对不会错。你回去问问你那位朋友吧，手表是不是在他那里。"

王姓泳者拍了拍脑袋，恍然大悟："嗨呀，我好糊涂啊，我想起来了，我把表交给那位朋友了。对不起！对不起！"

1969年的下半年，棋手们的工作又重新分配，被下放到金山劳动；然后，又转移到宝山滨海游泳池和航空俱乐部。1970年9月，上海市革委下文件解散棋社，名义叫"战高温"，专业棋手人事档案开始时还都保留在体委，人却被分到各个工厂、农场去。为了有利于"彻底改造棋手的世界观"，除了何顺安因为健康原因患肺气肿还是去上海跳水池，其他象棋、围棋和国际象棋选手全都下放到工厂，工种基本上都是最脏最累的翻砂工和热处理工：当年稀有品种的大学生徐天利下放在良工阀门厂热处理车间里翻锅炉，象棋名手朱永康下放到上海气焊机厂做翻砂工，国际象棋国手戚惊萱下放到上海工程机械厂做翻砂工，围棋国手杨以伦下放到上海马铁一厂做翻砂工，象棋队领队俞玉昌下放到四新铸造厂做翻砂工。

我因为是棋坛的代表人物，本来，要对我做象征性的"留种"，也没被分配，在体育宫闲荡。后来又决定一网打尽，把我和陈奇下放到上海造币厂。可能因为我拿过几个全国冠军,有可能是我身体条件也不算好,厂方动了恻隐之心,照顾我去做木模工;陈奇做翻砂工。和翻砂工、热处理工相比,木工活属于轻量级,是又轻又干净。

后来人谈到这件事都说我这段时间成了"小木匠",其实木模工和木匠手艺差别不小,我最多只能做个简单的靠背椅子,木模工的活干不好。

在造币厂,我向一名老木模工学手艺,整天就是锯锯凿凿刨刨。

老师傅们都很喜欢我,他们说我这个声望这么高的年轻人,这么谦和;还说我是天才,我真有点受宠若惊。因为我干起木工活来是笨手笨脚。我对老师傅们说:"我一张凳子都做不出来,锯个木料也是歪歪斜斜的……我不是天才。"

我想如果我是天才,那老师傅们也是天才。我的天才,表现在棋盘上;他们的天才,则表现在一锯一斧和一刨之中。在这看似单调的锯锯凿凿刨刨中,我感受到了劳动者平凡中的不平凡之处。从象棋棋手到"小木匠",这种体力工作对我而言肯定还是很辛苦的。就在这段时间,我学会了抽烟,因为抽烟时可以借机休息十分钟。师傅们抽烟我就陪他们抽,有时,他们扔一根给我,偶尔,我也会敬他们一根。在造币厂,我也没吃太多的苦,两位师傅都很照顾我,安排我休息的时间也不少。

离开象棋队的那几年,我收获也是不小的。在跳水池时期,我学会了游泳,锻炼了身体,还参加了两次市民横渡黄浦江的活动,第一次游了7 000米,第二次更是顺水游了12 000米。这一切,为我后来复出后取得的成绩,打下了良好的基础。

再说1969年之前下放到上海跳水池的,除了象棋选手,还有围棋选手。上海有名的赵氏兄弟中的哥哥赵之华,下放在上海跳水池看门。每一次看到,我们都会点头示意。

赵之华当时是上海棋坛的一流高手,20世纪60年代初已在京参加国家围棋集训队,后来因为在全国赛中拒绝让分,被打道回府,转任上海少体校围棋班的教练。少体校围棋班的学员有曹志林、华以刚、邱鑫、谢裕国、吕国梁、杨以伦、许宛云等少年。这些少年中的多数人后来都成了上海市围棋队的队员。1965年后，曹志林、华以刚、邱鑫先后上调国家队。赵之华功不可没。

赵之华12岁时参加初中升学考试，语文考分相当高。母亲买了一副围棋奖励他。从此，他和7岁的弟弟赵之云迷上了围棋。其时，福建颇有名望的棋手郭同甫寄寓在赵家，赵氏兄弟便拜郭同甫为师。郭同甫还是一位古琴师。赵之华说他们兄弟俩从来没有见过正儿八经的围棋谱。某一天，父亲从一家炒货店带回油氽花生一包置于桌上，兄弟俩一看，大惊失色——包花生的纸是一页日本棋谱。兄弟俩急忙赶到附近的那家炒货店，把已被撕剩的半册棋谱买回。

赵氏兄弟第一次携技走出家门去闯荡江湖，居然和我的象棋老师窦国柱有关。学棋三年后的一天，少年气盛的兄弟俩约了一位同学同去襄阳公园。在公园里，三人遇到窦国柱，因为同学的棋艺比兄弟俩略强，同学自告奋勇出战窦国柱。窦国柱让五子。结果，同学被杀得片甲不留。一旁赵氏兄弟目瞪口呆，知道了山外有山。

由于父母都是历史学家，赵之华12岁时便通读了《资治通鉴》。兄弟俩的古文根底深厚、诗词造诣相当，对棋史很有研究。兄弟俩还随郭同甫老师学古琴，弹得一手好琴。

我之所以和赵之华聊得比较对路，是有一定的原因。成为专业的象棋运动员后，书更是成了我的良师益友。1960年，我在获得全国冠军以后，为了更好地棋外长棋，我是如饥似渴地从各种书籍中获取养料。尤其是郭化若译注的《十一家注孙子》，我是晨阅夕读。手不释卷的结果，当然是获益不浅。我进一步认识到：自古流传下来的孙子兵法，授人以智慧，授人以韬略。而象棋作为脑力竞技艺术，棋盘无疑等同于战场。《十一家注孙子》一书，对我的棋艺走向成熟，起到了不可或缺的作用。

在我的象棋生涯中，1964年是一个转折点。在这之前，我下棋时时有急躁情绪。究其本源，是因为在开局时，不管是先行还是后走，都想几步棋就冲进对方九宫。因为急躁，结局当然不会太妙。研究了《十一家注孙子》后，我茅塞顿开。孙子告诉我们，必须消灭自己的弱点，使自己先立于不败之地，才能抓住对手失败的时机；如果不懂得先造成胜利的条件，而想侥幸取胜，就一定会失败。

孙子的告诫，给了我很大的启发。按照下棋的一般规律，在双方兵力和攻守机会对等的条件下，开局时后走方总是要吃点亏的。因此，后走方要占先，必须先调动对方，取得均势，尔后看出对方破绽，攻其弱点，积小胜为大胜。认识到这一点后，从1964年开始，我感觉自己的棋上了一个新的台阶。具体到研究上，在研究开局时，是纵观全局；因为理解了深邃的棋理，行棋时自然会高人一筹。

记得有好几次了，在和几位高手对弈时，几十个回合过去后，我只是一个大子过河，有时，甚至无一子过河。但等到我针对对方的破绽，吹响冲锋号时，对手在思考之后，见自己已经是流水落花，知道春已去，推枰认输。

除此之外，我还喜欢看哲学著作。因为我知道，下棋本身就是一个充满辩证的过程，其胜负之道，就在于如何分析、判断、解决诸如攻与守、进与退、弃子与抢先等一对对矛盾。哲学著作的理论，常常能指导棋手在纷繁复杂的棋局中理出头绪，抓住关键的所在。

赵之华的弟弟赵之云对《棋经十诀》有研究。一直以来，史家认为《棋经十诀》说的是围棋。赵之云认为《棋经十诀》不仅仅专指围棋。至少有两条是说象棋。《棋经十诀》分别为：不得贪胜，入界宜缓，攻彼顾我，弃子争先，舍小就大，逢危须弃，慎勿轻速，动须相应，彼强自保，势孤取和。

有一次，我和赵之云聊天时，不知不觉又聊到了《棋经十诀》。赵之云强调：《棋经十诀》的"入界宜缓"和"势孤求和"，说的是象棋。为什么呢？因为，围棋无界，当时的围棋也没有和棋。

赵之云是力战型棋手，善于腾挪缠斗；哥哥赵之华棋风硬朗，功夫扎实。60年代初，赵氏兄弟与陈祖德、吴淞笙成为新中国培养的第一代上海市围棋棋手。

赵氏兄弟是很厉害的。1956年11月出版的《新观察》杂志上有一则消息：1956年，京剧大师梅兰芳赴日访问演出时，曾与围棋大师吴清源会晤。当时吴清源建议，为助力中国围棋早出人才，由国内选送几名少年棋手到日本，他亲自来培养，梅兰芳回国后，即请挚友到上海联系上了顾水如。顾水如当即推荐了陈祖德、陈锡明、赵之华、赵之云四位少年。遗憾的是，因为客观原因，此事没能付诸实现。

顾水如最看重的是陈祖德、赵之华和赵之云。有一天顾水如请三位少年到上海锦江饭店吃饭。席间，老人表达了他的希望：希望三位少年今后成为中国的吴清源、木谷实和桥本宇太郎。

"蒙目棋"首秀及几位棋友

1970年，新加坡象棋队访华要来上海，因为仰慕我和上海象棋队的名手，要会一会上海象棋队。这个时候，造反派想起了上海还有一个象棋队，还有一个我。于是，便火烧眉毛地把我和何顺安、朱剑秋、徐天利等棋手上调，匆匆忙忙地重组了上海象棋队。集训，备战，棋手们做好一切准备……结果，新加坡象棋队却因故没有访华。新加坡象棋队尽管没来上海，却做了一件功德无量的好事——让一盘死棋复活，复活了上海象棋队。棋手们在外面转了一圈，又回到市区的上海市体育宫里。

现在回头看，我对象棋的兴趣一直是初心不忘，可能就是因为"文革"期间的长期停顿，对象棋的兴趣反而增强了。当时我还年轻，虽然事业上难免荒废，但后来恢复起来比较快。但是，其他棋手大部分被耽误了。如何顺安老师，因为离开了专业队，英雄无用武之地，难免心情抑郁。何顺安有肺气肿的老病根，1965年发作过一次，好在抢救及时。1971年，何老师还是因肺气肿发作去世。

自宋朝的文天祥与象棋高手周子善在游泳时口头对弈下蒙目棋后，历代棋手都把蒙目棋作为衡量棋手水平的重要标志之一。但历史上记录最多的，也只是同时下3盘蒙目棋。1971年秋天的一个下午，我在贾友福的家里,与7位象棋爱好者下1对7蒙目棋。这是我蒙目棋神功的首秀。7个人的水平都不低:其中,绰号小黑,19岁的傅月庆是杨浦区象棋队队员,是上海象棋名手韩文荣的学生,住在当时浦东的属杨浦区的其昌栈的十八间。缪鸿官是上海港务局象棋队队员,住在杨浦区的长阳路,缪鸿官到浦东洋泾,是骑着他的老爷自行车,那个年代,什么东西都是凭票供应,新的自行车也是奢侈品。其中一位棋友叫邹阿品,是在八仙桥菜场卖鱼的个体户。他有两个绰号:一个叫卖鱼阿品,一个叫马王。为什么叫马王呢?这里面还是有出典的。他号称在中国象棋界,谁能让他一匹马过关,才能称为国手。当时,杨官璘、董文渊、徐天利、孟立国等棋手都在凌云阁里让他一匹马且过关。更多的,是很多名手过不了让他一马的关口。他一直想要我让他一匹马。1973年,我让他一匹马和他下了两盘:我是和一盘胜一盘。邹阿品尽管是和一盘输一盘,他说因为和天下第一高手下过了,他从此也满足了!

邹阿品和上海的另一位名棋手龚一苇一样,嗜棋如命。1970年,邹阿品的父亲西归,家里让他去为父亲买一口棺材。买寿材的路上,他看到路边有象棋摊,竟然上去赌棋。把父亲的寿材之事抛之脑后。就这样稀里糊涂地把父亲的寿材钱给输了。

再说,在我1对7蒙目棋的一周后,何顺安去洋泾贾友福处,听说我1对7的蒙目,难以置信。回浦西后,上班的第一天向我求证。看到何老师疑惑重重的神态,我笑着对他说:"何老师,我和你赌一次,赌一顿饭好吗?"何顺安看到我的认真样,知道这一件事不假,没有赌。

二十六、从谈恋爱到结婚

1972年的大年三十，年夜饭上，我向母亲敬酒。母亲喝了一口酒后对我说你已经金榜题名五次了，再过两年就30岁了，个人的婚姻大事应该考虑考虑了。这个时候，我真正面对了自己：我已经28岁了！

和未来的妻子方国英见面之前，先见了方国英的母亲。她母亲和我见面，是为她女儿把个关。方国英上面有一个姐姐，她是家里的小妹妹。因此，她成了家里的保护对象。她母亲对我不太了解，只知道我是一个下象棋的。见面后，未来的丈母娘对我的印象不错。这样，我就通过了第一关，开始了和方国英的交往。

那个时代，一般人家中都没有电话，电话是奢侈品。周一到周六，双方还可以用单位里的电话交流，如果周日有事联系，只能打公用电话。方国英的家，在原来的上海音乐厅后面的宁海西路103弄里。那个地方，人口密度高，用公用电话的频率自然就高。有时周日有事，打公用电话过去，从看电话的老伯伯叫她，到她回电话给我，要半个小时。同样，她周日有急事用公用电话联系我，也是要等半个小时。有一次，她干脆不用电话，直接走到我的居处志成坊。走过来，还不要半小时。后来我周日有事找她，干脆也步行到她家。那个时代的人很单纯，单位里的电话不大用。又因为是谈朋友，轻易不想让他人知道，尤其是女同志，更加谨慎。

方国英因为喜欢跳舞，走路比我快。那个时候的方国英，已经显露了贤妻良母的特质。周一到周六，她轻易不打电话给我，她说研究棋一定要专心的，打电话怕影响我的思路。我听了之后，对方国英好感大增。当然，方国英吸引我的不仅仅是这一点。方国英虽然是一个国营工厂的女工，但浑身上下充溢着文艺气质。她当时是工厂宣传队队员。那个时候的宣传队员都是一人多艺。方国英上台，既要唱越剧，又要跳舞。她最拿手的是跳新疆舞。因为这，我得以大饱眼福，在《我们新疆好地方》《送你一枝玫瑰花》的旋律中，欣赏她曼妙的舞姿。方国英喜欢王文娟，是王文娟的粉丝。她对王文娟《红楼梦》中的林黛玉，《孟丽君》中的孟丽君，《忠魂曲》中的杨开慧等唱段，是如数家珍。受方国英影响，我后来也会唱几句越剧了。我曾经问方国英怎么会喜欢跳舞唱越剧的。她说可能是上海音乐厅就在边上，一直在音乐厅门前来来往往，这样，不知不觉中也就喜欢了。方国英不会下棋，只是偶尔玩玩扑克牌中的打40分。

为了进一步了解我，有一次她甚至特地来到了象棋比赛场地。那是1973年的一个秋夜，我应邀在新闸路靠近泰兴路的无线电厂的大食堂里，做蒙目棋表演。赛前，方国英说她可能会来现场。那天我特别卖力，1对8的蒙目棋以我全胜收盘。因为我的全胜，也让我和方国英的关系朝前迈了一大步。那天，不懂象棋的方国英在现场和观众一起，整整站立了两个小时。感受了那两个小时后，她是一声叹息："这个人，太聪明了！"方国英的一声叹息，让我拥有了一个贤妻。

1974年，我和方国英结婚了。婚前，我向上海市体委打报告申请婚房。我是针对性地申请虹口区四川北路上一间9个平方米的亭子间。亭子间，就是指石库门建筑里位于灶间之上、晒台之下朝北的空间，高度一般在2米左右，面积一般为6到7个平方米。申请前，我和方国英一起去看过这亭子间。对于这9平方米的亭子间，方国英和我都很渴望。在当时人均3平方米以下属于困难户的上海，如果入住这9平方米的亭子间，无疑是拥有了人间天堂。最后的结果却是竹篮打水：当时和我一起申请婚房的还有乒乓球健将李富荣。最后，我和李富荣收到的都是一纸空文。

这个时候上海棋队的领导出面了。棋队的领导认为，胡荣华已经蝉联六届全国冠军，这样的成绩已经是前无古人了。为棋艺做出了这么重大贡献的胡荣华，连结婚的新房都没有，实在是说不过去。而且全棋队的人都认为组织上有责任为我解决住房。

　　上海的房子实在是太紧张了。当时上海的住房建设和全国各地一样，也是基本上停止，棋队也没有房源。万般无奈之中，棋队只能在体育宫底层的练功房里，让工人用纤维板隔出一间房给我作婚房用。婚房的位置在黄陂北路304号上海体育宫里，举重房的隔壁。婚后，方国英还是一如既往：周一到周五住在工厂的宿舍里，周六吃好晚饭回家。我会提前买一点女同志喜欢吃的话梅迎候。星期天的中饭，我会到体育宫的食堂里打饭打菜。晚饭，通常是去宁海西路的丈母娘家享用。白天，我在婚房里打棋谱，方国英则在一旁读小说。耳畔不时会传来杠铃的落地声。这场景，恐怕是千年遇一回吧！好在我们很快就适应了。

　　有时，方国英也会去南京路上闲逛。回来后，看到我还在打谱，会继续读小说或看看报纸。

　　买了几次话梅后，方国英不让我买了：她说我不会买。再以后，我每个月领了工资会乖乖上交，彻底做起了甩手掌柜。

　　周日晚上，我们在丈母娘家吃饭，对我来说就是享受。丈母娘心灵手巧，如果需要，她能烧一桌大菜。丈母娘知道我喜欢吃炸猪排，每次都给我备好炸猪排。因为几乎是每个周日都要去丈母娘家，引来了母亲的一句微词："阿拉把儿子送给人家了。"现在从浦西到浦东的川沙，因为有地铁，非常方便。上一个世纪的70年代，上海的马路大都是非常窄，黄浦江上没有大桥；黄浦江下也没有隧道。从浦西渡江到浦东，依靠的是轮渡。而公交车的一个平方里，号称要站十几个人。在这种情况下，周一到周六，方国英都是住在工厂的宿舍里。1978年，因为作家罗达成的一篇报告文学《奇迹是这样创造的》，人们知道了我的婚房，竟然是借住在上海体育宫的健身房里。对此，市有关领导很重视。市体委也想方设法调配房源分房给我。房子在天钥桥路上靠近零陵路，是一间21平方米一室半的公房。我和太太当然是非常高兴，拿了配房单就直奔天钥桥路。从南京路到天钥桥路，路上花了一个半小时之多。到了那里后，方国英对我说："我没有什么，一个星期回来一次。你一天要三个小时花在路上，太不方便了。"我认为她的话言之有理。这样，我就去劳驾了卢湾区的体委主任，体委主任又去找了区领导。于是，卢湾区为我这一位卢湾区的公民做了房屋调配，调配到步高里北面的陕西南路271弄。这个时候，上海棋社已从上海体育宫搬到了现在上海棋院的所在地，上海电视台的隔壁。那个时候，陕西南路是双通道，来往的是41路公交车。当时还没有104路。从卢湾区图书馆门前到南京路上的上海棋院，只有三站路。这三站路，41路却要行驶四十几分钟。方国英对我说："四十几分钟你走走也到了。"我试着走了几次，感觉不累。从此我就开始了步行上班。

1975年，我们有了女儿鹭鹭。有了鹭鹭后，我又帮不上什么忙，方国英也不让我帮。这样方国英就更加辛苦了。在这种情况下，为了便于照顾媳妇和孙女，母亲让我们去志成坊她那里挤挤。三个月后，方国英上班了，孩子放她厂里的托儿所。虽然是一周回家一次，但这一路上带着孩子挤公交车延安路摆渡再挤公交车，这一路上的辛苦，可想而知。几年过去后，鹭鹭到了入幼儿园的年龄。重庆北路幼儿园离外婆家较近，从那时开始，鹭鹭就住到了外婆家，周日再回陕西南路271弄的家中。

鹭鹭读永嘉路小学时，从外婆那里回到了陕西南路。当时的永嘉路小学在陕西南路的东面。也就是说，鹭鹭去学校用不着穿大马路。当时的上海，也没听到有拐卖孩子一说。因此，我们也很好放手。鹭鹭去学校读书，基本上是独来独往。但放学时，她的姨外婆会把她带回家。姨外婆住在绍兴路，离我们家很近。

1
2

1. 胡荣华的出生地，上海市黄浦区志成坊
2. 1959年10月，胡荣华参加上海市象棋比赛

1
———
2

1. 1960年，胡荣华(左一)与何顺安(右一)和队友在研究象棋
2. 1960年，陈毅元帅为首次参加全国象棋个人比赛即夺冠的15岁的胡荣华颁发冠军奖牌

1. 1982年，胡荣华（右）与杨官璘对弈
2. 1979年，胡荣华在第四届全运会
   象棋个人决赛上
3. 2008年，胡荣华在象棋甲级联赛
   开幕式上接受媒体采访

1. 1962年,胡荣华(左二)与业余棋手交流棋艺
2. 1986年2月9日,99岁的棋王谢侠逊(左一)指导胡荣华女儿胡艳鹭下棋,
   观棋者为胡荣华(左二)和时任国家体委棋类处处长顾尔承

1. 2005年，在全国象棋甲级联赛闭幕式上，胡荣华（右一）和徐天利（右二）、上海棋社老领导俞玉昌（右三）、中国棋院院长陈祖德（左一）合影
2. 2008年，胡荣华（左）和李来群在首届"九城置业杯"全国象棋超霸赛上
3. 2008年，胡荣华（右）和吕钦在首届"九城置业杯"全国象棋超霸赛新闻发布会现场

第四章
尝到了从波峰到谷底的人生滋味

二十七、蝉联了10届全国象棋冠军

1979年，第四届全运会象棋个人决赛在北京举行。出征前夕，我回到志成坊，去看望了父母亲。父亲以前一直说"荣华下棋下出名堂来了。"现在，父亲把这句话改说成"荣华下棋名堂越来越大了"。父亲天天看报纸，对国家大事了解不少。他说今年是国庆三十周年，又是第四届全国运动会的象棋赛，意义非同一般。他希望我蝉联十届冠军。4岁的女儿鹭鹭也盼望着我拿回第十块全国冠军的金牌。

第四届全运会象棋个人决赛，最使人关心的"谜题"，莫过于象棋冠军花落谁家。对我来说，因为老对手杨官璘已经在预赛中早早出局，使我少了一个强劲的竞争对手。但是，换一个角度看，连四届全国冠军杨官璘都没能进入决赛，就知道竞争程度是多么的激烈，也说明了进入决赛的十位棋手，个个都是身手不凡。个人赛决赛，总共赛九轮。

战斗进入到白热化的第八轮。已经蝉联9届全国冠军34岁的我，这次能否卫冕，完成十连冠，还是要经受严峻的考验。开赛以后，我竟然先后负于柳大华和王秉国，积分落后于北京名将傅光明。那一次象棋个人决赛，我的运气似乎欠佳，抽签下来，几场硬仗都是后走。而且栽了两个大跟头：第三轮对湖北柳大华时在领先的形势下，马失前蹄。第六轮对山东王秉国时已净赚一马得子得势，想不到又失一城。马不停蹄紧走慢赶地下到最后两轮，还是落后傅光明1分。

第八轮的对手，正是傅光明。傅光明积11分，处于领先地位，我积10分，紧跟于后。对双方来说，这都是关键的一仗。按照赛前的排位，傅光明最后一轮的对手是一位我国台湾棋手。按照彼此的实力，傅光明胜出的把握很大。也就是说,傅光明只要与我下和,基本上他就是冠军。在这之前,傅光明最好的成绩是全国个人赛的第7名。全国冠军的称号,对任何一位实力棋手来说,都是梦寐以求。这盘棋又是傅光明先走,只要傅光明铁心和棋,我的"十连冠"将成为泡影。

这一盘怎么下呢? 思来想去,我认为傅光明出于保险的需要,还是有争胜夺冠的想法,关键就在于要让傅光明看到有较大的获胜机会。下弦月时,我尚未就寝。经过整整一夜的推敲,我决定明天一战,要"投傅所好"——和傅光明斗顺炮。因为,顺炮是傅光明最擅长的开局。只有进入傅光明最擅长的套路,才有可能让他放松警惕。

北京市少年宫大厅——这座明清两朝"寿皇殿"的庞大建筑里,充溢着火药味,决定花落谁家的关键战役,已经开演。执红先行的傅光明毫不犹豫地架上一门当头炮,"啪"地一下,把比赛钟停掉——只花了一秒钟。

按常规,第一步我可以不假思索地立即走子。但是,为了迷惑对手,诱使傅光明求战争胜,然后请君入瓮,我开始充分麻痹对手。面对傅光明的当头炮,面对只动了一步棋的棋盘,我以手托腮,看着棋盘,皱着眉头,思考了15分钟。我知道,此时重中之重的关键要点,是千万不能让傅光明看出我已经有所准备。因为,只要有丝毫的风吹草动,先走的傅光明如果要退而求和,应该说是举手之劳。现场悄然无声,可以听到彼此的呼吸声。

一旁的北京队教练刘国斌对徐天利说:"小傅今天有戏了。"刘国斌为什么这么说呢? 刘国斌认为我这盘棋是只能赢,不能和,更不能输。我第一步就举棋不定,说明我乱了分寸。在这种情况下,下一盘和棋就可以的傅光明,肯定是有戏了。赛制是每方一个半小时为自留时间,也就是说我走第一步棋用去了六分之一的"自留地"时间。

虽然说这样的重要场次,容不得观众的近距离,但战场毕竟是在人家门前,东道主还是划出一小块观众席,以壮军威。幸运观众在离赛桌不远的地方,用小棋盘准备复盘研究欣赏。第一步,我让幸运观众等了15分钟。

在这15分钟里,我也是做足"文章",面对傅光明的当头炮,我似乎非常意外,我在反复权衡……15分钟到了,我摇了摇头,随意应着,走了一步炮8平5的"顺炮"。

徐天利看到我的炮8平5,大惑不解! 胡荣华为什么要走傅光明最擅长的"顺炮"呢? 刘国斌见我还"顺炮",喜从心来。他想这一次傅光明一定会打破纪录,为北京拿回历史上的第一个象棋冠军。在场的圈内人士都不禁感到奇怪。斗顺炮这种常见开局,用得着苦思冥想吗? 这不是白白浪费时间吗? 他们向徐天利投去了诧异的目光。

对面的傅光明,颇为自得,他想对面的我今天是举棋不定,状态并不好,我肯定比他还紧张。

一开始,傅光明是小心翼翼,只求和棋一盘。我在下第二步时,看了看计时钟,无可奈何地摇了摇头。似乎是一觉醒来恍然大悟,以后的十几步棋,我为抢时间,出子非常迅速。傅光明看了看局面,微微一笑! 因为,这"顺炮"的套路,正是他最有研究的开局,是他的"拿手好戏"。

足够的时间消耗了傅光明的警惕:傅光明见我时间用去那么多,最后还走进他最擅长的布局,当仁不让地迅速出子,而且,是飞速。我因为时间确实有点吃紧,便继续飞快出子——只要傅光明的手指一离开时钟,我的手指就已经上去。傅光明看到我走到他的套路里,因为胸有成竹,自然不甘落后,我快他更快。因为,傅光明对这一路棋太有研究了。

刘国斌的脸上,是春风尽显。原来,在以往的实战中,傅光明用这个直车对缓开车的顺炮布局,战胜过四位高手。今天,完全是曾经的四盘棋的翻版。在刘国斌的眼里,我将会成为第五位落到这个布局圈套里的受害者。刘国斌曾经是中国足球队的守门员,是著名的象棋活动家、藏谱家,北京市象棋队教练。后来,又担任中国象棋协会秘书长。刘国斌1932年8月出生,河北乐亭县人,大学毕业后入选国家足球队,任守门员,为足球运动健将。20世纪50年代,师从北京象棋名家谢小然,下棋之余,兼学象棋裁判规则,并着手搜集古今棋谱资料。

刘国斌想这一次的傅光明,不但要给北京搬回历史上的第一个象棋冠军,并且是在拿下了胡荣华之后。至第10回合,完全在傅光明的套路中。忍俊不禁的刘国斌悄悄地对上海队教练徐天利说:"你们的小胡,今天恐怕是凶多吉少了!"

徐天利说不一定吧。徐天利的声音,没有底气。因为徐天利不知道,我是否准备好了布局套路。但是徐天利知道,这个布局套路,这一着棋以后的变化,是傅光明的拿手利器。

在1978年的全国团体赛中,傅光明对浙江省的蔡伟林,走到同样的局面,无奈的蔡伟林只能走士4进5应对。这以后,不管怎么变化,蔡伟林的黑棋都摆脱不了覆灭的结果。

因为走进了傅光明的套路,"措手不及"的我又在抢时间,傅光明已经有所松懈。我继续落子如飞。第10回合,我开始变着。我没有走以往的士4进5,而是走了一步炮4进5。徐天利看到我的炮4进5,舒了一口长气,他知道我肯定是有备而来。面对我的炮4进5,傅光明抿嘴一笑,因为他认为这个变化对他更加有利,他可以白得一子。第14回合,我先弃一马。得子后的傅光明燃起了胜利的渴望。面对我这个头号强手,傅光明本来想和又想赢的犹豫不决,已经换成非赢不可。他在考虑怎么拿下我,然后登顶。傅光明当然不知道,战局正按照我预定的线路在发展。虽然傅光明曾以此战胜了不少好手,但是,我却研究出了红棋的漏洞以及制胜的方案。

我弃马后,得到的回报是消灭了傅光明的过河兵。傅光明得子后,得到的结果是遗憾终生!我的脸上,流溢着浅浅的、生动的笑容。看到我微笑,刘国斌知道大事不妙!看到我微笑,傅光明寒从心底来!

一时间,傅光明红棋的九宫外是黑云压城风声鹤唳。傅光明已经发现中套,可为时已晚!我继续步步紧逼,直捣黄龙。纵然是天下高手,纵然耗去再多的时间,也是在劫难逃。傅光明无可奈何地摇了摇头,推枰、认输,长叹了一声后签字。在积分落后而且又是执后手的情况下,我以新式的缓开车布局一举击败对手,蝉联了10届全国象棋冠军。

个人赛倒数第二轮前,高度关注棋赛的我的妻子从上海发电报至北京给我。电报上，只有四个字："全力胜傅！"我拿到电报看到电文时，我和傅光明的比赛已经结束。因为，电报先要转到上海代表团的团部，然后再转到棋队。这一转，就耽误了点时间。不过，收到妻子的电报，我当然是非常开心。

在我"十连冠"后，郭化若将军以行草书法赋诗一首："杀敌请缨志未酬，棋坛小试见奇谋。神州名将知多少，十届冠军百尺楼。"郭化若将军的这一艺术作品，后来发表在《上海象棋》杂志上。郭化若是中共中央顾问委员会委员、原军事科学院副院长、著名军事理论家。郭化若将军喜爱诗词、书法和象棋，曾先后为《上海象棋》《北京象棋》《鹿城棋苑》等杂志题写刊名。

二十八、鬼使神差地错拿了棋

1980年，在四川乐山举行的全国棋类比赛中，风头正健的我，竟然一下子退到甲组第十名，跌到了乙组。这件事，让广大读者和棋界人士十分关注：究竟是什么原因，让胡荣华一下子掉落谷底。

1980年的全国象棋比赛，在四川省乐山市举行。这一年的全国象棋比赛，实行了一些改革，采取的是联赛制。具体规定是：上半年全国团体赛的第一组（台）前4名共12人为甲组棋手，第二组（台）前4名共12人为乙组棋手，第三组（台）前4名共12人为丙组棋手，其余的即遭淘汰，没有资格角逐下半年的联赛。联赛为升降级制，每组的前3名和后3名进行升降。

在去乐山的轮渡上，我遇见了聂卫平。一旁有棋手趣问："你们俩，一个是'十连霸'，一个是'四连冠'，这一次还能蝉联冠军吗？"

聂卫平表示乐观。聂卫平的乐观，自有他的理由：聂卫平除了获得第一、二届"新体育杯"赛冠军，获得首届世界业余围棋锦标赛冠军外，在1975年以来和日本九段高手的全部25局比赛中，聂卫平是胜16局、和2局、负7局。聂卫平还荣获了国家体委颁发的体育运动荣誉奖章，被评为首届全国"十佳"运动员。在来乐山参加全国围棋比赛之前，聂卫平又以全胜的战绩，取得了在昆明举行的"云子赛"冠军。聂卫平感觉自己的棋艺，似乎已达到了顶峰状态——冠军舍我其谁。和聂卫平一样，我当然也是信心满怀。在过去20年的全国比赛中，虽然是风险常有，但每每都被化险为夷。35岁的我，正处在年富力强之时。

我和聂卫平都感到闲来无事，两人就在船上玩起了让子围棋和让子象棋。我根本不知道，自己已经处于危墙之下，成为各路象棋高手的众矢之的：1978年，湖南湘潭市工人文化宫与浙江温州市工人文化宫联合编印了《胡荣华对局集》。《胡荣华对局集》分第一、第二集，共收入我1957年以来棋艺生涯中的大部分对局。对局有604局，是当时收入我实战对局最多的棋谱。

其时，尽管我的棋力仍处在鼎盛期，但已不是十连冠时的所向无敌。最重要的是，一直认为自己是高处不胜寒，是独孤求败。清朝的御花园里，驯养了一些野鹿，由于没有遇到原本的食物危机和野狼的追逐，野鹿家化后诸多优良功能逐渐退化，导致抵抗力下降，素质日渐低下。认为自己是独孤求败，就是自满，自满的情绪，其实就是御花园里的那些野鹿。

乐山的全国棋类比赛赛场，设在凌云寺的东坡楼。凌云寺是四川著名的旅游胜地，"乐山大佛"更是闻名中外。置身于乐山中，我想到了吉安路271号的法藏寺。来到乐山的当天晚上，我的两只脚上，被乐山的蚊子咬出了一个个红块，室友却是安然无恙。望着那一个个红块，我只能是无奈地摇头。

第二天，我和徐天利等棋友一起去游览峨眉山。清凉的峨眉山是佛教圣地，峨眉山上，青青的修竹遮蔽着太阳，淙淙的清泉在耳旁回响。行走山道上的我，是心旷神怡。中午时分，我们一行人走到了半山腰，游完报国寺后，一众人在山腰里一家小饭店里吃饭。大家都知道四川人爱吃辣，在点菜时都强调菜里不要放辣，我却要求服务员在牛肉面里多放点辣和牛筋，又要了酒和牛肉。棋友们见状，和我开起了玩笑："胡老师，你也成了四川人，这么喜欢吃辣……"

从厨房间飘来一股热气腾腾的香味。闻着香味的我回答棋友们："吃了牛筋面，比赛起来就能下出有后劲的牛筋棋。"服务员送上了一杯酒和一小盘牛肉。我喜欢喝酒，酒量也不算很小——虽然，一喝酒就上脸。我喝酒时的自控能力还是很强的，一般来说，不会去一醉方休。作为一名棋手，我喝酒，是为了让神经松弛。一杯酒下去了，酒又上脸。此时的我，看到山顶上飘过的紫气祥云，感到是吉祥之兆。可能和职业有关，我的物质欲不太强。一杯酒和一小盘牛肉片，已让我感到了天上人间。就在我飘飘欲仙时，一位当地的女服务员把牛肉面端了上来。服务员看着我红红的脸庞，用四川话对我说："你不会喝酒。为什么还要喝那么多？"

喝酒后的我难免气盛："我怎么喝多了？不多啊？"服务员说："怎么不多？你脸都通红通红了！"说到脸红，我来了兴致："脸红好啊，脸红是关老爷嘛。关老爷过五关斩六将！"旋即，我还用手在台角上砍了一下。我脱口而出的"过五关斩六将"，是有意讨个口彩。那时候的全国个人赛，一共打11轮，5加6不是正好11吗？年轻的川妹子看来是不认识我，也不懂象棋，至少是不关心象棋。如果关心，她应该知道，乐山凌云寺的东坡楼，是全国象棋比赛的赛场。爽直泼辣的川妹子反应极快，听到我的"过五关斩六将"后，她用她浓浓的川音来接了一句："关公也有走麦城的时候啊！"

"哈哈哈！"有棋友大笑。我是一个非常理性的棋手，但我也有感性的时候，尤其是在喝酒之后。那一刻，阴云罩上了我的脸。走出小店后，我对同行的四川棋手陈新全说："这位四川妹子好厉害，辣得我这顿饭吃得味同嚼蜡。"陈新全知道我对这位服务员的话犯疑，对我说："她只是随便说说，不理她。"

和陈新全道别后，我一个人开始闲逛。风景秀丽的凌云山，处在大渡河、岷江、青衣江的汇合口。山上的凌云古寺，以71米高的巨大石雕佛像著称于世。象棋联赛的赛场，设在凌云古寺里的东坡楼上。东坡楼已有数百年的历史，建筑是别具匠心。置身于东坡楼中，只见层台飞阁，檐牙高琢，雕梁画栋与绿树相映成趣。置身于美丽的风景中，小饭店里川妹子的快人快语，已被我抛之脑后。比赛的第一天，我在东坡楼的大厅门口，又遇到了聂卫平。握手之间，相对一笑，心照不宣地互祝卫冕成功。

抽签结果：我同杨官璘冤家路窄。1960年以后，延续多年的胡杨争霸，是人们关注的焦点。杨官璘已经失去冠军将近20年了。对于杨官璘而言,我又是他冠军的终结者。这一战,对我们俩来说,意义当然是非同一般。

这第一仗,双方必然会全力以赴。这是我和杨官璘的第四十八次对阵。两位冠军的对阵,当然引人注目。开赛后,先行的我,采用常用的飞相局。下完第一步后,自信的我靠在了椅子上。飞相局是我布局库中变化多端的一个,遥想当年,我飞相局的胜率曾达到过百分之一百。十几年前,杨官璘就曾经中过我"飞相局"的飞刀。为此,曾吃过我苦头的杨官璘见我起手飞相,他非常小心地固守阵地,应以过宫炮。

这一次,杨官璘是步步为营层层设防着法绵密。双方外弛内紧明争暗斗一个多小时,谁也无法入侵对方阵地建立桥头堡——哪怕是一兵一卒。杨官璘奈何不了我,我也奈何不了杨官璘。双方呈胶着状态,行棋中,杨官璘还是遇到了一点麻烦:由于运子不当,右翼子力拥塞,有点被动。密布机关的我卖了个破绽,巧弃七路兵,诱使杨官璘平车捉马。然后,我驱边兵暗度陈仓。因为盘面假象纷呈,杨官璘一时竟没有看破。双方你来我往了25个回合。此时,局面看似平淡,分不出优劣。但我审度棋势后,看准红方子力分散,马炮位置不佳,而己方九路兵已挺进到对方上二路线,具有一定威胁力,于是,我借先行之机,突施妙手。不知是计的杨官璘平车捉马兑车后中套,致使他的边炮在劫难逃。中计后的杨官璘,是大惊失色。

杨官璘用了20多分钟的时间,经过精密计算,几乎分析了所有的变化后,知道他的边炮已成死炮。杨官璘无可奈何地摇了摇头,拿起一匹马。出人意料的事情发生了!我自己也没有料到,当杨官璘甫一落子,我竟然鬼使神差地挺了一步兵。

漏着!

兵一离手,我大惊失色!本来,是要走兵旁边的那只炮。走炮八进一后,下一步就可以瓮中捉鳖白吃杨官璘的死炮。因为我鬼使神差地拿错了棋,让杨官璘的炮得以死里逃生。失手摸错棋子,眼睁睁让红炮逃脱,就在那一瞬间,我开始恍恍惚惚!最要命的,是心理上产生了太大太大的落差。杨官璘庆幸没有失子,采取兑子谋和的策略,逼我兑去炮兵。

和杨官璘下一盘和棋,我是能够接受的。但因为拿错子后,让辛辛苦苦得来的大好形势付之东流,我实在是心有不甘。如果兑马,和面很浓。因为不愿和棋,我避开了杨官璘的兑马。杨官璘见我不愿兑马,知道有机可乘,于是在耐心地等待时机。

因为大意,失去了胜机,我一时是神不守舍。因为神不守舍,我开始急躁。一急躁一跃马,中了埋伏。我苦思了54分钟后分析来分析去,感到回天乏力。一生谨慎的杨官璘,智擒了一马后,见自己主帅山顶扎营,怕对杀下去主帅危险,于是主动迫使我兑子,形成马炮士象全对我的马兵单缺仕。

黄昏来临,双方封棋用餐。观众看到杨官璘化繁为简,感到有点莫名,他们担忧杨官璘因此错失良机。观众没有看透其中的玄妙,因为他们不知道,杨官璘早已拆透马炮士象全必胜马兵单缺仕的这一类残局。

饭后,有记者询问我这是一盘和棋吗?我告诉记者:"我输定了。"记者寻根究底问输在何处?我说只有马炮一方缺双象,马兵单缺仕才可以和。如果马炮一方有双象,马炮方必胜。那边的广东队也在解拆,结论同我一致。晚上挑灯续弈,杨官璘凭借精湛的残棋功夫,调动马炮,利用老将助攻。我只能是含笑认输。

离开现场后,我是茫茫然:拿错了棋?这在我的棋艺生涯中,是从来没有过的。但那天却是实实在在地发生了。一盘唾手可得的棋下到和棋的局面。一分神,一盘可以下和的棋却又下输了。

当天晚上,又有乐山的蚊子亲吻我的双脚。在即将得胜情况下,反而失子致败,对以后的作战情绪,影响不小。以往,我不太注意所谓赛前的预兆。这一次,我有点将信将疑。不管怎么说,饭店服务员"走麦城"一说已一语成谶。这么多年来,从来也没有过第一轮就输的先例,而且是这样的输法。

从第二轮对阵柳大华开始,我连和三场。二战对柳大华时,开局即短兵相接。因为柳大华是攻击型的棋手，所以我就以攻对攻抢先发难。我走出屏风马右横车的新颖布局，置中防于不顾，又故意露出虚虚空空的右翼，诱柳攻杀。谁料骁勇善战的柳大华一反常态，守中有攻，落子却有一种无形的威慑力量。棋局虽然曾惊涛拍岸，但因为我是欲进有忧，欲取无道，只能是大子兑尽后搏杀成和。

我三战有同堂之谊的陈孝堃，因为着法细腻的陈孝堃无懈可击，苦战了4小时，双方兑去大部分主力后，最后又成和局。四战有金刚不坏之身的全国亚军臧如意，虽然我施出浑身解数决斗，对局中杀机四伏。但还是被和为上计的臧如意一一化解，我又一次无功而返。

与我同命运的柳大华已经开杀戒了，可我仍然是暮色低沉。四轮下来的结果，我仅得3分，顺序排在第八位。这样的成绩，争取前四已经不易，夺取冠军更是黄粱一梦。次日，也就是第五轮，我碰到拦路虎胡远茂。胡远茂对我，谋1分足矣，我则是要全取2分。争斗之间，一个六师不出，一个倾巢而动。酣斗3个多小时后，胡远茂的小兵也没损一个。我一时失神，虚火上头，把炮白送给对方！第六轮，我胜了言穆江，虽然增加了2分，但因为水涨船高，排序还是踏步不前。第七轮，我后手迎战吕钦。吕钦走了一步拙中藏巧的"窝心马"，以后又妙用先弃后取之术，控制了全局。本来，我仍然有机会谋和。但因为前面耗时过多，导致后来用时紧张，只能是奈何一声面对失败。第八轮，我和李来群在第24回合后斗无车棋，又是和棋。第五到第八轮这四盘棋，我只拿了3分。眼见夺魁已不可能，连进入前六名也有危险。最后三轮，我分别对徐天利、王嘉良和李曰纯，战绩是1负1和1胜又只得3分，结果名列第10。

这天，我在东坡楼的门口又和聂卫平相遇。谈起赛况，两人都摇头叹气。我谈起饭店里服务员"走麦城"一说。聂卫平说他原先对这次比赛信心十足，赛前也没有什么不良预兆，没想到第二轮对小将刘小光时马失前蹄。由于求胜心切，第四轮对浙江的小将马晓春，结果又输了一局。接下来，又输给了陈祖德。我和聂卫平两人同病相怜，惺惺相惜。

我和聂卫平在乐山的惨败,被列入1980年中国体育界十大新闻之一。多家报纸都用显著的版面作了报道。权威的《体育报》发表了一篇评论,题目是"胡荣华为何在乐山失利"。评论里写道:1980年8月24日至9月5日在四川乐山举行的全国棋类比赛中,连续爆出惊人的"冷门",围棋、中国象棋和国际象棋的男女六项冠军,有五项换了新人。曾经四连冠的聂卫平,连续受挫,被挤出前6名的行列。最引人注目的是曾称雄于棋坛20年、十连冠的胡荣华一下子落到甲组第10名。按照这次联赛各组后3名降级的规定,明年胡荣华将降入乙组比赛。

　　1980年9月6日,北京、上海、广州等各地报纸都刊发了醒目标题的新闻:棋坛盟主易人,十届冠军胡荣华乐山失利,降入乙组。

　　对于我的失利,国内外棋坛人士多数感到惋惜。但是非议和责难,也随之而来。有的认为棋界去掉一"霸",大快人心;有的断言,杨官璘39岁失去冠军,接近这个年龄的胡荣华,将成为第二个杨官璘。

　　在凌云寺71米高的大石佛旁,我俯瞰着岷江大渡河和青衣江汇合处的汹涌波涛,心中一片茫然。

　　次日,我和王嘉良、徐天利和孟立国四位大师同游大佛寺。途中,与杨官璘不期而遇。然后,五人一起去"凌云阁"小酌。席间,王嘉良兴之所至,提议来一个"大佛寺五老谈棋"。我对王嘉良连连摆手,口称不敢不敢!徐天利知道我"不敢"二字的所指,便说:你是60年代象棋界领军人物之一,又是十而连冠。这一次兵败乐山也算不了什么。今天我们大家的随意一谈,说不定明天就是孟立国笔下的一段象棋佳话。"我想徐天利言之有理,于是,便和4位棋手侃侃而谈。我说这一次失败,虽是意外,也是情理之中。都说我雄踞棋坛20年,这句话是对也是不对。因为,这20年当中有几年棋界是一个空白!如果没有那一段空白,棋界不知会涌现出多少人才。当时的棋坛,论功力和素养,柳大华已达一流。而李来群、陈孝堃、蒋志樑还有赵国荣和于幼华等棋手潜力也很大。再过几年,吕钦、徐天红和卜凤波等年轻棋手都会揭竿而起……

这个时候,徐天利插话:"我们这次发挥得比较好,一是要感谢杨官璘和胡荣华,二是要感谢胡远茂。"

王嘉良诧异地问徐天利:"为什么这么说?"徐天利回道:"胡杨相争,众人得利!老杨胜了小胡,才导致小胡失常:小胡对前六名丢了7分,老杨丢了8分。而我们前六名之间,除了陈孝堃多胜两局外,柳大华、李来群等人竟无一人赚分,这也反映了我们之间的水平差异不大。"

王嘉良又问:"为什么要感谢胡远茂?"徐天利说胡远茂对前六名5负1胜得2分,对后六名5胜1和得9分。这后六名不都是他拖下来的吗?

听徐天利这么一解释,大家是恍然大悟:新盟主柳大华的勇攀高峰有目共睹,但绝不可低估他在争打江山时胡远茂的鼎力相助。胡远茂幼龄习弈,棋历颇长。1974年以湖北省第3名的资格参加第三届全运会,由于临场经验不足,战绩不理想。1978年、1979年曾连获武汉市冠军。1980年4月,在福州举行的全国团体赛中,胡远茂连克强敌何连生、陈孝堃、张元启和赵国荣,以小组第3名的优异成绩晋入12名甲组棋手的行列。胡远茂深感决赛权来之不易,在赴乐山之前,秣马厉兵认真准备,熟读兵书分析各派棋路,做到知己知彼。胡远茂在和从未对过阵的我和杨官璘的交锋中,出人意料地取胜。当柳大华驰骋于沙场时,许多有力的竞争者已在胡远茂的半途迎击中纷纷滚鞍落马。这位开路先锋以他的大智大勇,为柳大华夺魁开创了胜利的坦途。

但是,我清醒地认识到,自己表现不好才是问题的关键!

多少年过去后,只要提到乐山,我还是心生遗憾:有一些事情在发生之前,会传递很多的信息和征兆。这些信息和征兆,会形成微妙的心理暗示……但是,我决不会让乐山成为我的心理阴影!

二十九、他曾是全国冠军的争夺者

在20世纪的60年代，王嘉良曾数次挫败杨官璘和我，一度成为全国冠军的狙击手，是全国冠军的争夺者之一。王嘉良的鼎盛期是在20世纪50年代末，他分别在1956、1957、1959年三次获得全国亚军。当时的王嘉良，在与杨官璘、李义庭和何顺安等超一流棋手过招时，不落下风。

我一直以为，象棋作为一门竞技艺术，是因为对手的存在而存在，是水涨船高的一种状态。王嘉良一度成为杨官璘和我的拦路虎，对象棋的发展，是有益无害的。坊间的一些传说，包括因当事人的记忆误差而引起的所谓的棋坛轶事，有时只能是一笑了之。王嘉良在棋盘上遇到我时的百分之一百的投入，我当然持欢迎的态度。王嘉良对我，对上海棋手的一些情绪，我也认为是情有可原。在1956年第一次全国象棋比赛的最后一轮前，杨官璘与王嘉良同分，但因王直接战胜了杨，最终一旦平分，王将夺得魁首。杨官璘最后一轮的对手是李义庭，王嘉良最后一轮的对手是何顺安。杨官璘夺冠必须有两个条件，第一是他不能输李义庭，第二是何顺安要赢王嘉良。

这一厢的王嘉良是静待花开，那一边的杨官璘是按兵不动。1950年，何顺安曾挟技赴香港设擂攻擂。大功告成后欲返沪，没想到，临行前钱夹竟不翼而飞。在人生地不熟的香港，何顺安是呼天叫地皆不灵。这个时候，有人施以援手，让他得以返沪。这个人，就是杨官璘。

这边的王嘉良是悠哉悠哉，为什么呢？因为对手何顺安不管是胜、负或者是和，都是第6名。王嘉良想我和何顺安又没有深仇大恨，按棋力按赛场的情况，最后一轮与何顺安握手言和后，登顶也颇有希望。

1956年全国象棋比赛的决赛,采用的是每人分先下两局。最后一轮李义庭和杨官璘的第一局棋,先走的李义庭胜了杨官璘。第二局,由杨官璘先行。这么多年来,凭杨官璘实力,只要是他先走,只要他想下和棋,几乎是任何一位棋手,都很难赢他。先走的杨官璘采用了他最拿手的中炮巡河炮对李义庭的屏风马。杨官璘下得滴水不漏,李义庭是无机可乘。最后,杨官璘以净多两兵的优势获胜。而同样具有冠军实力的何顺安与王嘉良对阵时,两人先和了第一局,第二局先行的何顺安在真刀实枪的较量中,拿下了王嘉良眼中最不应该拿下的一盘棋。杨官璘登顶,王嘉良屈居老二。这一屈,就再也没有机会问鼎。随后几年,王嘉良继续冲刺全国冠军的宝座。并于1957年和1959年两次与冠军擦肩而过。

竞技艺术就是这样,充满着变数,存在着各种可能。当然,后来几年的成绩证明,杨官璘就是当时的第一国手,杨官璘就是杨官璘。王嘉良棋有很大的力量,缺少的,是一点运气。

1960年,我登上棋坛,之后,十连而冠。有人说我垄断春秋的20年,就是王嘉良那一代棋坛高手"既生瑜何生亮"悲情的20年。

大家知道,我的冠军之路,起步于1960年的杭州五省市大赛。那一次比赛中的关键一战,就是我战胜了参赛选手中水平最高之一的三届全国亚军王嘉良。凡事,有所得就有所失。从此以后,王嘉良对我就特别上心。我在1960年至1964年,连拿了3次全国冠军,但啼笑皆非也不可理喻的是,这3次比赛,我都输给了王嘉良,以至于有了"王嘉良是冠军的主考官"一说。王嘉良似乎已成为冠军的"苦手",成为一道难以逾越的关卡。我也给自己的三连冠打了点折扣。1965年,全国个人赛在宁夏银川举行,我再度遇到了拦路虎王嘉良。和前三届的全国个人赛如出一辙:对其他选手手到擒来的我,面对王嘉良时,一不留神,又鬼使神差地沉落下风。这一次,历史没有重新上演:优势下的王嘉良没有把握好机会,因为贪吃我的一门大炮,被我使用了一套组合拳后吃回一子。经过90回合的激战,最终我取得了胜利。这一局棋,从开局,中局,再到残局,都有复杂激烈的战斗。也是一盘值得回味的历史名局。突破这道心魔之后,我的夺冠之路便是一马平川。赛后王嘉良向裁判诉讼,说我在对局的记录纸上做记号下套,引诱他上当。其实我在自己的记录纸上标记,已经成为我的习惯。遇到有疑问的行棋,我总是要做标记,赛后再回去研究。大概是人高马大的缘故,身高在1米9以上的王嘉良,和我比赛时,总喜欢瞄一瞄我的记谱符号。本来这也不是什么事,但这一次,王嘉良却把输棋的原因算到了我的记谱符号上。

1980年,我乐山折戟沉沙的最后一盘棋的对手,正是宿敌王嘉良。如果这盘棋王嘉良战胜我,王嘉良可以稳获第3。王嘉良已多年没有拿过这么好的名次,对王嘉良来说,这应该是一次良机。但是,王嘉良在行棋中一反常态,没有一丝一毫的"东北虎"的豪气。自始至终,王嘉良成了温文尔雅的江南绵羊。因为王嘉良的想法只有一个——逼和我!对局中,我为了刺激王嘉良的求胜欲,故意把象送到王嘉良的马口,面对美食的诱惑,王嘉良是置之不理。这盘棋,磨了整整8个小时,王嘉良如愿守和;我因为名列第10,降入乙组!十冠王就此成了昨天的故事。

比赛场的地势较高,出门后要走下坡路。下坡时我是五味杂陈,真切地感到了滑坡的悲凉。迎面而来的李来群想和我交流,我只是对李来群笑了一笑!李来群什么都没说,但是,我已经知道李来群要说什么。此时的我知道,所有的话都已是多余。乐山兵败后,李来群在接受记者采访时强调:"胡荣华失去的是冠军的头衔,并未失去冠军的水平。"李来群的观点,得到了象棋界的一致认同。

1982年秋,在"上海杯"象棋大师邀请赛期间,我在陕西南路271弄的家中,设蟹宴招待王嘉良和孟立国。作陪的客人有上海象棋队的领队俞玉昌、象棋大师徐天利和朱永康。比起上海市体育宫里的练功房里的住处,我对这个居处,非常满意。

针对当年我的住房状况,上海棋队的老领队、后担任上海棋社副社长的俞玉昌很动感情地这样评价我:"小胡是货真价实的世界冠军,但待遇并不高。由于国家对棋类项目不太重视，由此派生出一系列问题。尽管中国的棋迷比球迷还多，象棋的地位却跟女排、乒乓无法比拟。围棋因为有个中日擂台赛，情况还好些。小胡虽然功劳很大，但是从来不以功臣自居，也从来没有向领导提过要这要那。他就在那纤维板的婚房里将就着住。他父母姐姐弟弟一大帮人，还挤在老西门那个旧房子里。"

条件虽然艰苦，但我也就这样过来了。有时候我也在想：人活在世上，物质并不能代表一切。作为一位棋手，我想还是需要有一点献身精神的。

一般来说，上海人不大喜欢请客，酒海肉山。尤其是不喜欢请客吃饭到家里，除非是知己。

几天后，我和王嘉良在"上海杯"象棋大师邀请赛上对局，我后走过宫炮迎战王嘉良的飞相局。是役，神闲气定的我和心平气和的王嘉良大战41回合，一起为座无虚席的卢湾体育馆的一千多名棋迷，奉献了一盘名局。

三十、与两位象棋前辈的神交

"五羊杯"前众说纷纭

我和几位前辈以及几位文人的交往,当然都和象棋有关。因为他们本来就是棋手,或者就是喜欢下棋的文人。有意思的是,和几位前辈以及几位文人神交,基本上都和一场比赛有关。那一场比赛,就是1981年年底在广州举行的第二届"五羊杯"象棋赛。

"五羊杯"是当时象棋等级最高最具有权威性的比赛。"五羊杯"由广州《羊城晚报》和北京《新体育》杂志社联合创办。主办单位规定了两条基本原则:比赛地点都在棋城广州;参赛棋手必须具有全国冠军的头衔。自从新中国成立以来,到1980年为止,在全国象棋赛中取得冠军头衔的共有四位棋手:第一位是杨官璘,第二位是李义庭,第三位是我,第四位是柳大华。这四位冠军中,杨官璘曾获得4次,李义庭得过1次,我蝉联10次,柳大华拿过1次。早在20世纪的70年代,李义庭就不参加比赛了。因此,"五羊杯"的参赛者,实际上只有杨官璘、我和柳大华三人。

"五羊"是广州的象征,广州又名羊城,以五只羊为标志。作为象棋城,广州是名不虚传。最红火的时候,在广州文化公园中心广场会树起4个大棋盘,一共是6面棋盘(其中2个是双面);全园会树起12个大棋盘,其中有4个双面,一共是16面大棋盘。每当比赛之夜,华灯初上时,人流便涌向文化公园。整个文化公园的观众席上,最高的时候曾经多达近2万人。第二届"五羊杯"的赛场,设在广州市西南角的市文化公园的康乐场上。康乐场是一个椭圆形的水泥地灯光球场。场内篮球架前,竖着两块木制的大棋盘,是为观众们讲棋所用。竞赛组委会规定,比赛由原来的分先两局循环制,改为分先四局循环制,以减少胜负的偶然性。这同全国棋赛中分先一局循环制,有很大的差别。相对来说,一局棋胜负的偶然性相对较大。

自1980年的乐山失利后,相信自己实力的我一直在卧薪尝胆。知道第二届"五羊杯"赛采用了分先四局循环制,我感到很好。因为,分先四局循环制,更可以体现棋手真正的水平。柳大华在1980年乐山的比赛中,从我手里夺取了冠军。接着,又在第一届"五羊杯"赛中捧得金杯,一时名声大震,大有取代我独霸棋坛之势——正如当年我取代杨官璘扬威棋坛20年。风华正茂的柳大华是意气风发、雄心勃勃,一派舍我其谁之态。有很多人认为,因为我乐山蒙难,跌落乙组,1981年乙组比赛中原地踏步。因此有不少人预言:长达20年的胡荣华时代已经一去不返。而杨官璘已经年老气衰,力不从心。因此,第二届"五羊杯"是非柳大华莫属! 柳大华对夺取"五羊杯"充满信心,杨官璘当然有老骥伏枥之志。此时的我已经把能否夺"五羊杯"置之度外,只是想在比赛中,对自己近来的棋艺作一个检验。

1981年12月27日晚7时整,广州文化公园康乐场上举行了第二届"五羊杯"赛的开幕式。裁判长由德高望重的棋界老前辈陈松顺担任。经过抽签,杨官璘和柳大华率先登场,杨官璘执红棋先行。盘中两人弈成了中炮过河车对屏风马平炮兑车的布局。在这种布局中,黑方一般都是左马跳出。但柳大华不跳左马却是右炮过河。我看了一下,知道柳大华是搬用了我在1974年全国比赛中对付杨官璘的着法。我也知道,柳大华赛前已经研究了我和杨官璘历年的对局。结果,杨官璘败于柳大华。第二轮经过猜先,由我执红对杨官璘。杨官璘因为开局不利师出无名,这一局杨官璘弈来是步步为营,行棋严谨。我采取攻守兼备的战术,稳扎稳打。这一盘对局,具有很高的艺术性:局面看似四平八稳,但我的红棋寓攻于守,柔中有刚,在不知不觉中,黑方已是越走越远。结果,我胜出。第三轮是柳大华对我。晚上交战,观众过千。先行的柳大华起横车配合过河车作战。中局混战之际，柳大华为奠定胜势弃车。沉着应对的我，兑车解除了红纵马绝境的恶手，握手言和。第一轮循环赛收官，我和柳大华一胜一和平分秋色，杨官璘连输两局落后。

为了让我们三位棋手养精蓄锐，每一轮循环之间，都要休息一天。第二轮循环开始，执红棋的柳大华低估了杨官璘。戎马生涯四十余载誉满弈林的杨官璘岂能束手就擒？在击退了柳大华的数次进攻后，杨官璘逼迫柳大华签订和约。次日晚上，我和杨官璘交手。杨官璘仍然是我行我素以中炮开局，我还以顺手炮。第3回合，我主动变着，一改后走顺炮出横车的通常应法，把车9进1变为卒7进1。杨官璘一时应对无着，被我轻易拿下。

隔天晚上，我和柳大华对阵，我采用了飞相局。我的飞相局，是经过反复研究和多次实践。我对这一前人认为难以掌握其规律的布局，早已成竹在胸。遥想当年，在1963年的沪穗对抗赛上，我首次采用飞相局战胜陈柏祥。1964年底，在广州文化公园举行的象棋全国前6名棋手的邀请赛中，我两次采用飞相局，战胜了杨官璘，战和了王嘉良。1965年的全国赛，我五次采用飞相局，取得了3胜1和1负的良好成绩。在1966年全国比赛前，我多次采用飞相局，且屡战屡胜。在1966年的全国大赛上，我的飞相局胜率竟达到了百分之百。然今非昔比！今天的柳大华已经不是当年的等闲之辈。柳大华曾经对广东象棋名宿覃剑秋说："我和胡荣华对弈六盘棋，3胜3负。我不怕他！胡荣华在每一盘棋中，都有一步至两步的欺着，只要抓住他的欺着，就能胜他。"我没有料到，柳大华已经对飞相局作了精心的研究。残局时，我一着马跳檀溪，准备直捣黄龙。早有防备的柳大华集中优势兵力，围攻我轻进的孤马。因为孤掌难鸣，独马被黑方拿下后，我的子力大亏，颓势难挽。两轮循环结束，柳大华得5分领先，我以4分次之，杨官璘仅得1分。

第三轮循环赛，是和风一片：杨官璘奋力作战，顶和了柳大华和我；我和柳大华也是一盘和棋。柳大华继续以7分领跑，我以6分居中，杨官璘也加了2分变成了3分。

第四轮循环赛的首局，是柳大华对杨官璘。柳大华如法炮制我的套路，用飞相局对付杨官璘，击败了杨官璘，把杨官璘挤出了捧杯圈。柳大华可以后走拿下飞相局祖师爷的我，又用我的飞相局，击败了当年在全国赛中我使用飞相局的首当其害者杨官璘。棋界中人和广大棋迷断定：柳大华必然会蝉联"五羊杯"冠军。因为柳大华只要下一盘和棋，就是冠军。

上午，柳大华在房间里研究我的棋路。我还是赛场之外不谈兵——比赛之前不摆棋。我有一个习惯，比赛之余喜欢看闲书，我又去租武侠小说了。"书犹药也，善读之可以医愚。"我特别欣赏古人刘向的这句名言。这是我勤奋读书的动力，也是我下棋成功的一条秘诀。在他人看来，这么高层次的比赛，松懈到这个程度，令人起疑——尤其是那一些记者。一直到1986年，"五羊杯"的发起人之一、《羊城晚报》老资格的体育记者苏少泉采访我时，我才做了正面解答。

1986年，在第六届"五羊杯"上，我在初赛对吕钦、决赛对李来群都连胜三盘，创造了"五羊杯"赛六连胜的新纪录，陈松顺等棋坛名宿都认为我的棋又进了一步。因为此，苏少泉采访了我。苏少泉问我："大战时刻，能这么悠然自在，谈笑用兵，一定是平时对每个对手研究透了，做好了针锋相对的准备？"我告诉苏少泉："赛前摆棋，实际上是在做开局准备。但是，在高手比赛中，仅仅靠布局准备一二着'飞刀'和'新招'是不够的。80年代棋艺水平远远超过50年代，绝大多数棋手对开局都十分熟悉。因此，过多地把精力放在猜测对方布阵上，是没有多大用处的。赛前摆棋有害无益。我不喜欢这种临阵磨枪式的准备。说它有害，至少有三点。第一，赛前连夜摆棋，无非是觉得对手很强，信心不足，这反而把自己弄得思想紧张。第二，赛前摆棋会限制了棋手的思维，影响了棋手休息，增加不必要的紧张。而备战内容万一对不上号，又会惊慌失措。第三，摆棋影响休息，比赛时不能保持清醒头脑。所以，我大赛前夕的习惯是看书、打牌或者睡觉。这样，可以保证心理状态良好。"苏少泉还问我："大战时刻，能够若无其事，谈笑用兵，一定是平时对每个对手作了透彻研究，充分准备好各种对策了？"我对苏少泉说:"早几年是这样,现在已经不这样做。对所有比赛和所有对手,我都没有进行专门的准备。"面对苏少泉疑惑的眼神,我作了进一步的解释:"一定要刻苦练好基本功。作为一个过程,必须认真研究和熟悉古今棋谱,研究每个高手的风格和棋路。但是,不要受其束缚。日本围棋棋圣藤泽秀行先生说'凡是我打过的棋谱,下棋时都会把它们忘掉,而且忘得干干净净才好。'这话说得有理。实际上是忘不了的。藤泽秀行意思是要消化,不要照搬,要提高,要突破。现在我们这样水平的棋手,一般的布局已经无需准备比赛对手的情况。为某个比赛某几个对手专门准备一招一式并不合算。重要的是提高修养,充分发挥自己长处。这两年我事务较多,无法拿出较长时间去摆棋准备比赛。这样就着重进行心理准备。结果,思想放得开,反而下得较好。这就是'功夫在棋外'的道理。"

我们还是回到第二届"五羊杯":这天中午,因为有朋友前来拜访,柳大华因此没有午睡。一个多小时后,柳大华朋友离去,柳大华又开始拆棋。可以这么判断:柳大华当晚的第一方案是赢我,第二方案是下和棋。因为只要下和了,柳大华就蝉联"五羊杯"冠军了。

最关键的一仗,如期而至。能容纳数千观众的看台上,座无虚席。

我执红棋先行。双方走成中炮盘头马对屏风马双炮过河的变例。杨官璘曾经在《中国象棋谱》中对这一急攻型的布局作了专门的研究,认为中炮盘头马对屏风马布局,先手方有"直车""横车""横直车"三种套路,肯定了挺七兵和挺三兵的两类攻法。对急进中兵这一路变化,全部否定:定论是红方处于劣势,黑方得优势和主动。这一回,我不先起横车也不出直车,而是急冲中兵过河。大棋盘讲解者看到我急冲中兵,向观众们指出了杨官璘在《中国象棋谱》对红方急进中兵否定的判断。柳大华对《中国象棋谱》中的变化是了如指掌。他看到我冒棋坛之大不韪的行棋,猜不透我是有备而来,还是昏着又出。柳大华抬起头来,瞄了我一眼!中局时,我祭出新招大胆弃马。然后,追回一子且又得势。最后,妙用双炮击败柳大华。观众们原先的大吃一惊和云里雾里化为热烈的掌声……

四个循环大决斗的结果，我与柳大华同是3胜4和1负，按规定加赛一场定乾坤。裁判员宣布：胡荣华和柳大华各为10分，因积分相等，必须加赛一局快棋一决胜负。快棋的时间是每人限30分钟走30步，然后是1分钟限走1步，超时判负。

　　象棋名宿陈松顺将签放在台上，柳大华抽签。柳大华的运气真好，抽到先行签。先行的柳大华摆开阵势，布以士角炮局，准备出奇制胜。士角炮在当时的棋坛少见，我也没想到柳大华会用士角炮局，这有点出乎我的意料。但是，我对士角炮局还是很有研究的。士角炮局虽然罕见于近百年来名手的对局，但在1981年的全国甲组联赛上，河北名将李来群曾多次运用奏效。因此，李来群的士角炮，已经引起了我的注意！我毫不犹豫地以中炮回敬，且招招点向要穴。柳大华见状，冒险从边陲飞炮袭击。快棋中的柳大华，三路马脱根而露出破绽。我见状，马上驱车从缝隙插入，死勒柳大华马头。柳大华的红棋只能是步步退守。在前有追兵，后无退路的情况下，柳大华的那一匹孤马，无可奈何归窝心。俗话说"马入中，必送终"。我针对柳大华的窝心马，持续扩大优势，冲兵过河直指九官。危墙之下的柳大华，只能班师回朝救驾。为解我"双鬼拍门"的杀势，柳大华退炮几度打我的象眼车。但是，棋规不允长打！柳大华只能拍马强攻，直指我方的九宫内廷。此时，我的双炮齐鸣，车挟双仕，在悬崖搏击中，击败柳大华。加赛的这一盘棋，既比技术，又比速度。这一局，前后共37回合。快棋赛的最后用时柳大华为27分钟，我用时17分钟。

　　在这一次的"五羊杯"上，我在和柳大华五盘的红黑纷争中，开局尽不相同。在先走的两盘中，是一柔一刚：第一盘因为飞相局负，第二盘我马上改变策略，以中炮开局拿下。在后走的三盘中，第一和第二盘我采用柔性的反宫马和金钩炮。快棋加赛时，我一反常态，后走还以刚性的中炮！

　　我对这一次的"五羊杯"，极其看重。因为这是我东山再起的重要一仗。这一次的二华相争，远比"五羊杯"重要。因为柳大华既是我"十连冠"的终结者，也是我艺术生命的试金石。

贾题辐的大胆预测

1980年,我跌到了乙组。经过半年的修身养性,我的竞技状态逐渐恢复。在1981年5月肇庆举行的全国象棋团体赛上,坐镇第一台的我在12场比赛中,以8胜4和的成绩,居第一台之首。正因为我取得了如此耀眼的成绩,棋迷们都翘首盼望雄风又起的我冲出乙组。当时,对于我到底能不能从乙组中脱颖而出,人们是各抒己见,见仁见智:凭"十连霸"的基本功,冲出乙组应该不是问题。但也有有识之士担心我是否能在临战中排除干扰,发挥出最佳水平,一时间众说纷纭。

1981年的全国个人赛在温州的雪山宾馆举行。在乙组前四轮中,我取得3胜1和战绩。如能顺势而下,获得乙组前三名出线应无问题。第五轮,我与队友于红木相遇,出人意料地输给了对方。这一输,导致后患无穷。当然,于红木也不是等闲之辈。于红木棋风细腻稳健又不失凶悍,布局善出新招,擅长弃子抢攻,被棋界誉为"飞刀将"。他曾多次取得上海市的优秀名次。1973年,于红木在上海、哈尔滨、沈阳三城市友谊赛显露头角,战绩不俗。从1974年起,于红木多次参加全国比赛,在1985年获象棋大师称号。1986年全国赛获第12名。1977年、1978年、1980年和1988年,为上海队获得全国团体前6名屡立战功。

第七轮,我和甘肃钱洪发相遇。这一场比赛,是关系到谁能出线的悬崖搏斗。钱洪发架上中炮,我以顺炮对攻。弈至第14回合,钱洪发左马卧槽,虎视眈眈。急于求成的我这个时候疏于防守,跃出七路马后露出破绽。钱洪发当然是咬住破绽不放,我的王城被钱洪发攻破。

温州之战,我名列乙组第4,未能如愿出线。这个时候各种议论纷纷传来,当时我的压力是非常之大。同时我也认识到了,冠军总是在意想不到的情况下丢失的。但是,我并没有失去信心。经过分析研究,我发现比赛中对手常常会出现破绽,而我自己,包括已经被棋界公认的20世纪70年代巅峰时期的名局,也并非无懈可击。随着各地棋手棋艺的提高,如果依然是我行我素，还会重蹈覆辙。我把悬挂于家中墙上代表荣誉的奖状、镜框、金牌、奖杯和照片等物件，打包入库。

我并非孤军作战。这个时候有一位德高望重的著名棋艺评论家，也以一家之言力挺我。这个人就是贾题韬。1981年，在第一届"五羊杯"赛结束后，贾题韬曾在《成都棋苑》总第4期上，对第二届"五羊杯"赛的桂冠属谁，用"冠军谁与，鼎足而三，秦时明月，诗句可参"的俚句作了大胆预测。第二届"五羊杯"时，贾题韬也特地来广州观看比赛。这个时候，有人拿《成都棋苑》杂志上他的那首诗说事："秦时明月"究竟是谁？贾题韬俚句预测的第一、二、四句是配文。问题的说明在第三句，这是借用了唐人"秦时明月汉时关"诗句的上半截作了谜面。"秦时明月"是指的古月非今月，古月二字正是"胡"字。不少读者都已猜到是我了。但是一年以来，我的成绩不够理想。看来要迎接像杨、柳这样的"大敌"取得桂冠，就更不容乐观，特别是在前面的比赛中和柳大华分先的第二局又先吃了零分。人们认为，贾题韬的预测已经成了水上飘飘。

这个时候，贾题韬被推上了风口浪尖。贾题韬预测第二届"五羊杯"我能夺冠的理由是：国内棋手尚少有出胡荣华之上者。在1980年乐山全国赛中，王座为柳大华所接替，坏事里有好事。胡荣华就此甩掉了一心要蝉联冠军的思想包袱。当时广州发起了前所未有的"五羊杯"赛，胡荣华正好轻装上阵。虽然在本次"五羊杯"赛的前段胡荣华挫于柳，但是，胡荣华仍然能获桂冠。胡荣华在杨、柳这样的"劲敌"面前，能够力挽颓势。前半段，胡荣华虽下于柳但是高于杨，还是表现了他卓越的战斗力。经过贾题韬的说明，众人都恍然大悟。但是面对强大的柳大华，人们对贾题韬的预测还是表示怀疑。

贾题韬说："我不同意'乐山的失败意味着胡荣华时代的结束'。从胡荣华卓越的棋艺和锐意进取的意志来看，我估计在今明两年内，胡荣华肯定还要重登冠军宝座，这届'五羊杯'赛，将成为胡荣华重制辉煌的起点。"

贾题韬如此明确的论断，使广州的棋坛名宿和棋迷们大为震惊。但是，棋界前辈陈松顺等人也赞同贾题韬的观点。陈松顺作为"五羊杯"赛的裁判长和《象棋报》的创始人，认为我的棋艺和意志品质，在棋手中都属出类拔萃。贾题韬、陈松顺都是我国棋坛上德高望重的棋艺家和棋艺评论家。他们的见解，在棋迷中引起很大反响。棋迷们都想看看我在第四轮循环赛中，如何去创造奇迹。

陈松顺是我的前辈，一直以来，我都很敬重他，他也一直很看好我。我和他的交往，有神交的意味。1960年初夏，我从杭州回来后不久，广州棋界邀请上海和温州组成联队去广州访问。于是上海和温州各出几名棋手，组成了象棋联队。当时的我还没有参加过全国比赛，在他人没怎么注意我时，他就给了我很高的评价。

首场表演，广州方面派出了得到过杨官璘、陈松顺等名手指导的后起之秀李旭英。20岁出头年纪的李旭英精力充沛，棋艺比较全面，能攻善守，在广州棋迷中享有很高的威望。我在非常不利的情况下，施出妙手，反败为胜。观棋的陈松顺说我的棋比较全面，开局、中局、残局都下得不错，可称得上一流水平。还说一个这么年轻的棋手，棋艺就达到这么高的水平，是他从未见过的。1960年12月26日，我刚刚荣膺全国冠军后再次访问广州时，已退居二线的陈松顺和我，在广州文化公园作了一场大象棋的表演赛，握手言和。由此可见陈松顺非凡的实力。

1980年，跌落神坛的我降至乙组。在第二届"五羊杯"上，我和柳大华争夺"五羊杯"，在众人对我一片看轻声中，陈松顺在分析之后断定我仍是冠军的实力。和贾题韬一样，陈松顺认为我会在第四轮循环赛中创造奇迹。当然，我没有让陈松顺失望，在比分落后的情况下奋起，捧"五羊杯"而归。第二年的1983年，我重新崛起，第11次获得了全国冠军。

三十一、随手飞象导致冠军水漂

　　1982年的我,自我感觉竞技状态很好,对比赛充满了信心。1982年12月,全国赛在四川成都举行。我心想:1980年全国赛我名落孙山的所在地乐山,也是属于四川。有道是成也萧何,败也萧何,我要来一回败也四川,成也四川。

　　棋界和新闻界在赛前对赛事进行了预测,预测花落谁家。对我、柳大华、杨官璘和李来群等人进行了比较分析。细心的棋迷给我算了一笔账,分析得出的结论是我的夺魁概率最高,理由如下:胡荣华曾有十连而冠的辉煌业绩,自乐山失利后,胡荣华发奋图强,发誓要东山再起。1982年以来,胡荣华在"五羊杯"赛、"北方杯"赛、"三楚杯"赛、"上海杯"赛、"亚洲杯"赛和全国棋坛八杰集训比赛中,连续击败众多名手,被胡荣华击败的名手中包括柳大华、李来群、杨官璘等强劲敌手。在这一系列比赛中,胡荣华共下90多局,只负4局,先后夺得"五羊杯""三楚杯""上海杯""优秀棋手集训赛"和"上海市第七届运动会象棋赛"五项个人冠军,第二届亚洲象棋锦标赛和首届"北方杯"国手赛两项团体冠军。

　　近一年来,我的气势很猛,战绩确实不错,胜率很高。因为有一股锐意进取的冲劲。这一次,我是势在必得,我自1980年兵败乐山后,已经连续两年远离冠军宝座。两年来,卧薪尝胆的我,做足了东山再起的准备。

　　比赛的战幕拉开了,前两轮,我胜山东王秉国、四川蒋全胜。李来群和钱洪发的成绩和我一样,也是二连胜。1982年的全国象棋赛,采用的是积分编排制,积分相同者两两相碰。同处领先地位的我和李来群以及钱洪发三人中,必有两人相碰。抽签结果传来:第三轮,我对李来群。

一般来说，在棋类比赛中，高手之间是不太愿意过早相遇。因为两虎相斗于狭路，其中必有一伤。而伤者信心又会被挫。

前两轮同时胜出的我和李来群，都深谙此中奥妙。对于我来说，新秀李来群棋风细腻，布局严谨，喜欢采用"先为不可战，而后战胜之"的策略，往往采用密不容针水渗不入的开局，李来群应该是一位难缠的对手。对李来群而言，多少年来，他一直把我看成是他最钦佩的师长。李来群在以往与我的对弈中是负多胜少。从1977年以来，李来群曾在多种比赛中同我交锋过23次，比分相当悬殊：李来群只胜我3次。李来群很清楚，此番要想从我身上夺得两分，困难实在是太大太大！

我曾夸奖过李来群，说他是"全国冠军之才"。1982年的李来群时年23岁，他在1980年、1981年两届全国比赛中，大分与冠军柳大华相同，只是因为小分比柳大华稍低，才屈居季军和亚军。这也说明了李来群的水平和柳大华是难分伯仲，是具备冠军实力的。正因为此，媒体和棋界在预测冠军的归属时，除了我，认为还有李来群和柳大华。

不难看出，我和李来群的这场较量，尚未开战，已经硝烟弥漫。我和李来群之间的较量，已经从技术层面上升到心理层面。

李来群不胜感慨地说，"想不到，恶战来得这么早！"作为河北省象棋界的新秀，河北省的相关部门和有关人士对李来群的期望当然是很高。前两届全国比赛，因为小分之故，李来群屈居亚军、季军，他自己感到非常委屈！河北省棋坛也感到非常遗憾！这一次，河北省棋界都翘首盼望着李来群更上一层楼。因此，在第三轮李来群与我比赛的关键一仗的前夜，河北队召开了一场专门研讨李来群如何对付我的战略战术会议。

最终，河北队为李来群拟定了作战计划：要充分利用先走的有利条件，争取主动，设法保持住先手优势，进行持久战。如果开局不利应及早收兵，严加防守，力争和棋。

记者找上门去采访李来群，被河北队领队何玉兰婉言谢绝。李来群觉得与我对决，临阵磨枪是行不通的，只能是临场见机而行。一直以来，李来群对我胆寒。这一次，他知道，为了河北队的荣誉，为了自己的荣誉，必须全力以赴。尽管，队友们的主意，他没怎么往心里去。但是，李来群对教练刘殿中的话却是深信不疑，而且是不折不扣地执行。

我对李来群的行棋特点，可以说是了如指掌。李来群先走时爱用当头炮，我常以顺手炮对付他。这一次，我料想李来群必然还是用当头炮。因此，我决定继续和他斗顺炮。

1982年12月7日，全国象棋个人赛第三轮，下午1点钟，我和李来群的比赛在成都棋院准时上演。在全国象棋大赛中，若采用的是积分循环制，从第二轮开始，积分高的棋手坐在第一台，积分次之的坐在第二台，以下以此类推。第一台又有主座或王座之称。组委会临时做出决定：外人只能在赛厅外面隔窗观望。赛场里，只允许工作人员和记者出入。工作人员和记者虽然人不多，但因为全部集中在第一台围观，导致第一台棋桌周围是里三层外三层。围观者的眼睛，齐刷刷地盯着第一台棋盘两旁的我和李来群。果然，李来群还是走了他擅长的当头炮。我并没有走我拿手的反宫马，按照既定计划，采用了顺炮。

几个回合交手之后，我布下了咄咄逼人的顺炮双横车阵势。面对我的顺炮双横车，李来群并没有感到意外。1979年的四运会决赛中，我曾四斗顺炮，尤其与傅光明之决战，也是以顺炮获胜一战而定江山。那一次比赛之后，各地棋手包括李来群一直在研究对策。李来群在研究对策，我当然也没有闲着。李来群抬头看了我一眼，举棋落盘。为避开我的锋芒，李来群采用了迂回战术。通常走到开局的第五步后，黑方惯常的走法是马三进四或炮八平九，我为了不落常套，在五步之后就选择了变化。这种一变化，是早有谋划。车一平四、车9进1、车八进四、车1平6、车八平四、将5进1。走到这里，进入中局。在开局较量到第八步的时候，我打破常规用很少见到的出将助攻。李来群是以双车前后呼应，准备恶战。恶战中，我把老将推进一步。这样的应法，是罕见的。

因为，我知道李来群行棋素来小心谨慎，对新着容易多疑，多疑后，又会产生胆怯心理。我之所以选择出将，李来群之所以采取双车平肋，双方无非都是为了争夺要道。我和李来群是知己知彼。李来群在开局阶段的考量，一直都是非常全面细致的。然有得就有失，李来群为了揣摩对手的着法和思路，往往会在开局时耗时很多。因此，我的指导思想是针对李来群的这一特点，千方百计把深奥的变化，寓于看似不合理的着法之中，意图把李来群引入我设计的陷阱中。李来群看到我反常地把老将推进一步，果然开始疑神疑鬼。长时间的思考，消耗了他的时间。

李来群之所以如此谨慎，是因为在不久前的"上海杯"中，已吃到了我怪招的苦头，他怕再一次落入陷阱。

然而士别三日，当刮目相看！这一回的李来群，已今非昔比。在与李来群的对决中，我采用怪招，目的是想把李来群迅速引向悬崖搏斗。这一次，李来群见我怪着又出，开始长考。30分钟过去了，李来群决定跟着我的节奏，兑车简化局势。李来群举棋应战，平车邀兑，然后挺起三路兵，腾开马路，准备出击。白刃战后，四辆大车全部兑掉。四辆大车从棋盘上消失之后，成了最考验双方功力和判断力的无车棋局。没有了双车后，接下来的比赛看点，就聚焦于双方的心态和功力了。

兑车之后，我是双马单炮和士象全，还有已在河界上随时可以过河进攻的5路和7路卒，李来群则有双炮单马和仕相全。

棋盘上，双方争夺愈发激烈。见一时无法迫使李来群就范，我又把马炮投入战斗，在中路用马抢攻。李来群抬起头来，看到我眉尖和嘴角隐藏着杀机，知道大难临头。面对这有利的局面，我心里非常踏实。这局面对我来说，不是胜就是和，没有第三种可能。想到这里，我非常笃定。把一匹马放下后，我站起身来，微笑着端起茶杯去续水。无可奈何的李来群沉思良久后，退了一步边马。

续完水回到棋桌，我看到李来群已应了一手无关紧要的棋。于是，我便站着随手应了一步飞象。飞完象后，我坐了下来。坐下来后，我仔细一看，大惊失色：发觉刚刚站着时随手一步的飞象，有问题。精灵的李来群深恐中了邪术，他先是轻轻地"唔"了一声，继而是对着棋盘看了又看算了又算。最后，抿嘴偷笑！

我看到李来群的窃笑，暗叹："臭棋！臭棋！"原来我的这步落象，恰恰给对方搭了个炮架子，使得李来群得机进炮、串打马炮，我势必失一大子。乐不可支的李来群趁机驱炮过河串打，白吃了我的一匹马。我对着棋盘是摇头叹息："昏着，奇怪的昏着！"

我的这一步不可思议的落象，让大好的局势急转直下。又经过19个回合的苦守，最终还是一着不慎，满盘皆输。比赛中出错漏，看上去是技术问题，其实，许多时候是思想问题。李来群知道我随手走了漏着："胡老师，这棋赢得太侥幸。"无可奈何的我和李来群握了握手。

河北省的一家报纸后来这样形容我和李来群这一握手：当中国象棋泰斗胡荣华与象棋新秀李来群的手紧紧握在一起的时候，标志的不仅仅是冠军奖杯的易主，更是让中国象棋从南到北的更广阔的传承！

两人复盘，摆到了飞象那步漏着："这棋走得太糟糕了。我怎么就随手就飞象。看来，是注定要让小李拿冠军了。"李来群和刘殿中以及在场的河北队队员们，都放声大笑："胡老师承让。"拿着茶杯走出赛场时，我是边走边摇着头："臭棋，臭棋，真是鬼使神差！这么好的形势还会输了！"我当然不会一败不振。调整好心态后，我胜了火车头体协的梁文斌、浙江的陈孝堃和李来群的教练刘殿中。最后，还是因为下了几盘和棋，无法阻挡李来群的夺冠之势，获得亚军。

比赛结束后，记者在采访时问："胡老师，你对李来群的一步随手棋，导致冠军被李来群夺去。你是第一大国手，怎么会走出这样的臭棋呢？"

"怎么说好呢？漫不经心。比赛时我认为这盘棋非胜即和，绝对不会输，而且胜的可能性很大。现在回想起来，是我思想深处产生了轻敌，才会不假思索地随手应了步臭棋。当时只要想一想，就不会走那一步飞象。别说是我，即使是一般的棋手也不会走，这是一个非常低级的错误。由此可见，轻敌思想是棋手的大忌，急躁的情绪也是棋手的大忌。我在输给了李来群之后，虽然没有一败不振，但还是有急躁的情绪。所以，在最后几轮比赛中，为了抢分，把几盘该赢的棋下成了和棋。要不然，我的分数还是可以与李来群争一争。"

记者让我谈谈对这次全国赛的看法。我感慨地回答："李来群夺冠并非偶然，他棋风细腻，算度准确，夺得冠军，当之无愧！年轻的一代成长得很快，对老将的冲击力很大。前六名中，有三位是20岁的青年，这当然是很可喜的现象。相反，六七十年代叱咤棋坛的风云人物，这次比赛中绝大多数未能进入前六名。"

有记者不留情面地问我："行家评论说，看了你这次全部比赛，觉得您谨慎有余，锋利不足，比今年前几次比赛差一些，您的犀利棋风和变化多端，擅于奇袭的特长未能充分发挥，以致削弱了慑服对手的威力？"

我做了客观的分析："是的，之所以会这样，也许同我的急躁情绪有关。我虽然深知情绪急躁肯定会影响到临场的发挥，但有时还是难免急躁。一个棋手只有在任何情况下，都能控制好自己的情绪，保持着良好的心态，才是真正的高手。在这方面，我必须加强自己的修养。"

最后，有记者问："在1980年的乐山全国赛时，在首轮比赛中，在形势对您有利的情况下，你走了一步大漏着，输给了杨官璘。随后，由于求胜心切，情绪急躁，丢了冠军。乐山的那一次全国赛，和这一次极为相似。有人说四川这个地方，对你不利。两次全国赛，一次是降级，一次是把该得的冠军丢了？这里面，有什么蹊跷吗？"

我笑着摇了摇头："这和风水没有关系，应该从主观上去找原因。两次在四川下出漏着，都是没有控制好情绪。我想我应该加强意志的锻炼，加强思想修养，真正做到胜不骄败不馁。这样才能避免出现漏着，或者在出现漏着后，保持良好的心态。"

三十二、东山再起的1983年

对我来说，1982年是我南征北战的一年，是不同寻常的一年。正因为有了1982年的南征北战，才有了我1983年的东山再起。在1982年全国个人赛前，我下棋近百局，是有史以来参赛最多的一年。在那么多硬仗中，仅负四局，是失败率最低的一年。1982年下得好的原因，是因为心情平静了，不再那么急。1981年，我乘船到温州参加全国联赛抵达码头时，广州名宿覃剑秋语重心长地提醒我："少喝点酒，压下火气，弈好每盘棋。"当时，我也意识到这点，我告诉覃剑秋："我怕火气上升，已经不喝酒了。"

1982年4月，第二届亚洲象棋锦标赛，在春意盎然的西子湖畔进行。我和柳大华、李来群、陈孝堃一起，在浙江宾馆迎来了泰国、新加坡、菲律宾、中国香港、中国澳门等国家和地区的棋坛高手。在锦标赛上，我出场三次，首战是轻取香港郑守贤；第二轮，我只用了短短的29分钟，拿下泰国主将谢盖洲；第三轮，智取菲律宾的蔡文钩。

1982年4月，国家体委公布了第一批象棋和国际象棋特级大师和大师名单。我名列特级大师的首位，我和杨官璘一起，被国家体委授予了棋手的最高荣誉——特级大师。柳大华、李来群等被授予象棋大师。在国家体委宣布特级大师名单之时，正是我和上海队一起乘长江轮赴武汉参加全国团体赛之际。知道自己被国家体委授予特级大师称号，心潮难平。船停靠武汉码头后，我对特地前来采访的广州《羊城晚报》记者黎民良表态："感谢党和国家给我的荣誉，我决不会辜负大家对我的期望。"

我确实不敢辜负大家对我的期望：在这次全国团体赛中，坐镇第一台的我，在十一轮的比赛中取得8胜3和的战绩，为上海队立足前三立下大功。在接下来的首届"三楚杯"比赛中,我也不负众望,在与杨官璘、柳大华、李来群、陈孝堃和王嘉良等五人的鏖战中,我又捧奖杯而归。

1982年10月,上海市棋类协会和《文化与生活》《新民晚报》等联合主办的"上海杯"大师邀请赛,是新中国成立以来第一次全部是由象棋大师参加的邀请赛。在这一次邀请赛上,我又先后战胜各地名将,获得"上海杯"冠军。在上海市第七届运动会上,我为卢湾区夺得象棋团体和个人两枚金牌。

岁月不饶人!随着岁月的流逝,已进入中年的我,因为马不停蹄地参赛,已经非常疲劳。因为疲劳,影响了对棋的敏捷度和计算度。又因为打了一年的"顺风仗",我似乎又有些飘飘然。在1982年的全国个人赛上,我和冠军擦肩而过。

一转眼,1983年的春节就来到了。春节后的一天,我在棋室面对棋盘打座。打座时的我,进入到人棋合一的状态。这个时候,队友们都不会来打扰我。他们知道,我已经神游在金戈铁马之中。教练徐天利知道我,徐天利曾经对朋友们说:"胡荣华苦练是没有人知道的,因为他练棋时不要棋子,棋子都在他的大脑里。"

上海队的领队俞玉昌知道我。可是,这一次的俞玉昌却是一改往常,敲门后便推门直入。俞玉昌进来后,我一时还是没有还过神来。但从俞玉昌不同寻常的举动中,我感到似乎有什么事要发生。进门后的俞玉昌非常激动地告诉我:就在几分钟前,他接到了上海市体委有关人员的电话:国家体委为了表彰我对中国棋类事业的卓越贡献,授予了我国家体育运动荣誉奖章。国家体育运动荣誉奖章,是国家给予运动员的最高奖赏和最高荣誉,只有做出突出贡献的功勋运动员,才能获得这一个荣誉。上海和我同获荣誉奖章的,是亚洲跳高纪录的创造者朱建华。

面对这一个突如其来的特大喜讯,我有点似信非信!我习惯地推了推眼镜,自言自语:"怎么会呢?"队友们听到这一个消息后,都纷纷来到我的棋室。一时间,棋室里是热闹非常。最后,平时都很安静的队友们竟欢呼起来，围上来争先恐后地和我握手。此刻的我是百感交集。我想朱建华获奖是因为他打破了亚洲纪录，获得了亚运会的冠军。朱建华的获奖，是实至名归。而我已经是"落第"三年，而国家却没有忘记我这一位昔日的冠军，给了我如此之高的荣誉，我感到了受之有愧！

在北京领取荣誉奖章时，国家体委副主任徐寅生强调：第五届全运会虽然没有棋类比赛项目，但国家还是非常重视棋类运动。有数千年历史的象棋，具有丰富的内涵，是中国传统文化的象征，要大力发展。听了徐寅生的一番话，作为一名棋手，我深感责任重大。

1983年，我卧薪尝胆闭门思过。神游棋中的我，似乎忘记了人间烟火。这一年，我还静下心来，回顾自己20多年象棋生涯的成败得失，著书立说，写出了10多万字的《反宫马专集》。我的这一专著，弥补了中国象棋开局的空白，丰富了中国象棋的宝库。同时因为深山练剑，棋艺走向炉火纯青。1983年6月份的全国象棋团体赛，我以不败的成绩名列第一台首位。团体赛结束返沪后，我依然是闭门谢客深居简出。与此同时，我还婉言谢绝了所有的比赛和应酬。我的行踪，让熟悉的朋友不解：胡荣华为什么无意投入纷争？难道，他的英雄豪气已经烟消云散？1983年下半年的我，在他人眼中成了一位"神秘人物"。

朋友们都在想：胡荣华到底在干什么？那场景是常常出现：我面对棋盘，处在虚静的状态中。那架势，如法藏寺打坐的高僧。反省之后，我进一步认识到，作为一名棋手，不可能是一直处在事业的高峰，棋艺难免会经历起起伏伏好好坏坏。和一般的棋手相比，我是属于少年得志，长时间处在波峰浪尖。即便如此，在我的棋艺生涯中，也必须面对挫折和打击。时过境迁后回头看，经历低谷确实是人生的一笔宝贵财富。正如《周易》上的"亢龙有悔"，它提示我们，身处高位而不戒骄戒躁，失败在所难免。我昨天面临的挫折，有的是时代背景使然；有的是盛极而衰后青胜于蓝的自然规律。而骄傲自满的心理，需要进行自我反省。反省之后，我告诉自己，身在低谷的时候，要扬起头来，看远方。

我坐在上海棋社空荡荡的棋室里,研究各路高手的实战对局,沉浸在千变万化的棋局中。研究后,我深刻认识到:在经历了十连冠的巅峰后,我已不可避免而且是理所当然地成为了众矢之的,况且我是在明处对手在暗处。为此,我在脑海中列出了一张备战名单:其中有50年代的杨官璘,有60、70年代的中年棋手。当然,我更多的注意力放在了年轻人的身上。在我的备战名单上,名列前茅的是广东吕钦、河北李来群与湖北柳大华。除此之外,我还对全国知名棋手的性格、棋风、优点和不足之处进行了研究。

除了研究对手,我还客观分析了自己。因为我的"法宝"更新渐慢,又因为对手是为和棋而来,而我又端着冠军的架子,没有顺棋势而行,如是这般,崩盘概率的增加也是理所当然。通过分析研究,我开始有的放矢地制定了因人而施的方案。因为深山练剑,大门不出二门不迈,我的体能开始恢复,恢复之后,又得以储备。

1983年11月,全国棋类个人赛在昆明举行。那一年,我38岁。此番血战的赛场,设在恬静的五华山西麓的翠湖湖畔。忙里偷闲的我,在翠湖湖畔散步。一路上,我举目环视,在寻找着什么。其实,我不是来寻找虚无缥缈,当然也不是来寻找精神寄托。置身于风景中的我,突然就想起了陕西南路271弄临街的那一块蓄势待发的凹势;想到了"先为不可战,后战胜之"的兵家之谋。

1983年的棋坛,已是群雄称霸!春城大赛,谁的锋芒最为闪耀?

有多少人虎视眈眈地在盯着皇冠:我自然也不例外,我非常想夺回已失去三年的宝座;柳大华雄心勃勃也想东山再起;李来群更想全力卫冕;杨官璘自然也不例外。而那一批"小字辈"们,也纷纷想后来者居上。

11月15日,1983年的全国象棋比赛拉开了序幕。第一轮比赛,因为是开幕式,我穿上了中山装。第一轮,我旗开得胜。第二轮,我和骁勇善战的柳大华相遇。从第二轮到最后一轮,我都穿着参加国际比赛的深咖啡花呢礼服上阵,这套礼服,是我三年前出国参加比赛前定制。三年来我在亚洲团体赛和城市名手赛中,都是穿着这套礼服上阵,结果都是大获全胜。这一次来昆明,从第二轮比赛开始,我都是穿着这套礼服参战。事后回味,我的潜意识是志在必得。

外界预测,我和柳大华的这一次斗阵,玄机莫测难猜度。这一次对阵,是我先行。后走的柳大华显然是有备而来。对局中,他以左马护中路,似乎要走屏风马。谁知在第三个回合,柳大华突然变阵:一步进炮封车,转成后补列炮。在我和柳大华过去的对局中,两人也从未斗过这样的布局。柳大华的这一手,旨在出其不意,攻其不备。他意图把我吸引上悬崖,在殊死的拼搏中击败我。观者愕然!我也是始料不及!因为,面对我时,几乎无人敢用后补列炮。柳大华这一战术,在我面前未必有效。因为,对我而言,不管是炮战、马战抑或相战、车战,我都是比较熟悉。更何况,不管是什么开局,考验的,是临场的应变能力。柳大华的这一手后补列炮,还是给我带来了麻烦。开局时,在柳大华只用了3分钟时,我已经用了12分钟。经过长时间的思考后,我决定以屈为伸以静制动后发制人。周旋了4个多小时后,柳大华最终还是乱了步法,败下阵来。这一局棋,至残局时,我是车马兵仕相全,柳大华是车三卒士象全。这种残局,红方是赢是和古今棋谱没有定论。在这一局棋中,我先用兵兑去柳大华双士,继而施展车马冷着破象擒王。

第三轮,我遇上了新科状元、1982年的全国冠军李来群。去年,我也是在第三轮遇到了李来群,因为大意,失误落象致负。这一次,我是前事不忘,后事之师。李来群以"仙人指路"开局,我后走了应以过宫炮。过宫炮应对"仙人指路",虽然是老树着花,但经过我苦心经营后,有了新的变化。李来群看到我是老谱翻新,不敢随意造次。2个小时过去了,双方还是一兵一卒未失。相持中,李来群只是试探性地伸车骑河。我还是无意轻进,只是因势行棋。又过了17分钟后,我才走了一步边兵渡河。32个回合里,我的棋子,只在对方境内走了4步。李来群领教过我的厉害,他担心稍一不慎,便为我所乘。此刻,李来群见我的黑棋似鱼潜深渊,他知道他的那张网,钓不到深渊之鱼,他当然是不敢用强。弈战2个多小时,双方的棋子都是足不出户,在自家界河内散步。智斗了4小时后,彼此发现战术思想相同,于是两人莞尔一笑,鸣金收兵。

四轮下来,修炼下山后的我是古井无波火性全无:对前科状元柳大华是以柔克刚;对去岁状元李来群是按兵不动;第三、第四轮虽然又是和棋,但我依然是神闲气定。因为我知道,只要稍一不慎,便会为对手所乘;因为我知道,一着不慎满盘皆输。

赛程过半后,一封抵万金的家书,从上海飞到了我的面前。这一封信,出自我爱人和我们的掌上明珠鹭鹭之手。母女俩在上海的《新民晚报》上看到,中国棋坛已经产生了好几位对我东山再起颇具威胁的小将。为此,母女俩联合起来为我献计献策。自1980年我在乐山失利后,每逢大赛,爱人给我写信时,从来也不提棋事。爱人和女儿非常关心比赛,每天都要看报上关于比赛的评论和报道。当看到我的主要对手是李来群、吕钦和赵国荣时,这一次爱人是打破常规,和女儿鹭鹭联名写信给我。提醒我一定要注意以上三位年轻棋手,说报上是如何如何评论他们的。千里迢迢的这一封家信,让我非常开心。

第七轮后,我与林宏敏同积11分并驾齐驱。林宏敏是我的队友。1972年,林宏敏在小学体育老师的推荐下进入上海市象棋少年训练班,得到过我和棋坛名手朱剑秋、徐天利与朱永康的指导,棋艺迅速提高。林宏敏棋风稳健细腻,善于运子取势。1977年,林宏敏进入上海市象棋队,为上海队获得1979年,以及后来的1986年、1991年、1994年四次全国团体冠军立下过汗马功劳。在全国个人赛上四次进入前六名,最佳成绩为1983年的第三名。林宏敏1987年获第3届"七星杯"国际邀请赛冠军。1998年获象棋特级大师称号。

再说,吕钦在第五、六、七三轮中连下三城,积10分紧随于后。第八轮,我与吕钦相遇。被誉为羊城少帅的吕钦,自从1981年团体赛取代杨官璘坐镇广东队第一台以来,棋艺日臻成熟:吕钦在1982年获全国个人第3名。而且,吕钦已经把《胡荣华对局集》背得滚瓜烂熟,因此棋界中有"吕不怕胡"的说法：1980年的全国个人赛上，吕钦胜了我；1981年的全国个人赛上两人下和；1982年的全国个人赛上再次战平。这一次，是顺炮横车对直车的战局。我后走选择和吕钦斗顺炮，用意颇深。在一次闲聊中，我曾经对棋手孟立国说"杀棋怕杀"。这句话通俗一点说，就是"软的怕横的，横的怕不要命的"！一直以来，我对待如王嘉良、柳大华、蔡福如等攻击型的棋手，从来是以攻对攻。吕钦善攻，我对他采用顺炮战术，也是一种心理暗示：都说吕钦不怕我，难不成我胡荣华还怕你吕钦？经过两个半小时的枪来刀往，盘面形成了车炮四卒对车马三兵的对峙。我虽然多一个中卒，但缺少一象。红黑双方在棋盘上你来我往斗智斗勇，行棋是*丝丝入扣*，过程是波澜起伏，绝对扣人心弦。我和吕钦的这一战，其实就是本届大赛的冠亚军决战。现场被里三层外三层的观众包围着，大厅里的旁观者有几十位之多。在漫长、互缠的细腻残局中，双方都显示了深厚的功力。

局面呈似和非和、欲赢不能的胶着状态。我知道这一盘棋和棋的成分很浓，我很难拿下吕钦。但机会还是有的，我知道只要吕钦想赢，我就有机会。想到这里，我不露声色地扫了吕钦一眼：从吕钦锋芒毕露的眼神里，我看到了一线胜机：他见我少一个象，中卒又被牵死，他还是想赢！不能让他断了这个指望。小心翼翼的我，开始与杀气腾腾的吕钦巧妙周旋。在复杂的中局阶段，我主动挑起战斗。第59回合，在纠缠战术面前，吕钦还是按捺不住，他不顾仕相分家、老帅无人保驾的局面，竟然拍马策攻。我凝神静思后巧出妙手：8步之后，形势急转直下，吕钦是损兵折将防线被毁。那一瞬间，我是如释重负。最终，吕钦在复杂的中局角逐中失去战机，在细腻的残局中，吕钦耗不过我的纠缠战术，败走春城。

第十二轮，我运用了一条新规——"同样局面重复三次，不变作和"，与河北小将黄勇握手言和。握手言和后，宣告了我的东山再起！

虽然比赛还有一轮，但我已提前夺冠！最后一轮，我与广东悍将刘星弈和。至此，蛰伏三载的我以8胜5和不败战绩，再一次在春城笑傲江湖。

1983年11月30日下午，昆明市翠湖体育场里座无虚席。雄壮的乐曲，虽然与棋类艺术有相背之嫌，但正是那个年代的产物。观众们把经久不息的掌声，献给身穿深咖啡色花呢西服的我。这是颁奖大会上最激动人心的一幕：在灿烂的阳光下，我接受冠军奖章，然后转身向观众鞠躬致意。此时掌声是此起彼伏，一阵高过一阵。在热烈的掌声中，我挥手环绕着向观众鞠躬，感谢这么多年来棋迷们的关怀。在阳光的辉映下，我的脸庞绯红。

这是我纵马棋坛23年来，在全国象棋个人赛上的第11枚金牌。这一块金牌，非同一般！这是我跌落深渊3年后的重新崛起！这3年对我来说是如此漫长，重新崛起后的我感慨万千。

掌声响起来了，鲜花送上来了，报社的记者们围上来了，电视台的摄影镜头也聚焦过来了。重登山顶的我，非常冷静。新闻发布会上，我冷静地对包围着我的记者一吐为快："过去，是我的一统天下，如今是春秋战国的诸侯争霸。我拿冠军属于正常，丢掉冠军也是正常……"

有记者问我："在这次全国赛中，你感到棋手中对你构成最大威胁的是谁？"我回答记者："最近几年，棋坛新人辈出，水平也是水涨船高。从这个意义上来说，任何一位棋手，都可能是我的劲敌。如果要对号入座，我感到包括吕钦在内的年轻人对我的威胁，似乎更大一些。年轻棋手的上位，是时代发展和象棋发展的必然趋势。当然，因为年轻，年轻的棋手还缺乏经验，特别是在关键性的比赛中，临场的应变能力还有待加强。希望年轻棋手在训练中，不仅要熟读古今棋谱和棋局，更需要创新……"

全国冠军失而复得后，除了棋界人士，还有在昆明工作的两位上海老乡送来了两件贺礼。送贺礼的老乡叫顾其昌、徐平生，是微雕艺人。他俩在一粒米大小的象牙上，雕出一只亭亭玉立在翠绿松柏前的丹顶鹤；象牙上，还刻有"全国象棋冠军胡荣华存念"的文字。另一件贺礼是一个用象牙雕成的微雕奖杯：奖杯只有7毫米高、3毫米宽，杯上刻着一幅鹤立鸡群图，杯身两边是两只洁白如玉的象牙耳环。这一尊奖杯，应该是世界上最小的奖杯。顾其昌和徐平生是师徒俩，在昆明专门为外宾和港澳同胞刻金石和象牙微雕。这一次，听说我夺回了冠军，他们俩非常高兴，两人连夜奏刀,祝愿我的棋艺,永远如鹤一般。

　　大赛落幕后,因贵阳市体委的邀请,我去贵阳做客。在昆明赴贵阳的途中,看着列车穿越崇岭山峦依窗而坐的我,又一次感慨万千!我深深地感觉到,大家的关怀、期望和信任,是我东山再起的最大力量。而永不放弃的坚持,对象棋艺术发自肺腑的热爱,是支撑我一路前行的动力。我去贵阳做客信息,在《贵阳晚报》上发表后,我成了关注的焦点,每到一处,都有人围观。我去贵阳花溪公园游览时,甚至还引出了一场虚惊:那天上午,我进了花溪公园后,还没有来得及游玩,竟被几位不速之客请到一家远离市区的5708厂做客。因为事发突然,贵阳市体委陪同的同志也感到为难。原来,几位不速之客都是上海人。18年前,他们告别了故乡上海,来到天无三日晴、地无三尺平的贵阳。18年后,平地起高楼,当年的小伙子也都是成家立业人到中年。虽然人在贵阳,但是乡音无改,对上海依然是怀念深深。前两天他们从《贵阳晚报》上得知我在昆明唱了一出翻身道情,又要来贵阳访问,于是一路跟着,然后在花溪公园非常客气地把我请到5708厂准备老乡见老乡。意犹未尽后,我盛情难却,以蒙目棋表演让支援贵阳建设的上海老乡一解乡愁。

　　第3天,我还在贵阳市体育馆为1 000多位观众表演1对6的蒙目棋。观众从来也没有见过蒙目棋,而且是1对6。见我6盘棋全部拿下,百思不解。因为我在表演过程中,时不时地会习惯性地推一推眼镜。不少观众见状,竟以为我的眼镜里藏有玄机。那天,我看着1 000多位观众,忽然就想起了1975年初,上海象棋队访问广西桂林的一场表演赛。那一场表演赛的重头戏,是我蒙目1对13位广西省级业余棋手的大战。比赛的地点,是在桂林的一个体育场里。比赛还未开始,体育场内已是人满为患。棋迷们争先恐后地到来,是为了一睹全国冠军的我的真容,观看我蒙目1对13的神采。开赛前,一位我熟识的广西棋手受人之托后,特地前来请我帮忙。他说应战的13位棋手中,有一位是桂林市商业局的干部,希望我能对这位商业局的干部手下留情,让他一盘和棋。还没等到我应允,棋手的

157

后面一句已经出来："开赛后我会把棋手的号码送来。" 我只是对着这位棋手一笑。开赛后，棋手果然递上一张纸条，纸条上写着一个9字。我还是笑而不答。我心里在想，你既没有这个实力，为什么还要来占用他人的名额？和与不和，还是顺其自然吧。作为一名棋手，我对比赛有一种敬畏感，反对弄虚作假。

13个人分成两排，我全部执黑后走。十几个回合下来后，我对9号选手的水平已是胸中有数：水平确实不低，是个好手！既然水平不低，更应该真刀真枪。面对9号选手，我当然没有松懈。最后，9号被我直捣黄龙！6号棋手的水平不差，我顺其自然下棋，两人下了一盘和棋。

比赛结果是我11胜2和。比赛结束后，托情的棋手面色尴尬地来见我，我说对不起，匆忙中我把9号看成了6号。托情的棋手只能叹气，怪自己没有交代清楚，好在他回去之后也有了一个托词。

三十三、一个意想不到的事件

1988年，如果不是一个偶然性的事件，我就是当年的全国冠军。那一个偶然性事件，发生在李来群身上，最终影响到了冠军的归属。1988年全国象棋个人大赛的最后一轮前，我和吕钦同积9分领先诸雄。最后一轮，我的对手是江苏徐健秒，吕钦的对手是李来群。棋迷们预测我将第13次登顶。因为我战胜徐健秒是大概率，而吕钦要拿下正处于鼎盛时期的李来群是小概率。我在战胜了徐健秒后，起身特地去看了李来群与吕钦的对局。李来群与吕钦的周围，已经有好几位棋手在观望。李来群与吕钦，已经下到第44个回合。盘面，已经被李来群牢牢掌控。下一步，李来群只要走出马四进三，把吕钦的炮吃掉后，便可以锁定胜局。而我也会因为李来群的一步马四进三，再一次获得冠军。看到这里，我舒了一口长气，转身离开。

正当大家等待李来群理所当然地走马四进三锁定胜局时，李来群却鬼使神差地伸手去摸了车。场边有观众"啊"了一声。李来群看了看手上的棋子，脸色在一瞬间晴转乌云：怎么会去拿车的呢？摸子动子，拿起就不能放下。车路何在？李来群满盘寻找，无路可寻。这么大的一个棋盘，竟没有这一个车的容身之处。李来群只能走了一步车三平七。原先愁眉紧缩无可奈何花落去的吕钦，在那一瞬间双眉舒展。天上掉下了一个大馅饼！因为鬼使神差地伸手摸车，李来群由胜转败；因为这一步车三平七，我和吕钦是同积11分，但因为徐健秒的积分比李来群低，最后算小分，吕钦夺得冠军，我屈居第二。

李来群与吕钦的这盘棋，引来了人们的猜测，甚至是种种疑问，疑问主要集中在一点：李来群夺冠无望，处于鼎盛期的他眼看我要13次登顶，故意摸错棋子放水。因为我如果再一次登顶，势必乘势而上。一旦乘势而上，很可能是势不可挡。这时候的李来群，已经不知道怎么向大家解释才好。李来群只能是摸着良心向人解释：没有和吕钦做任何交易！

没有人相信李来群！李来群只能保持沉默。人们由吕钦的侥幸想到了幕后交易的可能，吕钦也是有口难辩。这个时候的我，非常理智：十连冠之后，又两次登顶，已经是前无古人的高度，多一次少一次都无妨！在人们对李来群、吕钦之赛议论纷纷时，我保持了沉默，不说没有根据的话。见众人都不相信李来群，最后我还是发表了看法：我和李来群是好朋友，我与李来群一直保持着特殊友谊，我看好李来群行棋的风格和关键时的独步奇招，也很相信李来群的人品。这一次是一个偶然性的事情，这种偶然性，在其他棋手包括我自己身上也发生过。在1980年全国比赛的第一轮，我对杨官璘的那一盘，应该走炮的我，却鬼使神差地去冲了一步兵。因为这鬼使神差的一步，让杨官璘的一门死炮变活，从而让到手的鸭子飞走了。这一次的李来群，就像我当年一样，犯了一个低到不能再低的错误。

我的看法，带有盖棺论定的意味，李来群和吕钦也因此得以解脱。因为，我是看着李来群和吕钦成长。我相信李来群和吕钦的人品棋品。事后，尤其是李来群对我的冷静的容忍是赞叹不已！李来群说："胡荣华老师不愧为一代宗师！"

第五章
棋人棋事的文化乐趣

三十四、与几位文人棋手的交往

在中国，象棋是传统文化的载体，参与人数之多、流传地域之广、浸透社会层面之全，以及精神内涵之博大深厚，令其他样式的文化活动难以望其项背。

一直以来，无招胜有招的新派武侠小说，那些负剑走天下的剑客，是我梦里依稀心向之神往之的所寄。我把阅读新派武侠小说作为放松的手段，即使在全国象棋个人赛和"五羊杯"战酣斗之时。武侠小说于我而言，是益处良多。武打时你来我往的过招，与楚汉争霸相差无几。武林高手"手中无剑心有剑"的精妙剑法，是"无招胜有招"。从这个意义来说，看武侠小说也是棋外功夫。记得第二届"五羊杯"决赛的当天上午，柳大华在房间里摆开棋谱，继续在研究我的棋路。我上街散步后，又借来了梁羽生的武侠小说《侠骨丹心》，被书中惊险的武打场面和曲折动人的情节所吸引，整个下午，我是手不释卷。吃过午饭后，我午休了半小时。一觉睡醒的我，似乎是看破梦里当年。我还是没有拆棋，继续兴趣横生地看武侠小说。那一次，在广州举行的为时10天的"五羊杯"比赛中，我看了不少于10本的武侠小说。几乎是一天一本。就在我专心致志于梁羽生的《侠骨丹心》时，梁羽生也在关注着我。

梁羽生说："平生最喜欢两件事，一是旅行，一是下棋。旅行要挤时间，下棋要找对手，两者有时很难安排恰好……"

1960年，我和何顺安囊括全国赛冠亚军后，时任香港《大公报》副刊编辑的梁羽生约请何顺安撰写《赛后琐谈》。不久，梁羽生随港澳同胞观光团去北京，回上海后经上海棋手居荣鑫牵头，在上海华侨饭店与何顺安、屠景明会面。几个人在谈了一些棋界现象后,棋兴大发,于是相邀入局,由屠景明奉陪对局。梁羽生面对名家,谦恭礼让后执棋先走。梁羽生不落常套,用了当时最流行的高炮局布阵,步法非常纯熟。梁羽生的象棋水平,可以打进广州市前10名。

后来,梁羽生又请居荣鑫牵头邀约我。棋手居荣鑫又是象棋理论家,古谱《梅花泉》和吴著《梅花谱》的改编者。青少年时代的居荣鑫,喜欢横车跃马,曾得到名手罗天扬的指点。1956年,经过选拔,居荣鑫与王贵福、刘彬如、瞿云汉组成了邑庙区象棋队,多次参加上海市比赛。

《笔花六照》是梁羽生先生的散文集。其中有一辑是"棋人棋事"。梁羽生说:"围棋、象棋都是我的爱好,我曾经编过《大公报》的象棋专栏,写过围棋、象棋评论;也曾经以《新晚报》象棋记者的名义采访重大赛事,包括全国棋赛和亚洲棋赛。不过我所写的棋话棋评,散见报章,整理不易,现在才能选辑成书,亦算了却一桩心愿。"

在梁羽生的《笔花六照》"棋人棋事"里,有两篇写我的文章,分别是《象棋冠军的冠军》和《胡荣华与赵汝权》。梁羽生在文章里表达了对我的钦佩之情,还深情地回忆了我在20世纪80年代去香港比赛的场面,并对比赛进行了客观翔实的记录和评论。

1984年3月,上海作家罗达成完成了一篇一万多字的报告文学:《"十连霸"的悔恨》。文章是以我在1981年全国乙组比赛中名列第四,无缘甲组后,到1982年虽然在各大杯赛战绩辉煌,但在个人赛上却出现低级失误败给李来群后屈居亚军,以及到了1983年闭门不出谢绝一切比赛邀请,深山修炼后于1983年再登冠军宝座的过程。1988年,罗达成又完成了长篇报告文学《中国棋王胡荣华》。其间,他多次采访我。

罗达成历任《文汇报》"笔会"副刊编辑、《文汇月刊》副主编、《文汇报》特刊部主任兼《生活》副刊主编。罗达成也是一位棋迷。罗达成喜欢写作,也喜欢下棋。文艺和棋艺,让他品尝到了欣欣和艰辛。他说没有比听任想象力的翅膀在无限空间中飞翔,更使他着迷的了。罗达成从10岁开始学下象棋,曾每星期两次到杨浦区少年宫棋类训练班,听韩文荣等上海著名棋手讲棋。上中学时,他又爱上了黑白相间的围棋,星期天一早,带上两个面包,从早到晚泡在棋室里与对手纹枰相对。后来,他又迷上了国际象棋。在1963年上海市国际象棋锦标赛上,获得第六名。

我在上海《围棋》杂志编辑朱伟的一篇文章中读到:"文革"时的罗达成,几乎是一个每天必到杨浦区通北路上的一家茶馆观棋的棋迷。和上海的很多茶馆一样,茶馆底层是热水灶,茶室设在楼上。那茶室并不大,只有六七张桌子。一开始的时候,去那儿下棋,是杨浦区的一些围棋爱好者,后来市中心及南边的棋友,包括一些高手也纷纷前往。去那里的常客,有不少是从象棋转下围棋的,如上海象棋队的陈奇、上海市名手韩文荣等人。

罗达成说他最得意的事之一,是他撰写的《"十连霸"的悔恨》,于1984年获得全国首届体育报告文学奖一等奖。2020年,上海市作家协会为罗达成举办了"罗达成作品研讨会。"

我想,如果没有生活的历练,罗达成不可能成为一名著名的报告文学作家。

上海书店出版社副总编杨柏伟曾做了三十多年的棋牌类图书的编辑。杨柏伟受教于象棋前辈屠景明,曾协助屠景明先生编写《象棋名局赏析辞典》(共三辑)《象棋风云》《五羊杯象棋冠军赛对局点评》《冠军中局300例》《近代象坛争霸演义》等,他还与屠景明先生一起,编著了《象棋词典》(第二版)。杨柏伟还写了大量的有关象棋的文章,在《上海象棋》《象棋报》等报刊上发表,他还是《上海棋牌》杂志的编委。杨柏伟曾讲过一句话:"此生不能成为专业棋手,但也可以为象棋事业做出贡献!"作为一名棋手,我闻听此言,很感动。杨柏伟是中央电视台播放的《体育人间·胡司令外传》五集电视纪录片的第一撰稿人。

1995年的一个夏夜,杨柏伟在葛维蒲的引见下,到棋社办公室拜访了我。因为知道杨柏伟也是一位棋迷,也看过他写的象棋方面的文章,我就放权杨柏伟编辑《胡荣华妙局精萃》。那本厚厚的书,于1997年4月面世,书中收集了我从1960年至1996年间的250多局自战解说。2000年在蚌埠举行的全国比赛上，55岁的我第14次获得全国象棋个人赛冠军，创下了夺冠年龄最大的中国纪录，也留下了一波六连胜的纪录。杨柏伟在现场目睹了全过程，成了沪上三大报全国象棋赛事的唯一供稿人。那一次去蚌埠，杨柏伟是一石二鸟：他随身还带了一个小小的录音机，比赛间隙，他会去我的房间和我聊天，为我记录《大公报》连载的自传材料。

和作家丁旭光认识于1978年秋天的一个上午。那一天，是窦国柱先生远行之日，正是我和杨官璘准备代表中国从北京启程出国比赛之际。当天早上，我从北京直飞上海为窦国柱先生送行。那天，丁旭光被窦先生家人委以重任，专门负责接待我。

1989年秋天的一个下午，丁旭光走进了上海棋社的办公室。当时我正在专心摆谱，敲门而入后，我对他微微一笑，点点头表示欢迎。入座后，他直奔主题，请我为他的《丁旭光侦破小说集》题写书名。沉思片刻后，我婉转地说："我的字不行，一定要写，过两天给你。"几天后，他又来到了棋社。我拿出一横一竖的"丁旭光侦破小说"的题书交给了他。后来，我在上海的《体育导报》上，又读到了他的长篇棋侠连载小说《寒江独钓》。

2017年3月中旬的一个上午，应中国象棋协会副主席王连云先生之邀，我和丁旭光等几位朋友一起喝茶。茶叙中，我和单霞丽请丁旭光为上海棋院《上海棋牌》杂志"棋人棋事"栏目撰稿。几天后，他就把《中国棋王胡荣华侧记》的五千字的文稿，交给了《上海棋牌》杂志，文章后来发表在《上海棋牌》的创刊号上。对于弘扬棋文化，丁旭光有一种与生俱来的使命感。他是窦国柱先生的近邻，自小就耳濡目染了车马纵横的妙趣。丁旭光对橘中雅戏常有神悟，由此生发开来，便构成了他对棋文化、对传统文化的独特理解。

2017年12月，丁旭光在中国象棋协会主办的全国老年象棋个人赛中，以3胜6和的成绩打进前8名，获得了国家棋协大师的称号。参赛选手中，有北京、上海、浙江和江西等省市冠军多人。2018年12月，上海电视台艺术人文频道《今晚》栏目，做了"听棋王胡荣华和作家丁旭光讲述棋坛风云往事"的专访。2019年，我又为丁旭光的长篇棋侠小说《烟雨秦淮》写序。2020年10月22日下午，丁旭光和太太孟祥蓉，以及上海市摄影家协会理事蔡志锋先生一起，在上海棋院拜访我。临行前，他送上他书写的"凝思尺半方寸，神游八荒六合"的一副隶书对联给我。这一副隶书对联，后来发表在同年12月15日《新民晚报》郭影执编的"夜光杯"上。

三十五、三棋论战的前前后后

象棋界里,我属于爱"串门"的一个:打牌、围棋、国际象棋等等都是我"串门"的具体表现。大家都知道,关于围棋,我曾经有81天在上海围棋队得到高人的指导;关于国际象棋,我同样也得到高人的指点。这高人,就是徐天利。1960年,在徐天利得全国国际象棋冠军之后,我和他下过他让我两先的国际象棋10局赛。结果,总分我胜出。

我的三棋首秀,也是全国第一场的三棋首秀,是1985年。1985年3月16日晚,一场全国首次、别开生面的棋类表演在浙江嘉兴举行。那天,我应浙江嘉兴绢纺厂服务公司的邀请,三棋同时车轮大战迎战当地10位三棋高手。这其中,包括5盘象棋、3盘围棋、2盘国际象棋。尽管票价高达一元,但近千人的嘉兴绢纺厂礼堂还是挤得水泄不通。比赛开始后,我最先拿下的不是象棋,而是2盘国际象棋。这2盘棋,一盘是我置对方长驱直入的边兵不顾,以车马象对对方构成有效包围圈,然后突施妙手抢先擒王;另一盘,我以弃子为饵,打消对手原本长将求和的计划妙杀对方。而其时,在3盘围棋上,面对有业余四段水平的嘉兴棋手,我均处于有利形势。不一会,我在围棋上赢了嘉兴市第四名孙祥琅。而嘉兴市第一名孙祥玕的一条大棋也已经没有活路。但因为忽视了最有把握的象棋,情况却是大不妙。有一盘我本来平炮便可保平安,但却退了炮,被对方长驱直入,先输一盘。输棋后,我有点急躁,导致围棋局面颠来倒去,把该胜的两盘都输了。最后,以中国象棋胜4负1、围棋1胜2负、国际象棋2胜的成绩,结束了这场比赛。

和我一样,围棋"棋圣"聂卫平也爱"串门":打牌、国际象棋等无所不能。我们两位,都喜欢逍遥自在地隐于江湖……除此以外,我和聂卫平都是逍遥自在的"江湖散仙"——喝酒的癖好也是不尽相同。两个人在一起,也真叫投缘。

林语堂在谈到中国的酒时,曾说过这样一句话:"好饮之人所重者,不过情趣而已。"我和聂卫平所重的,正是情趣。正因为酒中注入了情,酒才变得十分可爱。我和聂卫平投缘,有机会便会在一起推杯把盏。然后,是煮酒论英雄。

我和聂卫平的交情很好,有机会便在一起推杯把盏。我们俩还都喜欢"串门",经常到别人的领地上去"征战"一番,而且战绩都还可以。聂卫平的"串门"很有特点,象棋、国际象棋都自诩不错,对"四国大战"之类的游戏棋据说也很擅长;在打牌方面,聂卫平参加正规的桥牌比赛,成绩一直都不差。当年应氏杯失利,有传闻说是打桥牌比赛所误,后来去下韩国赞助的友情杯,他又是因为赶桥牌比赛,匆匆输给了"冤家"芮乃伟,据说聂卫平后来遭到同事罗建文等人严厉的批评。对聂卫平来说,或许是"阳春白雪"玩多了,他对那些民间牌戏的接触就少了。

我和聂卫平对抗过"中怪路子"——那是和"大怪路子"规则近似,是四个人分两队用两副牌比赛的游戏。聂卫平"中怪路子"的水平还可以,不过和大怪路子相比,还是要差很多!但是真要在牌上较量,聂卫平有桥牌冠军大师护身,自然不会掉价。当然,我们俩的"主战场"还是在棋上,既然彼此都能触类旁通,有时难免会针锋相对。20世纪80年代初,两人就较过劲。当时下围棋,聂卫平在一帮队员的"哄"托下让我八个子居然还赢了。但是真正"血战江湖"的,还是三次的"多棋赛"。

第一次在1990年1月20日至24日在北京兆龙饭店举行的"三棋全能赛",共有六位棋界名人应邀参赛,其中自然少不了我和聂卫平。1月21日下午1时,两人还特地赶到北京工人俱乐部大舞台当众交锋。结果我赢了象棋,聂卫平赢了围棋,在国际象棋上下和,平分秋色。

2001年4月28日,"三棋全能赛"的11年后,在上海聂卫平围棋桥牌俱乐部有限公司揭牌成立仪式上,我和聂卫平再度联袂上演了一场双棋对抗赛。这次比赛，我俩舍去了国际象棋。围棋比赛，聂卫平让我两子，并贴20分钟。象棋比赛，我让聂卫平一马加两先，时间上我让一半——用时少15分钟。结果，40多回合后，我拿下象棋比赛。围棋比赛，仅以一目惜败，差一点创造"历史纪录"。2005年，在一家网站的撮合下，我和聂卫平在北京再演"双雄会"。这次的规则和4年前基本一样，结果也差不多，我轻松赢了象棋，聂卫平在围棋比赛中胜得也不费力。这场比赛，网上观者很多，好评如潮。

前面说过，我正儿八经学过81天的围棋，还差一点弃象从围。而正是因为这一段特殊的经历，才有了后来我与陈祖德、聂卫平的围棋象棋大战，以及三棋春秋论战。

1987年，聂卫平来上海参加《新民晚报》和《围棋》杂志社联合主办的"天元赛"挑战赛。作为东道主，我在国际饭店12楼请他吃饭。当我走进国际饭店的一瞬间，我忽然就想起了大新公司，想起了何顺安老师，想起了何顺安和杨官璘的十局赛。一晃，已过去了这么多年。当年上海最高的国际饭店，今天已经是小弟弟中的小弟弟，真是物是人非。我生发了洞中一日、人间千年的感慨。饭厅在12楼，在座的有陈祖德，还有上海棋界和新闻界的两位朋友。聂卫平大口喝着啤酒，谈着中日围棋擂台赛。我热情地传菜于聂卫平的盘中。棋手在一起，自然离不开棋。一位棋手问聂卫平："你和胡荣华下围棋，可以让几个子？"

聂卫平看了看我，微笑着说，"多不能让，大概4到5个子吧"。

我立即反驳："绝对让不了4子，2个子差不多。"

因为是老朋友，又因为多喝了点，聂卫平就开始天马行空："你忘了1980年那次，我让你到11个子……"

聂卫平竟然让过我11个子！ 在座的都大吃一惊！ 此时的我，也成了醉翁。我的醉翁之意不在酒，在于棋。我说那次比赛太不公平！下棋时围棋队员在一旁起哄，当我走了一步好棋时，围棋队员却说是"臭棋"，明明走了步臭棋他们却说是"好棋"；加上输一盘就跳让2个子，这样，才有了让

11个子的出典。我的解释引来了大家的一阵笑声。

聂卫平坦承那一次胜之不武，但强调说让4个子应该没有问题。我继续喝酒，不置可否。一边有好事者插叙："胡荣华和老聂下象棋，估计可让两个马吧！"我借着酒意说让两个马或者马三先都可以。

聂卫平怎么会买账呢！聂卫平说让马三先我不懂其中奥妙，要吃亏。可是两个马你肯定让不了。我把所有兵马守在自己阵地上，来一个兑一个，你怎么让？

既然彼此都不买账，作为棋手，只能是在枰上一见高低。于是，有人提出两人来一次三棋全能赛。陈祖德听后，表示赞同。不过，陈祖德说仅仅是两个人的对抗不热闹。干脆，就举办一个全国范围的三棋比赛。陈祖德还表示他愿意做发起人，促成这一赛事。在座的当然都赞成。聂卫平还建议把桥牌列入全能比赛项目。可桥牌是两人配合的比赛项目，对象不同，很难计算胜负，所以当时就被"否决"了。

棋圣棋王酒后"论战"的新闻，被记者透露出去，分别在贵州、广州、上海的几家报纸上披露。《羊城晚报》用"假如胡荣华向聂卫平挑战？"为题作了报道，引起了棋界的关注。

比赛后来是在北京举行，而且是在三年之后。既然全能赛是在上海提出，那么为什么不在上海举行？原来，上海的有关方面曾经研究了多次，发现困难颇多：如果先进行选拔，然后每项棋产生2至6人比赛，经费支出浩大，筹集的难度相当高；比赛规程怎么定？胡荣华碰到聂卫平彼此是让子还是平下？如果让，让多少？积分该如何计算？既然是全国性大赛，在海内外有极大影响的棋手也希望参加，该怎么处理……于是，三棋赛就这样拖了下来。

1989年，在重庆举行全国象棋个人赛期间，北京棋院的负责人王品璋表示，愿意承办三棋赛。北京西城区华远建设开发公司表示乐意赞助经费，北京兆龙饭店也愿意以优惠条件接待棋手。北京棋院先确定了参赛对象杨官璘、胡荣华、陈祖德、聂卫平、刘文哲、简怀穗等六人。这六位都是蜚声海内外棋坛的高手。除了大家熟悉的陈祖德、聂卫平、我之外，简怀穗在1964年曾获全国国际象棋冠军，广东象棋甲组棋手，1971年担任香港围棋社社长。刘文哲是国际象棋特级大师，1962年曾获得全国象棋赛第6名。于是，这场酝酿三年的全能大赛，终将在北京举行。确定参赛的选手中，唯一有变化的是广东杨官璘。这位在20世纪50年代蜚声棋坛的象棋高手，考虑到自己"封刀"多年，回信婉谢。于是，又请了曾在象棋"棋圣战"和"棋王战"中夺魁的李来群代替。经过近一个月的紧锣密鼓的筹备，三棋赛万事俱备。

1990年1月20日，三棋赛在北京兆龙饭店揭开战幕，并且定名为"华远杯"三棋全能超级大赛。华远建设开发公司总经理任志强赠诗一首，以志庆贺：

三棋乃众弈之首，六君称群雄之冠。

同庆创联赛之先，合竞博全能之王。

企业家任志强是一个文化人，也是一个象棋迷。他很有投资意识，也看到了三棋全能赛的广告效应，于是敢为人先地进行了投资。今天的任志强，已经是耳熟能详的公众人物。

为了迎接这次比赛，我和聂卫平在赛前都作了充分准备。我在广州和上海找了好几位围棋高手练兵；聂卫平特地到承德国际象棋集训基地找棋手下国际象棋。

1月21日下午1时，我和聂卫平两人赶到北京工人俱乐部大舞台当众交锋。比赛前，我特地在兆龙饭店理了一次发。兆龙饭店的收费也太贵了，收费高达21元。21元，是我平时在上海市体委大楼理发费的15倍！出场时聂卫平还是头发披在额上，穿着一套浅色西服，配上红色的领带。

比赛前聂卫平和我握手时，笑嘻嘻地说："希望你今天也摸错子。"我听了先是一愣，继而一笑："但愿不会。"聂卫平当然是在开玩笑。可我在那一段时间，确实是屡走漏着。在第十届"五羊杯"冠军赛中，因为摸错子，我竟被柳大华炮打"闷宫"。遥想当年，我蒙目1对14也未发生过这样的低级错误。在这一次三棋全能赛的第一轮中,我与全国国际象棋冠军简怀穗斗国际象棋时,已经占优的我因为摸错子,被简怀穗反败为胜。聂卫平既是在开玩笑,也是善意提醒。

经过抽签,我在国际象棋和围棋上先走,象棋是聂卫平先走。对我来说,这是一个"上上签";对聂卫平而言,就是"下下签"了。聂卫平转过头去对几位北京棋友说:"这个签我抽亏了,象棋我先走有什么用?"

我也笑着回敬了一句:"围棋我先走更没用,以后还得贴子给你。"我们两人闭口不谈国际象棋,我们俩都知道,谁胜了国际象棋,谁就是赢家。

比赛开始后,聂卫平笃悠悠坐在了椅子上。比聂卫平大7岁的我却是站在那里,然后噼噼啪啪地按起了那三个比赛的时钟。聂卫平在以逸待劳,我想要先声夺人。

同时下三盘棋,除了拼脑力,还要拼体力。与其他选手相比,当众交锋的消耗战,付出的体能更大。我和聂卫平都透支了体力。我和聂卫平是英雄所见略同,分别在自己的专项棋——象棋和围棋上虚晃一枪,而在国际象棋上是真刀真枪。

我还是轻视了对手,没有估计到聂卫平赛前在国际象棋上的几次突击练兵。开局不久,聂卫平利用兑兵机会,抢先一步王车易位,然后小兵冲抢要道。我感到了形势不妙,大吃一惊,但还是喜怒不形于色。我在象棋上故意露出破绽,让聂卫平感到有机可乘,从而达到转移聂卫平在国际象棋注意力上的目的。我的想法很快被聂卫平察觉,他在围棋上分秒必争——我落子,他就随手落子;在象棋上他是全面防御,不轻易进攻,一有机会就和我兑棋;国际象棋上,他则是用8个小兵全面进攻。

赛前,舆论都认为我三棋的平均水平比聂卫平高。没想到,我在国际象棋上竟然占不到聂卫平的便宜。45分钟后,国际象棋上风云突变。开局一直顺利的聂卫平突然发现,自己的几个兵虽然冲了过去,可后续人马却没有及时跟上,犯了兵家大忌——孤军深入。正当聂卫平苦想对策之际,我已经果断弃马,然后用车马兵奇袭聂卫平的王座,迫使聂卫平的王移位,从自己的王位上逃到我的王座处"避难"。聂卫平不得不把在围棋上的注意力移位于国际象棋。趁此机会，我在围棋上捞到不少实惠。

我见对方的王已离座，周围又没有什么"保镖"，便认为已稳操胜券。就在这千钧一发之时，我走了一步随手棋。因为这一步随手，我不仅没有活擒对方的主帅，反而是赔了夫人又折兵——让聂卫平的"王"在"流亡"中掠去我的小兵，形成王3兵对王4兵的残局。

我连连摇头，不停地说"臭！臭！"聂卫平看到危机已过，回到了椅子上，然后点燃了香烟。

象棋上，聂卫平采取兑子战术时，不是丢兵就是丢相。经过几次兑子，双方是双车炮对双车马。聂卫平仕相残缺，并且少兵。审时度势后，聂卫平放弃了抵抗。在国际象棋上，我少一兵，但时间宽裕，聂卫平多兵但时间十分紧张。聂卫平毅然用兵直冲我方底线，我经过细算也不顾一切地如法炮制。当双方小兵到达对方底线升后时，两个后在棋枰上立即交换。紧接着，两人留下的最后一枚小兵，又以百米赛跑的速度再次向对方底线冲去。聂卫平的兵先变后，实力大增。只要一步，仅仅只要一步，就可将死我的白王，拿下三棋的胜利。危难之时，我的白兵单骑救主，冲到底线升后连带叫将，迫使聂卫平的王躲避。如是这般，我的白王得到了一次转衡的和局。

国际象棋风波平息后，围棋也很快鸣金收兵。我利用国际象棋作掩护，在围棋上占了一些便宜。可是聂卫平毕竟围高一筹，最后点目，聂卫平白子184子，加上我贴2又3/4子，聂卫平终以净胜6又1/4子结束。我对此相当满意："输得不多！"苦战了4小时后，我和聂卫平的三棋全能赛以1胜1和1负打成平手。

第二天晚餐时，聂卫平诚心诚意地对我说："看来我让你4子是让不动的。"我以笑应答："我让你双马也是不可能的。"

当众交锋是要付出代价的。由于当众交锋的消耗战，透支了体力，影响了我和聂卫平两人后来水平的正常发挥。结果，我只得了第三，聂卫平屈居第二，冠军被简怀穗拿走。

简怀穗也不是等闲之辈。多年来，简怀穗不遗余力地推广围棋。在香港，尽管华人是主体，但下围棋者并不多。原因之一是缺少一个下围棋的公共场所。1982年，简怀穗租了一个单元房，创办了香港围棋社。简怀穗既是教练，又管一切杂务。香港的围棋能走到今天，也是简怀穗十多年惨淡经营的结果。

三十六、客串了一回电台主持人

1988年1月举行的第八届"五羊杯"中国象棋冠军赛，又一次在广州市掀起了一股象棋热潮。每晚的比赛，到场的观战者动辄上万。正是在这样的情况下，在我获得第八届"五羊杯"象棋冠军后，广东珠江经济广播电台的主持人麦穗岐拜访了我，请我在1月17日到电台主持每周一次的《名人热线》节目。

广东珠江经济广播电台虽然冠上"经济"两字，但是它每天播出的内容却是包罗万象，五花八门，经济只是其中的一小部分。珠江经济广播电台是广东改革开放的产物之一，虽然建台只有两年多，但却以其轻松的风格、独特的栏目和与听众的直接交流而成为广东省收听率最高的电台。电台星期天中午11时至12时"黄金时间"播出的《名人热线》节目，是深受听众喜爱的栏目，是珠江经济广播电台的"王牌"专题。

1月17日上午，也就是第八届"五羊杯"赛结束后的次日，我按约定时间到达电台。11时至12时，我坐在播音室中，面对四面八方打来的电话，回答听众提出的每一个问题。

《名人热线》节目除去头尾广告、中间新闻，所剩时间仅为半小时多。因为先后有十多名观众打电话向我请教下棋秘诀，问询家庭情况、爱好，甚至问到下棋对家庭的影响，怎么教育孩子等无所不及的问题。为此，我都一一作了回答。棋迷们的殷殷之情，令主持人不得不限制通话时间。最后时间到了，主持人还得为满足一个长途电话而延长时间。《名人热线》节目是公开的。有两架直接接在播音室中的电话，任何人只需拨通电话，就可以和节目主持人通话交谈。

播音室是一间宽敞隔音的房间。中央摆着一个U字形的工作台,两个长臂话筒,对着工作台的正面。听众电话打来,工作台上的指示灯就会亮起白灯。主持人请我坐在工作台正中,然后让我戴上一副硕大的耳机,交代了注意事项,提醒我一定要面对话筒,在回答听众的提问时,像和老朋友聊家常一样,我笑着点了头。开播伊始,指示灯就亮起,主持人在用粤语和对方寒暄几句后,请对方尽可能用普通话和我交谈。我告诉主持人我听得懂广东话,主持人非常高兴:"太好了,真是太好了。"

前面两个电话,都是来自海南。一位叫阿维,另一位叫麦新泉。两位首先是祝贺我获得冠军,阿维问我在16日晚上"五羊杯"象棋赛发奖会上和观众下12盘车轮大战的战绩。我告诉他们前后共下了2个小时,战绩是11胜1和。麦新泉请教我怎样才能提高棋艺？我告诉他首先要热爱象棋,要练基本功,平时应该多找水平高的人下棋,坚持下去,棋艺自然会提高。一位在广州军区工作的女同志说全家都喜欢下棋。她问我平时是否和妻子下棋,妻子有什么爱好,有几个孩子,他们是否也喜欢下象棋。我告诉对方,妻子不会下棋,妻子喜欢唱越剧和跳舞。我有一个女儿,会下象棋,但是对象棋的兴趣不是很浓,好像不是棋手的材料。我的回答,引起了对方的一阵笑声。她说一位邻居正在她身旁,很想和我交谈几句,是否同意？我当然欢迎。她邻居问我是否做家务？这问题让我有一些尴尬,但我还是痛痛快快和盘托出:我告诉她上海男人都很会做家务,我平时也会做一些家务,但做得不好。妻子也不让我做,家务基本上都是妻子做的。再加上现在外出比赛的时候不少,在上海也是早出晚归,而且,每个星期还有两晚值班不回家。所以说,平时在家务劳动上绝少贡献,表现不佳。星期天倒是想将功补过,但很不称职。因此,家务主要靠妻子一手包揽。妻子虽说不会下棋,但正因为她坐镇后方,自己才能安心上阵。说到这里,我又补充了一句:如果没有妻子对家庭的付出,我也无法全身心地研究棋艺。

我的这一番话,赢来了收音机旁很多女同志的掌声和赞美。掌声之后,是一位姓俞的棋迷电话,他问我:"五羊杯"象棋冠军赛能否称作全国最高水平的比赛? 我回答俞先生:如果从全国冠军才能参加比赛这个角度说,"五羊杯"象棋赛,应该称得上是全国最高水平的比赛。但是又不能统称为"最高水平",因为黑龙江赵国荣、浙江于幼华、辽宁卜凤波以及江苏徐天红等年轻棋手,都已经具有了全国的一流水平。

俞先生电话刚放下,电话中就响起了一声"胡大哥!"这是一位叫张景贤的大嗓子棋迷。他说因为能和我直接对话,因此非常激动。他问我"海底捞月"怎么下? 尽管"海底捞月"是一个简单的残局定式,可我还是耐心地告诉对方:"海底捞月"棋局的制胜关键是车必须抢占中路。车炮方如车占得中路就胜,反之,被对方车占中路就和。张景贤听了之后说,现在清楚了。这个时候,张景贤也许感到叫我为"大哥"不妥,改口称我为"胡大师"。他又问我平时怎么训练。我告诉张景贤,除比赛外,我平时很少下棋,多数时间是在看棋谱和实战对局资料。如果说比赛时下一局棋是2小时,平时研究棋谱资料的时间至少在20小时以上。

张景贤退出去后,一位陈先生的电话打了进来,问了两个问题:"在重大比赛的前夕,是怎么备战的? 下蒙目棋的最高纪录是多少?"我回答的第一个问题,出乎他的意外。我回答说:"睡觉! 看闲书。"陈先生听了之后,是大吃一惊! 不仅仅是陈先生一人,坐在收音机旁的听众们也都是大吃一惊! 他们都认为不可思议。我告诉大家我说的是实话:每次重大比赛的前几天,我都是闷头睡大觉,以便养精蓄锐。比赛当天,基本上是在看闲书,这也许是我纵横楚汉30年的"秘诀"。我还告诉陈先生,我下蒙目棋的最高纪录是14盘,不过,随着年龄的上去了,下蒙目棋的盘数在减少。如果是车轮大战,30盘没有问题。

说起看书,我想起来一件事:在这一次"五羊杯"象棋赛的白天鹅酒宴上,《象棋报》顾问、1988年2月刚当选为中国作家协会广东分会主席的老作家陈残云和我同席。席上,有人说起陈残云的长篇小说《香飘四季》,我说我看过这小说。陈残云看着我,有点惊讶! 我对陈残云说:"你作品中描写主人公下象棋首着挺了九路兵,这种开局法是有的,它已经在开局中自成一路。"听我这样一说,陈残云是非常高兴,因为,他实在没有料到,我不仅看了他的这部长篇小说,而且,还看得这么仔细。陈残云说有读者看了长篇小说《香飘四季》,说到书中的主要人物下棋时,开局第一着挺进九路兵后,说陈残云不懂棋。

我对陈残云说:"你很会下棋!"听了我这一句话后,陈残云是更加高兴。小说《香飘四季》的重点,不是写棋,而是通过写棋,去表现人物性格,表现一个沉着并善于思考,敢于创新、敢于向前闯的典型人物。书中的主人公下棋第一步挺九路兵,绝不是信手拈来。挺边兵的开局,有一个别致的名称叫"九尾龟"。陈残云在把这冷僻的开局写入小说之前,一定是做过一番研究的。

在一次友谊赛上,我后走碰到过对手的"九尾龟"。因为是第一次在比赛中碰到这一种含而不露、锋芒内敛的慢性开局,没有重视,我差一点为之翻船。1973年11月底,上海象棋集训队在江苏省象棋队的戴荣光的陪同下,到扬州、泰州、镇江等地巡回表演。12月4日抵达镇江后的当晚,与镇江棋手进行了一场五对五友谊赛。其时,艺苑沉寂,百花凋零,群众的文化生活十分贫乏,象棋友谊赛也是难得。又可能大家认为我是传奇人物,都想一睹为快,于是门票在比赛三天前就被争购一空。

这场比赛是镇江棋手童本俊、孙夕冲、杨毅、张少俊、阮宝林,分别对胡荣华、徐天利、朱永康、陈奇、戴荣光。也许是为了答谢东道主的盛情款待,当晚,上海队的徐天利、朱永康、陈奇和江苏队的戴荣光都刀下留情,很快就和对方握手言和。场上,只有第一台的我和镇江棋手童本俊尚在酣战中。童本俊比我小一岁,初中毕业后曾一度在市文化馆管理棋室,也因此受到熏陶。后来,又得到镇江名手的指点,棋艺进步很快,作为一名业余棋手,在廿几年的棋艺生涯中是战功赫赫:15岁获得市少年冠军,同年获市等级赛甲级组第一名,1968年获江苏省少年冠军,连续两次获江苏省成人亚军,还战胜过刘忆慈、惠颂祥、童玉麟等国内名将。童本俊的棋风泼辣,喜爱悬崖搏斗。

"九尾龟"开局源出于棋谱《游戏大全》,共有42局百余种变化,童本俊从中又有了创新和发展,曾使许多名手马失前蹄。这一天,面对童本俊的第一步"兵九进一",我没太当一回事。一开始,我是落子飞快。谁料走着走着,开局没几步,对方的七路兵已登堂入室,进入我的九官。这时的我,感到了情况不妙,开始长考。有一着棋,我竟长考了47分钟。在非常不利的形势下,我运用躲闪腾挪之术,最后是勉强赢了。回到住处后,我立即与队友们秉烛解拆。

让我们再回到电台。陈先生告辞后,一位姓马的听众上来也是问了两个问题:"下棋很辛苦,要用脑力。平时喜欢吃什么? 比赛时喜欢采用哪种开局?"我对马先生说:平时吃东西没什么特别,但喜欢吃牛肉。谈到开局,作为一名高水平棋手,不会仅停留在一种或几种开局上,对任何开局都要谙熟。同时,任何开局都不能简单地说成进攻型或防守型的开局,只有双方进入中局,才有这种区分。高手之间下棋,获胜的奥秘主要是要制造或等待对方失误,从而制胜对方。

有位叫朱贵宝的听众问我家的住房有多大? 家里有没有棋室? 工资有二三百元吗? 我非常坦率地告诉对方,住房面积不大,现在是两室没有厅。不久要搬到两室一厅的新房,面积比现在大一些。家中没有棋室。我正想回答工资多少,一旁的主持人笑着插话:"请问朱先生,打听胡大师的工资,是否想要胡大师请客喝早茶?"电话那边传来了一阵欢笑声。

这时,一位王先生的电话插进来了:"国外有名望的棋类大师,奖金收入都很高。胡大师获得冠军后拿了多少奖金? 是否赞成国家也实行高奖金?"我告诉王先生,国外运动员和国内不同,国外全凭自己奋斗,而我们是靠国家培养,两者不能相提并论。就我个人的经历来看,国家培养更容易成功。由于国情不同,奖金也不可能相同。目前我国运动员的奖金已经比前几年高多了,随着国家经济的发展,相信奖金也会逐步提高。

很快,一个小时就要到了。11点52分,一位姓吴的听众打来了电话,电话中提了三个问题。吴先生问我有没有收徒弟;什么样人才有资格当我的徒弟；又问我在棋坛还想再"霸"多少年？我笑着告诉吴先生，我有两个学生，一位已经拿了两次全国女子冠军；一位去年第一次参加全国男子个人赛，在50名棋手中居第25位，希望这位学生能在两年后进入前12名。至于谁能做我的学生，我认为首要的条件是必须热爱象棋，对象棋有感情。至于我在棋坛还准备"霸"多少年问题，我恳切告诉吴先生我现在就想退出比赛，以便有更多的时间培养年轻人和撰写棋谱，但是作为一名棋手要服从组织安排，同时要时刻想到整个象棋事业。现在参加比赛，目的就是希望能有更多的人来打败我，超过我，把象棋推到一个新的高度。

也许是因为我的肺腑之言，深深打动了听众，一时是寂静无声！大约过了30秒钟，电话中才传出轻轻的声音："胡大师，谢谢您！"节目主持人也被感染了，她也轻轻地说了声谢谢！然后转过头请我向广大听众说一句广东话。我习惯地把头偏了一下，用一句地地道道的广东话说很感谢广大听众朋友和新闻界朋友对象棋事业的支持。

事后，主持人麦穗岐说原本担心听众打电话的人数，结果那天，在我主持的一小时节目中，电话是络绎不绝。有一位棋迷甚至在节目后赶到我的住地"诉苦"，说他那天整个上午都往电台拨电话，可始终是忙音。宾馆服务员看到我后也连连称赞："胡老师，你讲得太好啦！"

三十七、棋手们和棋牌的不解之缘

棋手似乎都爱打牌

我们说棋牌不分家。棋手爱牌历来有之,如果要说上网的频繁度,国际象棋棋手上网为最,打牌也成为他们的放松手段。围棋国手中,麻将的影响一直延续到"小龙"一代。从古力、胡耀宇他们开始,整体上比较用功,但偶尔也打牌放松。古力在围棋比赛前和赛后,会上网玩玩简单的牌戏。有时也和教练或者家人在一起打打桥牌,但只是放松。

象棋界的"东北虎"赵国荣、河北老帅刘殿中都是麻将高手。同时他们也擅长一些北方地区流行的牌戏。但北方的这些牌戏与南方棋手似乎难以"交流"。广东棋手喜欢"锄大地",这也颇有地方特色,相对北方的那些牌戏而言,"锄大地"的流行区域也稍微广些。但是我不太喜欢北方的和广东的玩法。因为这种牌的打法人情味太浓!

我成名较早,尽管我求知若渴,对很多艺术种类都甚为好奇,因为职业特点和人生经历,我的兴趣爱好经过自我压缩后,主要还是集中于棋牌。我垄断春秋后,事业通达,独孤求败。反而对国际象棋、围棋的兴趣与日俱增。国际象棋有亦师亦友的徐天利开先河,围棋有年长我一岁的陈祖德以及曹志林等朋友。大家成天都在棋院,除了象棋就是围棋,除了围棋就是国象。转来转去,还是离不开一个棋字。有道是一方水土养一方人。我从小生长在上海老城区的石库门里,虽然棋是我的最爱,但弄堂游戏还是时刻地在影响着我的生活。像上海许多老棋手一样,我不但会打牌,也会打麻将。我打麻将比较讲究战术技巧。不过我的麻将圈子比较窄：主要是棋界朋友和熟悉的媒体人士。上海流行的麻将玩法是"靠麻"。"靠麻"的打法是只能碰不能吃。当你听牌后，要立一张牌起来，有和必和。不和就过期作废——成为废品。"靠麻"的玩法，就是尽量扬弃人情牌，向公平公开公正靠拢。

当然，棋手中也有不提倡甚至反对打牌者。比如，围棋一代宗师吴清源就曾经劝聂卫平"不搏二兔"。不过，吴清源反对的只是聂卫平在桥牌上的用情太专，并不是反对把打牌作为一种放松的手段。

2001年，"斗地主"在上海开始流行。在"斗地主"之前，上海的牌桌上，流行的是三打三的"大怪路子"。虽然"斗地主"比起"大怪路子"来少了三个人，技术含量又相对简单，但由于有不固定的配合和选择，打起来还是比较热闹。在上海象棋队的牌桌上，也以"斗地主"为最流行。

棋手们都知道，我下棋时的表情特别丰富，有时也成为影响对手的武器之一。我在打牌的时候，脸部动作确实也不少：看牌时神情严肃，骗招时眯眼冷笑，拿差牌时不声不响，拿好牌时眼睛瞪得老大，侥幸赢牌时放声"哈哈"，失利时会把手里的牌砸向牌堆，然后是又抓又挠着零乱的头发。因为都是高手，每盘打完必复盘。因此，复盘争起来时我总是不依不饶。因为牌桌上无大小，打完牌后，我的门生和部下也会和我真刀对实枪的论战。其实这种争执，是娱乐，也是放松。

话说2007年，上海棋界是双喜临门：我挂帅的上海金外滩象棋队在华亭宾馆捧起2007象甲冠军奖杯；常昊领军的中国移动上海围棋队又在金牌主场新苑宾馆力克北京新兴队，登顶2007围甲联赛之巅。有媒体采访时问我："胡老师，在夺冠关键轮次的前夜，你做了什么战术安排？"我说没做什么战术安排，就是要大家正常下。

夺冠前夜最重要的是什么？是平常心！几十年的经验告诉我，领队教练最正常的思想工作，就是要让队员们开心。有些运动队喜欢赛前开动员会，领导对队员们说你们好好下，不要紧张！这样一来，本来不紧张的也被说紧张了！不开会时，队员还有说有笑，开完会眼睛都白了起来……我认为大赛前教练的最好的做法就是"此时无声胜有声"。

在2007年象甲激战正酣之际,我突然就想起了1960年全国个人赛的前夜。那一天,不想临时抱佛脚的我还在读小说。我喜欢看小说,小说有助于我赛前的放松。

上海象棋队热衷"斗地主",赛前也是照打不误。外人看到他们似乎松散。其实这似乎松散的牌局,还是有很多限制,在时间上是严格控制:基本上是我招手即来、挥手即去。我的想法是正确的用功应该是在平时的训练中。与其大赛当头临时抱佛脚,还不如临阵放松。当然赛前放松的方法有很多,都应该是因地制宜因人而异的。方法是很重要的,爱因斯坦也说成功是勤奋加上正确的方法。

上海队两次拿联赛冠军的前夜,都斗了地主。南京西路闹中取静的上海棋院,透过窗户偶尔会瞥见这样的画面:一群人围着一张小桌,因为"斗地主",棋手们和棋院院长的我没大没小。

平时陪我打牌的,主要是棋院的几位行政人员和几位没有比赛任务的资深棋手。对孙勇征、谢靖等几位年轻棋手来说,训练是最重要的。尽管谢靖是公认的算牌好手,但是他很有自知之明。一次,在训练累了之后,谢靖也来到牌桌边观战。但是,他只敢站在我的身后。其时,我打错了一张牌,观战的谢靖一时忘情,尖着嗓子跟着起哄。其实,谢靖高大的身影来到时,我已经有所察觉,只是不置可否。听到了谢靖的声音后,我回过头去斜了他一眼。谢靖知道我的意思,舌头一伸,离开了牌桌回到了棋桌。

有媒体报道说:"因为'斗地主',不想退休的我在棋院里待得有滋有味;因为'斗地主',60多岁的我出差时宁愿不坐飞机,带着全队男女老少一起挤火车,打夜牌;因为'斗地主',我钻研了前人后代的经验成果,统一'斗地主'比赛规则;纵是晚辈、下属,只要跟我谈论起'斗地主'来,那一律都成了澡堂子里的拖鞋——没大没小。"

我看了报道后,笑了一笑。其实,"斗地主"和下棋是没办法比的,从技术上讲,完全是不搭界的事,但打牌的心态对下棋还是有所借鉴。打牌纯粹是一种放松的手段,偶然性很大,运气成分居多。打牌时要求牌手胆大心细,敢搏输赢。但如果牌势危险,也不能轻易冒险。

"斗地主"也给我带来一些负面新闻。有一段时间,上海队几位年轻棋手状态不佳,中国棋院象棋部主任刘晓放见状,放心不下,遇到熟悉的上海人总要唠叨几句:"见到胡司令提醒提醒,少让孩子们打牌,他自己也最好少打一点。"不知就里的刘晓放虽然是出于关心,但是却有点冤枉我了。我打牌看似痴迷,其实是"一张又一弛,玩物不丧志"。

2004年2月20日,上海市体育局在莘庄训练基地举行"胡荣华先进事迹表彰会"时,我为"斗地主"公开正名:"技术的东西很难临时抱佛脚,对于年轻队员来说,比赛前的心态调节才是最重要的。所以我们有时斗斗地主,只是为了调节心理。"

自改革开放后,上海举办了许多种类的扑克牌比赛。其中,有"阳春白雪"的市民桥牌赛,也有"下里巴人"的"大怪路子""斗地主"等等。"下里巴人"的牌局,渐渐成为上海全民健身热潮中的"脑力运动风景线"。

没有规矩,不成方圆,当年上海要举办一些扑克比赛,报名者众多,可是,在规则细则的确定上,也是众说纷纭。比赛需要有比赛规则,参加的人多了,需要规则详尽、规范、权威。既然扑克是民间游戏,因为地域、群体还有时间衍变,自然造成规则尤其是细则上的五花八门,大概没人认真研究过。因为"斗地主",我钻研前人后代的经验成果,统一了"斗地主"的比赛规则。上海市桥牌协会组织的几次民间比赛,比赛规则都是我制订的。在经过深思熟虑后的某一个晚上,我有感而发脱口而出,说出了斗地主的游戏规则,后来杨柏伟特地和我做了一次访谈,记下了我的口述。

本来,这"斗地主"的比赛规则,是请曹志林来统一的。但曹志林想和浸在其中、乐此不疲的我相比,他自己很少打牌。曹志林说你胡司令名闻天下,三教九流接触得多,自然见解高超。曹志林所言好像有点道理,我制订的规则比较详尽全面,很少出现争执。

1. 1979年12月,胡荣华(左二)在上海迎战香港联队
2. 1981年,胡荣华(左一)在深圳与香港金钢钻队总领队陈允亨手谈
3. 1983年11月,全国象棋个人赛期间,胡荣华(右二)、与杨官璘(左一)、柳大华(左二)、李来群合影

1. 1993年7月,胡荣华(右)和吕钦在广州第一届嘉宝杯对抗赛上

2. 1993年9月,在四川泸州第四届全国象棋棋王赛期间,胡荣华(右)与徐天红交流

3. 1993年,参加第14届五羊杯冠军赛(自左至右为徐天红、吕钦、胡荣华、许银川、李来群、赵国荣、柳大华)

1. 1993年,胡荣华(前排右三)参加华山杯特级大师邀请赛
2. 1993年,胡荣华在北京第三届世界象棋锦标赛上(左起韩宽、李来群、胡荣华、陈祖德、董齐亮、柳大华)
3. 1994年,上海象棋队合影(自左至右为林宏敏、胡荣华、徐天利、万春林)

1. 1997年，胡荣华（右）与国际象棋世界冠军卡尔波夫在上海合影
2. 1999年，在上海"广洋杯"第六届世界象棋锦标赛上，胡荣华讲解大赛选局
3. 1998年，在太原市举行的"五粮醇杯"象棋国手超霸赛期间，胡荣华和来宾作三项棋车轮大战

1. 1987年，胡荣华与欧洲棋手车轮大战国际象棋
2. 1994年，胡荣华(右)和丁旭光下指导棋
3. 1990年1月，胡荣华(左)和聂卫平在三棋大赛上对弈

1. 2008年首届"九城置业杯"全国象棋超霸赛上,胡荣华(右二)与冠亚军蒋川、孙勇征复盘研讨

2. 2008年,胡荣华(左)、谢军(中)、聂卫平(右)在第一届世界智力运动会上

3. 2007年12月,"七斗星杯"全国象棋甲级联赛上,胡荣华(左)为许银川颁奖

1
2

1. 2004年12月,胡荣华(中)和徐天利(右)、单霞丽(左)在全国象棋甲级联赛上
2. 2010年,在洪南丽(左四)《我们记录历史》摄影展上,右三为胡荣华

| 1 |
| 2 |
| 3 |

1. 2018年，胡荣华与东方电视台"今晚"栏目主持人张颖
2. 2018年8月，胡荣华（右）在上海书展上与《新民晚报》米舒交流
3. 2018年，胡荣华（中）与篆刻家李企高（右）、徐兵（左）

第六章
走出国门传播棋艺

三十八、蒙目棋轰动东南亚

中越两国的第一次棋艺交流

我们年轻时经历的那一段特殊的岁月,因为改革开放带来的繁荣和稳定,已经永远成为了历史,现在的年轻人可能很难再有这样的切身体会了。

1966年我第一次出国,去的是战火纷飞的越南。按照当时国内的因公出国标准,去西方国家有110元服装费,这个服装费是发到手上的,可以买衬衫等物品,而出国需要的西服可以从体委仓库里借。但因为我们是去越南,没有穿西服,规定是穿中山装,每人发80元服装费,但体委仓库里是没有中山装的,只能去定制一套。80元的服装费,按当时的市价,只能做一套卡其布面料的服装。此外,出国后还给每人发相当于30元人民币的越南盾。这相当于30元人民币的越南盾,是我们手头仅有的外币。而当时越南的市场上非常萧条,也没什么商品。最后也只是在友谊商店买了条浴巾和一条廉价香烟,而且还都是上海产的。更需要说明的是,因为是战争时期,那一次出国访问越南,和游山玩水是一点不沾边的,象棋交流是属于"援越抗美"。去之前,上级还让我火线入党。现在回想起来,就像是去前线参加战斗,随时都要准备牺牲。

1966年1月20日至2月1日,我作为中国象棋队的一员,赴越南民主共和国进行友好访问。领队是于汉文同志,同队的还有四届全国冠军杨官璘和1964年全国亚军蔡福如。这是中国象棋队第一次出国访问,我们先后访问了河内、海防、南定三个城市,受到了越南人民和有关方面的热烈欢迎。越南人民军副总参谋长黄文泰和夫人、越南劳动党几位中央委员分别接见了我们,并观看了中越象棋队的比赛。

访问期间,正是越南全国上下合力同心抗美之际。越南体委对我们的接待是非常热情友好,因为怕美国的飞机轰炸,很多国家当时不敢去越南访问。正因为此,中国象棋队的访问越南,意义就显得非同一般。越南同志们说:这不是一般的交流棋艺,这是中国共产党和毛主席、中国政府、中国人民对越南的关怀和支持。

中国象棋队于1月20日下午到达河内。1月20日正是农历的除夕,春节在越南也是重要的节日。晚上,我们到街上去看了这战斗岁月的除夕夜景。街道上挂满了灯笼和电灯,火树银花,熙熙攘攘,到处是欢乐的人群。越南人民的革命乐观主义,给我留下了极为深刻的印象。在越南,象棋是一项非常普及的运动。越南象棋协会主席是黎廷探,两位副主席是阮文镇、杜春泰。协会的秘书长阮文讲是越南中央体委办公厅主任。在我们访越期间,阮文讲一直在陪同我们到各处参观访问。越南的海防市和南定市,也成立了象棋协会。不仅如此,部队里也开展象棋活动,都有很好的群众基础。在我们这次访问比赛中,众多象棋爱好者因坚守战斗岗位,不能前来看棋。为了弥补遗憾,不少象棋爱好者写信给体育部门,要求在报纸上刊登对局。

第一场比赛的时间是1月21日上午,比赛采用的是越南规则。越南的规则是每方一步棋不得超过2分半钟;下满2小时,休息10分钟。以后每方一步棋不得超过1分半钟。双方各有10分钟机动使用的延长时间分析疑难棋路。以后每着用1分半钟,弈至3小时则封棋。另定时间续弈。除了"长将"作负同中国规则一样,其余是不变作和。面对越南规则,能不能让水平正常发挥,为中越两国的棋艺交流做出贡献,这将是对我们的考验。

访问期间,中国象棋队与越南国家象棋队、地方队分别进行了团体对抗赛。代表越南国家队出场的是阮进寿、张仲保、阮得丁;地方队出场的是陈珊、徐国范、阮月朋、裴家云、诗雄等。越南国家象棋队和地方队队员们的棋风,不尽相同。越南国家队阮进寿沉着稳健擅长马炮兵的残局;张仲保技术全面,且着法稳健;地方队的棋手诗雄则棋路凶悍,擅于攻杀;而十六岁的地方队棋手阮月朋着法以灵活机巧见长。越南棋手不但熟悉我国的象棋布局,还独创了一套开局。杨官璘执先手时,碰到了"顺炮横车对横车""当头炮对屏风马双炮过河"和"中炮巡河炮对屏风马"等开局。没想到,越南棋手让他陷入苦战。对前两种开局,杨官璘开局阶段无法占优;而后一种开局,杨官璘在开局阶段还会失去先手。所以尽管比赛的总成绩是中国象棋队获胜,但越南棋手敢于创新、大胆尝试和锐意进取的精神,值得我们学习。

1月24日晚上,我们在海防市又进行一场友谊比赛。海防市队的徐国范和阮月朋,同越南国家象棋队的棋手一样,对中国象棋界动态非常熟悉。徐国范对中国流行的"当头炮七路马过河车对屏风马局"相当有研究,其他棋手也是各有特点。那场比赛还没开始,可以容纳六百人的剧院已经座无虚席,门外还有不少棋迷在想方设法入场。事后翻译告诉我们,比赛中不时会听到观众们的评头论足,有的是对某一步棋作出评论,有的对下一步的推测;有时为出现的"软着"大声惋惜,或为精彩的着法热情鼓掌。总之,赛场的气氛相当活跃,让我对越南的象棋活动有了进一步的了解。可以预见,具有相当广泛群众基础的越南象棋,在不久的将来必然会得到更大的发展和迅速提高。

比赛之后,还举行了棋艺交流座谈会,中越两国棋手交流经验,互相学习,畅叙友谊。访问期间,除了比赛,中国象棋队还参观了炮兵阵地、民兵阵地和工厂。亲眼看到了英雄的越南人民,为保卫祖国、反抗美国的入侵而进行英勇的斗争,也看到了他们为了加紧生产建设,支援前线而进行忘我的劳动。海防市的民兵阵地还送给我们一片他们用步枪击落的美国飞机的残骸。

1月25日下午,我们怀着敬佩的心情访问了海防市郊建瑞县瑞香乡。陪同的越南同志向我们介绍:去年10月,美机轰炸五号公路,被人民军的炮火打乱了部署,有2架窜入瑞香乡。这时,8个用步枪、机关枪、冲锋枪武装起来的自卫队员在美机俯冲下来的时刻，一齐开火，用28发子弹打下了美国一架最新的喷气式战斗轰炸机，还活捉了一名美国飞行员。

在越南的每一天都很有意义。1月29日的活动，又让我久久不能入睡。这天，我们参观了工厂和高射炮阵地。越南人民军的同志告诉我们：在一次与美机的战斗中，美机扔下的炸弹，离战士们不到20米的地方轰炸。人民军的战士毫不理会，坚持战斗。听了介绍后，我忽然想起昨天和我比赛的越南棋手陈珊。陈珊同志过去是抗法战士，是越南南方人。如今儿子还在南方打游击，他和儿子是天各一方。

1月31日晚上，越南体委秘书长吴伦同志又来拜访中国象棋队。他希望我们本着兄弟的情谊，对越南的象棋运动提些意见。我和杨官璘、蔡福如对越南棋手分别做了评价："阮进寿的马炮兵残棋下得很好。张仲保的棋风很稳健。年仅十六岁的海防市小棋手阮月朋下得较灵活，思路很快。越南棋手的中残局都很有功夫，棋手各有不同特点。"我们还向吴伦介绍了一些自己学棋的体会。

临别的时候，越南体委举行了欢送会。会上，越南的歌唱家作了精彩的表演，高歌中越两国人民的友谊。吴伦向我们建议，今后中越象棋友谊赛每年举行一次，并希望把象棋列为亚洲新运会的项目。

分别的日子还是到了，2月1日，我们坐上北归的列车。就要离开英雄的越南国土了，但我心里仍然留恋着我们在越南访问的那些时光。我在心里默念：再见了，越南，再见了，英雄的人民！你们抗美救国斗争的英雄气概和必胜信念，给我留下了不可磨灭的印象。同时我坚信：越南人民一定能解放南方。统一祖国，陈珊同志一定会和在南方的亲人团聚。

在菲律宾的两场蒙目棋

1977年，我蝉联七届全国冠军，名声远扬海外。菲律宾象棋协会慕名邀请我和杨官璘去菲律宾访问。菲律宾是开展象棋活动很普遍的国家，象棋爱好者很多。我很愿意同菲律宾广大棋艺爱好者进行棋艺交流，以推动象棋艺术在菲律宾更好地发展。

接到邀请信后，我非常高兴地前往。抵达风光旖旎的达沃市后，受到达沃市棋界和新闻界人士的热烈欢迎。达沃市象棋协会特地为我举行了欢迎仪式，达沃市棋协主席致辞："胡荣华是中国当代的棋王，早在1960年，还是个15岁少年的时候，就把曾经是三届全国冠军的杨官璘从冠军宝座上拉下来。从1960年起，胡荣华已蝉联七届全国冠军。在每届全国象棋比赛中，他都以卓越的棋艺力挫群雄，取得了无与伦比的成绩。尤其值得称道的是，他在被下放到工厂农场去劳动的时候，仍然能精心钻研棋艺，创造出许多'新式武器'，成为象棋艺术的革新家。他还能闭着眼睛，一人同时与十多位对手下棋，并取得全胜。这是象棋史上从未有过的奇迹。"

与会者报以经久不息的热烈掌声。掌声过后，主席继续说："我们菲律宾的全体象棋爱好者十分敬仰胡荣华。达沃市象棋协会为了满足广大棋迷们的愿望，特地请他来做两场蒙目棋表演。我们挑选出达沃市的最优秀的八名棋手，分两次迎战蒙目的棋王胡荣华。"

菲律宾的各大报，早在我到达前几天，就把我蒙目迎战的消息刊登了。消息见报后，不仅轰动了达沃市，而且轰动了整个菲律宾。同时，也吸引了好几十位中国香港、澳门和马来西亚、新加坡的棋手和棋迷们前来。

达沃市棋协主席说："棋王胡荣华这次访问菲律宾，实际上已轰动了整个东南亚棋坛。尽管蒙目棋表演尚未开始，但广大棋迷们已经兴奋了。"

棋协主席讲完后，请我讲话。在热烈的掌声中，我开始了我的发言。我对大家说来到菲律宾这个美丽的国家，受到如此热情的接待和欢迎，我表示衷心的感谢。刚才主席先生在讲话中对我的夸奖，使我感到问心有愧。说实话，我虽蝉联七次全国冠军，但是我的棋艺还有待进一步提高，因为我还有这样那样的缺点。每次全国比赛，我也总是有输的时候。如果我的棋真的那么好，就不应该输棋。一个棋手如果能做到战无不胜金身不败，那才叫真正过硬。

我还告诉大家，我下蒙目棋的真正用意，是为了推动和促进象棋活动更广泛地开展，激发起广大象棋爱好者对象棋的更大兴趣。象棋爱好者们为了提高棋艺，都希望专业棋手下指导棋。因此我便想起下蒙目棋，尤其是一人同时与几位象棋爱好者下蒙目棋，更能激发起朋友们对象棋的兴趣。

第一场蒙目棋比赛，安排在达沃市中心一家俱乐部一个宽敞的大厅里。大厅里共摆了四盘棋，我一对达沃市的四位象棋高手。为了满足广大棋迷的要求，大厅里还挂了四张大棋盘，并且由专人讲解。另有一人专门唱棋并按照我说的应法走动棋子。观众们坐在那里，可以同时清清楚楚观看四张大棋盘。达沃市的四位高手分别在四张棋桌前坐定，我坐在椅子上背对着他们。眼睛上，还蒙了一块黑布。十几位摄影记者，从各个角度进行了拍摄。

裁判员宣布比赛开始，我全部执黑后走。针对四位棋手的不同开局，我应了四种不同的走法。挂大棋盘讲解的人向观众们讲解了四盘棋的应法："第一台是中炮对反宫马，第二台是五七炮对屏风马，第三台是起马局，第四台是飞相局对起马。"四局棋四种不同的开局法。

第一台进行到第五个回合时，我便以炮4进5侵扰对方，打乱对方阵脚。随后又用车巡河捉马，争得先手，再倒骑河伸炮，弃马抢攻，回车捉马，兑掉肋炮简化局势，最后我以车双卒获胜。第二台，双方弈至第六回合，对方执先布下了稳健的五七炮跳边马阵式。我不急不躁，沉着应战，以屏风马飞右象应付。下到十二回合时，我以车8进8伸车下二路，既可平车捉象，又可车8平2拴链。至二十回合，我又跳出窝心马，既看住了卧槽，又为边炮平8路留有杀路，一举两得；接着弃卒挡车，为边炮平8路叫杀开道。战至四十一个回合，我也胜了。第三台，我跳边马，是战略上的考虑，也适合我灵活多变的棋风。第六回合时，我便平炮兑车，简化局势，到十回合，再兑一车，斗马炮残局。二十回合时，我进马踩炮奔槽，又保住了边卒，一着多用。随后先手吃相叫杀，着法紧凑有力，接着退炮叫抽。战至四十多个回合，我双马炮盘旋叫将，对方无法应付，推枰认输。第四台，双方弈至

202

第六回合，就短兵相接搏杀开了。到第十六回合，我的车已控制了兵线，牵制了对方右翼车炮，已经占优。二十回合时，我以马7退8回马邀兑简化局势，消除了对方恶马后稳操先手。随后又妙手弃象打死车，优势逐渐扩大。战至四十回合，我又告捷。

讲解员对观众们说："胡荣华蒙着眼睛，不看棋盘，每盘棋都能从容调度，步步紧逼，妙着连连，这太神奇了。"

观众们发出了一片惊叹。记者们对此感到极大兴趣，纷纷要求采访我。达沃市棋协专门举行了记者招待会。有10多位记者出席了招待会，除了达沃市的记者，还有来自马尼拉、吉隆坡、新加坡和中国香港、澳门的记者。记者们还是头一次见到蒙目比赛，感到不可思议，相继提问。

第一场1对4的蒙目棋比赛，我是全胜。第二场1对4的蒙目棋比赛，也是我全胜。在我比赛后记者会上，我对蒙目棋做了一个普及，我告诉记者："如果同时下几盘蒙目棋，要做到每盘棋的盘面有别。比方说，我同时下六盘蒙目棋，其中有几个人都用'当头炮'，那我就应'顺手炮''列手炮''屏风马''反宫马'等等，尽量做到各不相同。因为开局各不相同，由此演成的棋局也就会各成一格，就像形态不同、颜色也不同的物品一样，非常容易区别。盘面各不相同，更便于记忆。下蒙目棋，肯定要创造便于记忆的条件。比如，采取'以我为主'的战略，力求使棋局按照我的套路进展下去。这是很重要的条件。我因为对各种应法，战术都记得一清二楚，所以运用起来得心应手。这也就是要掌握主动权的问题。当然，基本功扎实，棋艺娴熟，这是前提。在这一前提下，开局布阵要富于攻击性，迫使对手处于守势，牵着他走。如果对方着法锋利，那就要细心找出对方的薄弱环节，利用他的失误之处，及时调整战略战术，选择制胜之策，夺取主动权。在实战中，我总是尽快击败比较弱的对手，以便减少盘数，缩短战线，集中精力攻杀比较强的对手。进入中残局后，局势逐渐明朗后，对手的破绽大都暴露出来了。经过兑子，子力剩下不多了，主攻方向也明确了。这时候，我就能连续地步步紧逼对方，迫使对方认输。"

我还告诉记者："既然都是人,都是高级动物,那么大家的大脑都是差不多的。一个人的聪明才智,主要是后天造成的。关键是要看你能否刻苦努力,看你下功夫下在哪方面。我是把刻苦的功夫用在棋上了,所以我成了全国冠军。其实我并不算聪明,我这么点本事,是用废寝忘食的苦功夫换来的。我把象棋的几百种开局、中局的常用套路都记得滚瓜烂熟,自己还创新了多种下法。盘面上出现什么情况,马上就知道对付的办法,甚至能预测到整个战局的发展趋势。我从小背了很多棋谱,因为背棋谱,既练了基本功,也加强了记忆力。"

蒙目棋的表演,轰动了整个东南亚。记者们对我的应答也非常满意。记者们回去后都发挥各自的才华,于是,一篇篇文章便从他们的笔下流了出来。且看引人注目的标题:《大脑智慧的卓越表演》《胜似计算机的脑子》《不可思议的蒙目棋》《象棋史上的新奇迹》《当代棋王下蒙目棋战无不胜》。

我应邀去菲律宾,是为了以蒙目棋的形式,传播象棋。希望在菲律宾传播象棋后,再从菲律宾传扬开去,使整个东南亚国家也都能开展起象棋运动。我的目的达到了!

在达沃市1对4蒙目棋表演后,还没有等到我去观光,菲律宾马尼拉棋协又邀请我去作蒙目棋表演。马尼拉棋协派出了菲律宾最强的六名棋手迎战我。结果,我轻而易举地获得全胜。

助兴新加坡"北斗"10周年盛会

1992年8月,新加坡国庆之际,新加坡象棋总会特邀请上海象棋队前往做客,并参加新加坡北斗象棋研究会(以下简称"北斗")成立10周年盛会。

从上海出发前,我想到了1988年。1988年12月18日下午4时整,我在新加坡参加第五届亚洲象棋锦标赛时,应台北《民生报》记者林英喆先生的要求,通过国际长途电话,接受了林先生半个小时的电话采访。台北《民生报》以文娱体育为主要内容,林英喆先生是位体育记者,他原准备赴新加坡采访亚洲象棋团体赛,后因故未能成行,于是林英喆委托台北象棋队顾问姜维宙先生及时提供比赛情况,同时帮他约定电话采访我的具体时间。

这是《民生报》第一次采访大陆棋手,林英喆的采访话题比较宽泛,我现在能记住的是他的四个提问。第一个问题是:胡老师你下蒙目棋的功夫在台湾很出名,请问下蒙目棋有什么奥秘? 第二个问题是:作为一个棋手,如果要提高棋艺,应该从何处着手? 第三个问题是:请你对台北象棋棋手提些宝贵意见。第四个问题是:现在台湾准备邀请大陆上的一些知名人士到台访问。你是一位很有名望的棋王,如果邀请你到台湾访问,你愿意来吗。

我对林英喆的四个问题分别做了解答。我说下蒙目棋除了需要有较高的棋艺水平和记忆力外,还需要有帮助记忆的方法。我习惯在开局阶段把对方划成几个小组,这样做,可以在比赛时帮助自己增强回忆。我告诉林英喆:我国棋坛前辈多数是通过研究古谱、江湖排局以及实用残局来提高棋艺。对我个人而言,我自己喜欢从自己或他人的实战中去吸取经验教训,从而去提高自己的棋艺。我对台北棋手的情况,做了客观的分析:在第五届“亚洲杯”象棋锦标赛中,中华台北象棋队的水平很高,我感到吴贵临表现特别好,胜率很高,非常难得。几年前我在亚洲城市名手赛中见过吴先生的棋,他现在的棋比过去老练多了,中、残局功夫都很好。其他三位棋手也不错,吃亏的是比赛经验不足,有时会出现“上场慌”。我相信,只要他们多参加一些高水平的比赛,成绩是会提高的。如果台北再培养二三个像吴贵临那样水平的棋手,大陆棋手的地位就会受到威胁了。我还对林英喆说:如果台湾邀请我去访问,我会非常乐意地到台湾看看新老朋友。

1992年8月15日,我随以陶介平为团长的上海象棋代表团一行7人抵达新加坡,应邀参加北斗象棋研究会会庆十周年以及新沪对抗赛。代表团团员有徐天利、单霞丽、林宏敏以及代表团秘书孟建勋,随团记者、《新民晚报》的蒋是枢。我们在狮城和当地棋手进行了三场友好比赛。广东省银行新加坡分行出资赞助了上海队对狮城的访问。上海象棋队是在8月14日从上海乘坐新航班机启程，原计划是在当天晚上11点半左右到达新加坡机场。因为飞机在上海起飞时已晚点，到达新加坡机场已是15日凌晨2点半。走出机场时，看到新加坡棋友依然在等候，我们都非常感动——新加坡棋友已经在机场外多等了3个小时。新加坡和上海象棋界有着悠久往来的历史。早在半个多世纪前，我国棋坛前辈谢侠逊曾赴新加坡推广象棋和宣传抗日、进行募捐等活动。近二十年来，新加坡和上海棋界经常进行互访，我曾四次赴新，我和朱永康还曾先后在狮城担任象棋教练。

在上海象棋队访新期间，我国《北方棋艺》杂志主编、特级大师王嘉良，四川蜀蓉棋艺出版社社长程明松应邀在狮城作客。台北象棋界人士刘宝仁、林之超也应邀到新访问。亚洲象棋联合会名誉会长、香港象棋总会领导人黄泗伉俪也应邀访问了狮城，并和来自上海、四川、黑龙江的棋友相会。

到达新加坡的当天晚上，上海队和新加坡队进行了交流。新加坡议员朱名强先生在赛场举行了挂"帅"仪式。这是我和徐天利、单霞丽、林宏敏四人与新加坡高手进行的第一场对抗。新加坡队显示了相当的实力。除我赢了对手，徐天利、单霞丽、林宏敏三人都和对方弈和。比赛使用的是亚洲规则，与国内的竞赛规则有所不同。因此林宏敏在优势情况下，被对手利用规则"一将一杀"巧逼成和。上海队和新加坡队的比赛，最紧张的不是双方队员，而是上海棋社副社长朱永康。

上海队和新加坡队的第一场比赛，上海队就按等级分排名次，新加坡队认为他们队不管是谁对上我，都是拿不到1分。因此，新加坡队就采用"田忌赛马"之术：女子是单霞丽对新加坡张心欢，在男子3台中把主力放在2台和3台。新加坡队的战术属于正常。

那朱永康为什么紧张呢？因为朱永康时任新加坡队教练。作为上海棋社副社长，他当然希望上海队获胜，可作为新加坡队教练，也希望自己的学生能露一手。正因为身份双重，所以才会左右为难。看到上海队以最小的优势获胜,朱永康非常高兴,他说:"真是好极了!"

1991年11月至1992年2月,在朱永康之前,为新加坡队角逐"健力士亚洲象棋邀请赛"出谋献策,我曾经赴新加坡任教两个半月,同时开设了象棋讲习班。在"健力士亚洲象棋邀请赛"首轮比赛中,新加坡队李庆先对马来西亚陈锦安时,本来擅用飞相局的马来西亚陈锦安知道作为教练的我对飞相局素有研究,不敢贸然走飞相局而走了边马,结果因开局吃亏,负于李庆先。同一轮,新加坡队方建明对马来西亚黄运兴时,知道我是"宝仁杯世界顺炮王"冠军的黄运兴,慑于我的幕后之威,不敢用他擅长的斗炮局,结果,因临阵变招负于方建明。当时,有媒体总结说"胡荣华威名所及,对手披靡"。

当地棋手听说我来教棋,非常高兴。尽管听课要缴学费,但仍是人满为患。高级班和中级班基本上是新加坡的国家级和甲组棋手。学生们学棋很认真,很少有人缺席,很多人还做笔记。这在过去是很少有的。当时我教课很辛苦,一周安排两个下午、四个晚上。

任教中,我还在新加坡民众联络所做了一对八的蒙目棋表演赛,在新加坡引起了轰动。在新加坡担任教练的几个月中,我受到了新加坡象棋总会和棋友们的热情接待。有一位叫陈团生的新加坡棋友,为了我讲课方便,把他新购的三房一厅让我一个人居住。新加坡象棋总会的领导洪振钿、林关浩等棋友,又经常来拜访我。

继首场5:3小胜之后,8月16日,上海队以6:2的较大优势再胜一场。17日晚,两队交流采取了新的形式:开赛之前,举行了《胡荣华飞象百局》的首发式。此书由我撰写,《北斗棋苑》与《宝岛象棋》(台湾)联合出版。北斗象棋协会,乃是海内外著名的象棋协会,协会及其会刊《北斗棋苑》在世界象棋界都具有相当影响。首发式后,由徐天利、王嘉良、林宏敏、单霞丽、程明松,以及在新加坡担任象棋教练的朱永康等人披挂上阵,辅导新加坡青年棋手以及应战来宾,并由我做1对4人的蒙目棋表演。

古老的中国车马炮象棋在新加坡很普及,会下象棋的人很多,有不少棋友的手提包中，还装着旅行象棋。新加坡对象棋相当重视，而且注重对年轻一代的培养，从小学直至高等学府，都开展象棋活动。不少社会名人，或施展组织才能，或慷慨解囊资助，鼎力协办国内外各种象棋比赛。

这一次，"宝仁杯"世界顺炮王争霸战创办者台湾刘宝仁先生也前来助兴。"北斗"名誉主席兼新象总会名誉会长洪振钿，是第一届世界象棋锦标赛的"赞助大户"。洪振钿非常善弈，曾与林关浩联手，击败过中国湖南省象棋队。而"北斗"的海外总顾问黄泗，凡"北斗"有大赛，都可以看到他的身影。这一次，在上海象棋队访问新加坡期间，黄泗专程从香港赶来，每天陪棋队拆棋至深夜。黄泗对开局很有研究，在巨贾名流中他的棋力最强。

8月的新加坡，正是盛暑，因为上海象棋队的访问，使狮城掀起了一股象棋热。上海队在新加坡进行了3场比赛，很多棋友还不过瘾，有棋友深夜赶到上海队住处找上海棋手交谈：一天深夜，已脱衣睡觉的徐天利被敲门声惊醒，开门后，见门外是一位棋友。本来他要和徐天利交流棋艺，知道徐天利已睡，准备走人。徐天利见状，还是和客人进行了交流。而林宏敏的房间里，经常有棋友拜访。棋友们会例举很多定式，向林宏敏大师请教。更有甚者，有一位新加坡棋友在王嘉良的房间里，和王大师"手谈"到凌晨4点。

访新期间，上海象棋队还受到新加坡象棋总会会长陈福来、秘书长陈团生、新加坡象棋界著名人士洪振钿、北斗象棋研究会会长林关浩先生的热烈欢迎。北斗象棋研究会主办了座谈会，就新加坡和中国四川、黑龙江、上海两国四地加强协作，棋书棋刊的出版等事宜进行了研究。8月18日，"北斗"迎来了会庆10周年，有500多人参加欢庆盛会。闻讯赶来的有马来西亚以及中国台北、香港、澳门的棋坛朋友。席间，很多朋友纷纷到上海队席前敬酒，还有很多朋友在台上一展歌喉。"北斗"研究会会长林关浩先生见状，非常激动："十年前，北斗研究会成立时只有五六十人，现在，会员已增加了10倍，《北斗棋苑》也一直延续至今。我实在是太高兴了！比我当年做新郎时还要高兴!"

林关浩当然是非常激动。《北斗棋苑》创刊于1983年, 这也是新加坡北斗象棋研究会成立的第二年。刊物的宗旨是"坚持与大海共呼吸, 撒遍大地象艺种子。"《北斗棋苑》的问世, 促进了象棋走向国际化。林关浩说: "取名'北斗', 绝不是以众所钦仰的'泰山北斗'自居, 而是表示我们星马棋人对管领象苑风骚的'北方斗杓'的景仰。"林关浩是一个公务员, 业余负担起《北斗棋苑》的出版工作, 有"知其不可为而为之的傻劲"。解决刊物的稿件来源是一个重要问题。《北斗棋苑》的作者很多, 其中包括有北京、上海、广东、福建、辽宁、江苏、浙江、台湾、香港以至美洲等地的象棋名手、排局专家、棋评家、棋谱收藏家。

林关浩说: 30年代谢侠逊和周德裕先后南来, 历战陈粤樵、蒋景云、郑雨苍、胡章等名手, 对促进星马象棋活动影响很大。降至50年代, 香港名手李志海等也屡次访问星洲。星马棋坛在中国象棋史上是不可缺少的海外一页。孙中山奔走革命时, 就经常同新加坡新长美布店主人、同盟会会员张永福下象棋。新加坡的象棋公开比赛, 始于1933年。1984年开始建立"新加坡华人棋会"。数十年来, 在历届会长的主持下, 新加坡一直是东南亚象棋活动重点地区。不少象棋名手如蓝春雨、翁世春、卢焕文、王柏芬、洪机、杨青峰等人相继涌现, 1978年冬亚洲象棋联合会成立后, 星马棋手如郑祥福、苏金连、林明彦、李庆先、黎金福、何荣耀、黄运兴、黄聪武等, 连年征战于亚洲象坛, 实力不容小觑。

宴会上, 刘宝仁先生远远地就和我打起招呼。慈眉善目的刘宝仁已七十好几, 但看上去只有五十多岁。刘宝仁原籍河北, 后到台湾高雄开诊所。刘宝仁是亚象联名誉会长。台湾的象棋大赛, 他几乎每一次都会到现场送花篮和发奖金。各地棋友经过高雄, 他一定会热情接待; 棋友们如果有什么困难, 他知道后肯定会相助。因此他获得了"棋孟尝"的美誉, "顺炮王"的美称。1991年, 刘宝仁回大陆时, 中央美术学院教授李琦破例为他画像, 徐悲鸿的夫人廖静文也题字相赠。刘宝仁自称是一个标准棋迷,平素是不沾烟酒,除了象棋,几乎无其他爱好。刘宝仁说象棋是中华民族的传统文化,应该竭尽全力去发扬光大。1991年,刘宝仁倡办并独家赞助了在中国昆明举行的"宝仁杯世界顺炮王"大赛。在那一次大赛中,我获得了冠军。

早在1987年,刘宝仁就在台湾举办了"台湾顺炮王争霸战"。但刘宝仁知道偏于一隅的台湾象棋水平有限,一直在酝酿世界顺炮王比赛。1991年7月,在中国象棋协会主席陈祖德的支持下,刘宝仁倡办世界顺炮王大赛的愿望,得以实现。刘宝仁说之所以倡办顺炮王大赛,是因为在博大精深的象棋中,顺炮开局占有很大的分量。顺炮作为一个专题,如果要探幽索隐,必须请当代高手结合实战来研究。

晚宴上,看着海内外棋界的部分名流气宇轩昂地在华丽的会场上谈笑风生。我一时是感慨万千:为了弘扬中华棋艺,"北斗"在无利甚至赔本的情况下坚持高质量的办刊! 北斗象棋研究会既能创造今日之盛况,假以时日,象棋也一定会成为新加坡的体育强项!

三十九、赴美国、加拿大宣传

　　全国政协副主席、香港中华总商会会长，知名爱国人士霍英东曾为我国体育和教育事业各捐资一亿港元。为了使象棋早日走向世界，作为亚洲象棋联合会主席，霍英东在1984年接受《羊城晚报》记者苏少泉采访时宣布：愿意拿出50万美元巨奖，奖给在五年内能在有胡荣华参加的比赛中取得冠军的非华裔国际象棋特级大师。

　　本来，象棋和国际象棋战理相通。国内的国际象棋大师，绝大多数都是象棋高手。例如象棋全国亚军徐天利就曾两次获得全国国际象棋冠军；而我和柳大华的国际象棋，也不是一般。当时预测，国际象棋特级大师经过五年努力，取得这一重奖的可能性很大。

　　为了推广象棋，1986年6月，由霍英东任团长，我和吕钦以及香港的赵汝权、泰国的谢盖洲、印度尼西亚的余仲明、马来西亚的黎金福一起，作为亚洲象棋明星队的成员，访问了加拿大和美国。代表团副团长是洪林、秘书是陈伟能、教练是李志海。在加拿大和美国的20天，让我萦念不已的，并不是世界闻名的尼亚加拉大瀑布、金门大桥、联合国广场以及路易斯湖和庞福温泉。最重要的，是和吕钦以及亚洲一些国家和地区的棋友一起，把我国古老的文化瑰宝象棋带到美洲。车、马、炮横跨太平洋和大西洋，这在中国象棋史上还是第一次。能有这样的一个机会，尽一个棋手的职责，把象棋推向世界，我为此感到自豪。

　　1986年6月6日下午2时，亚洲象棋明星队代表团从香港机场起飞前往加拿大。经过11个小时的长途飞行，到达加拿大的温哥华。代表团团长霍英东是亚洲足球联合会主席，又是世界足联执委，所以在第13届世界杯足球赛前，已经先飞赴墨西哥参加世界杯足球大赛的开幕式。走下机舱在行李房候领行李时，我意外发现，因为时差的原因，这里竟是6月6日的上午10时，时间倒退了15个小时。在温哥华机场，代表团和霍英东先生、霍震霆先生会合。代表团受到当地棋界代表的热情欢迎。温哥华的中文报纸、电视台在先前已经作了报道。明星队代表团下榻在假日酒店。

在霍英东先生率领下，代表团拜访了温哥华的市政厅，又拜访了温哥华的中华文化中心和象棋会，出席了记者会和当地棋界举行的欢迎宴会。为了推广象棋走向世界，在欢迎宴会上，霍英东先生又复述了五年内，在正式比赛中战胜我的任何外国血统棋手，可以获得50万美元的奖励。霍英东先生把我作为象棋的"盟主"，我深感责任重大。我知道，作为一名中国棋手，既要和对手切磋棋艺，也一定要竭尽全力，维护象棋发源地的威望。

这天的我，等于是24小时没有入睡，疲劳并兴奋着。虽然代表团在温哥华只逗留了3天，但我却两遇"误会"。记者会上，有位略带"广东味"普通话的记者因为功课没有做好，把我当作老人，他说你在二十五年里拿了12次全国冠军，我以为你一定是一个身穿长袍大褂、面目清癯的老人，没料到你这么年轻。我说不年轻啦，已经41岁了。

在温哥华第一场的蒙目棋表演，我也是因为误会，差一点出洋相。事先商定，代表团访问美国和加拿大，除了在六大城市各举行一场对抗赛外，我还要和当地棋手举行一场1对4的蒙目棋比赛。温哥华的棋迷也是第一次听到下蒙目棋，而且，又是1对4，因此，观棋者趋之若鹜。但谁也没有料到，竟会遇到了语言沟通的难题。唱棋者临时声明说他只会讲广东话，挂棋者也只会讲广东话。因此，唱棋者要我也讲广东话。这就把我给难住了！对一般的上海人来说，广东话就像是外国话。对方的广东话我听不大懂；我的上海广东话，对方也听不大懂。因为唱棋者是临时声明，所以一时也找不到人取而代之，而表演赛也不可能因此停止。因为语言沟通的原因，开局不久，我的棋就陷入人为的被动。最后我花了九牛二虎之力，才挽回局势。4局棋我是2胜2和。这也是我这次出访蒙目棋表演赛中唯一的2

盘和棋。这以后，明星队的教练李志海主动担任起唱棋的任务。李志海是香港象棋界的前辈，经常在电台开讲棋课，他的普通话和广东话都是一流水平。这样，蒙目棋表演赛的语言问题得以解决。

既无后顾之忧，我的水平就可以正常发挥。在以后五个城市的蒙目棋表演中，我取得了20盘全胜的战绩。

访问了加拿大的温哥华、卡尔加里、多伦多三城市后，代表团飞往纽约。每到一地，霍英东先生都会大力推广象棋：讲述象棋悠久的历史、丰富的内涵和浓郁的趣味。而且霍英东先生一再提到50万美元的悬赏之事。当地报纸对亚洲象棋明星队的到来都作了详细报道。兴许是重赏之下必有勇夫，抑或是好奇心使然，在明星队到达纽约时，一位叫柯夫曼的美国国际象棋大师，特地从佛罗里达州赶来向我挑战。他自我介绍说学象棋已有两年，在纽约曾战胜过美东象棋协会的棋手。一开始，负责接待明星队的美国朋友不同意柯夫曼的挑战。原因是明星队在纽约的日程已经非常紧凑，而我当天晚上还有蒙目棋表演任务，可是柯夫曼坚持要挑战。消息传来，明星队感到外国朋友既有这种热情，理应奉陪。于是，就派吕钦打头阵。柯夫曼对中国象棋有一定研究，执扁圆形的中文棋子运用自如。前面10多个回合弈来是有板有眼，完全是按照《中国象棋谱》上的开局。进入中局后，因为没有棋谱可"套"，他开始乱了阵脚。柯夫曼沿用国际象棋的着法来应战，把车冲到对方底线后，就"躲"在丝毫不起作用的九角上。吕钦仅用10分钟，就轻而易举获胜，而此时，柯夫曼却用了1个小时。赛后，柯夫曼看着残局频频摇头。他无法理解，吕钦为什么不按谱走棋？

有记者问吕钦与柯夫曼的棋艺差距，吕钦先是笑而不答。被记者穷追猛打后，吕钦只能如实相告：大概可以让一匹马。记者又问吕钦，柯夫曼相当中国国内哪一级棋手的水平？吕钦一时不知道怎么回答好！因为，他既怕打击外国棋手的积极性，又不愿意说谎。沉思片刻，他还是回答了，他说柯夫曼的水平相当于中国广州市少年宫训练班的水准。这个时候，记者们是"啊"声一片！

对于柯夫曼的出现，我觉得是一个可喜的信号：外国朋友，特别是那些擅长国际象棋的外国棋手，已经开始对古老的象棋产生兴趣。国际象棋和象棋虽然不完全相同，但两者之间有共同之处。中国很多优秀的国际象棋棋手，一开始都是从学象棋入手，改下国际象棋后，短时间内就成绩不俗。国际象棋棋手只要认真学习象棋，同样可以达到事半功倍的效果。我想到了那一天，如果有那么多国际象棋选手来学习象棋，那么象棋一定能在世界棋坛上大放光彩。这也正是亚洲象棋明星队访问美洲的目的。

明星队在三藩市（旧金山）与当地棋手进行的比赛，是明星队本次出访的最后一场比赛，观众超过了800人。800人的数目，在国内可能是微不足道。但是在一个不讲中文，不知道象棋是何物的异国他乡，已经是天方夜谭。当地一些华文报纸的记者观看了比赛后，纷纷在报纸上撰稿，为象棋自豪："中国象棋确实非常迷人……"

四十、在巴黎和西柏林交流

1987年春节之后，中国象棋协会接到了一封来自法国的邀请信，请中国象棋队参加第三届欧洲中国象棋锦标赛。这当然是一件好事，但因为国家体委的全年外事计划已在春节之前的上一年度末提早制定，所以这件事在落实时碰到了困难。好就好在国家体委主任李梦华对象棋非常重视，李梦华曾经在1982年亲自宣布，作为具有非同一般特定意义的象棋，是国家体委的对外推广项目。刘国斌想，出访欧洲的这一件事，如果能得到特殊对待，或许还存在着可能性。果不其料，国家体委国际司对第三届欧洲中国象棋锦标赛这件事，高度重视，特事特办。在请示了上级领导后，出访任务获得批准。其时，国家体委对三棋的分工是：围棋由棋类处处长杨光辉负责；国际象棋由孙连治负责；象棋由时任中国象棋协会秘书长的刘国斌负责。因此，刘国斌被理所当然地推为参加第三届欧洲中国象棋锦标赛相关文件的起草人。

此次出访由刘国斌、我、钱洪发、许波和翻译陈宝祥五人组成。翻译陈宝祥供职上海体育科研所。甘肃钱洪发大师的水平一直很稳定：自1975年第三届全运会获第五名，1977年还曾并列季军之后，一直到1984年，他的名次仍然能保持在全国比赛前十名之内，非常不容易。1962年出生在安徽亳县的许波，1979年获得全国少年象棋赛第三名，1986年获得全国象棋个人赛第五名，并取得大师称号。那一次大赛，我仅排名第六。许波的棋风泼辣，着法果断，中局攻杀能力很强。

钱洪发、我和许波三人，是老中青三代棋手的结合。我对钱洪发大师的棋艺是非常肯定的。1985年8月，甘肃省在兰州市举办了第二届"敦

215

煌杯"象棋大师邀请赛,参加的都是全国顶尖高手。我告诉采访我的《甘肃日报》记者:"我和钱洪发是老朋友了,他的棋艺水平很高。我认为甘肃急需培养高水平的年轻棋手。老钱已年近半百。如果甘肃再能出一两个20多岁的像老钱水平的棋手就好了,要抓紧培养。而且,要在十几岁的青少年中再抓一批,形成梯次关系,争取若干年内把甘肃的棋艺再提高一步。"我的观点在甘肃象棋界引起了共鸣。数年后,青年棋手李家华在钱洪发大师的精心栽培下,不负众望,于1987年他21岁时夺取全国第十名,成为继钱洪发之后的又一位甘肃的象棋大师。2017年,在钱洪发大师去世20周年之际,甘肃人民出版社出版了《西北棋王钱洪发专集》,我欣然为该书题词:"钱洪发大师是西北棋坛的一座高峰。"为此,甘肃人民出版社、甘肃棋坛、该书编者之一的李双胜都十分感动!纷纷向我表示了谢意。

1987年6月24日上午9时15分,中国象棋代表团从北京机场起飞,经沙迦短期停留后,因为换机,在法兰克福机场上停留了整整3个多小时。到达巴黎机场时,已是晚上10时40分。面对这个10时40分,开始时大家都是一愣。航行了近万里,在沙迦和法兰克福又停留了近4个小时,怎么还是当天晚上的10点多呢?想了一想后,还是搞清楚了:我们已经是人在欧洲,因此时间老人才会这么"慷慨"地送给了我们8个小时。

这是中国象棋协会第三次派棋手访问欧洲,第一次是1985年6月,由领队陈远高、翻译胡海波、特级大师柳大华、大师喻之青组成的中国象棋队为期十天的法国之旅;第二次是1986年,李来群、林宏敏和孙志伟访问西柏林。作为一名棋手,能成为文化使者,把古老的象棋介绍给海外棋友,我感到非常荣幸。巴黎中国象棋协会主席、80多岁的沃雷尔先生因年迈多病,委托副主席柯莱恩先生到巴黎机场接机。沃雷尔是中国象棋协会的老朋友,1985年,他曾率领法国巴黎象棋协会队访问西安。沃雷尔一行观看了全国象棋团体赛,还和中国棋界几位元老手谈。那一次,刘国斌把我和柳大华等人介绍给他。沃雷尔看到我非常激动,他紧紧地握住我的手,讲了很多敬慕的话。谈话的时间虽然不是很长，但沃雷尔的真挚给我留下很深的印象。第一个夜晚，主人在巴黎国际象棋协会办公楼举行了欢迎会。

第三届欧洲象棋锦标赛，共有29人参战，分别来自法国、德国、美国、柬埔寨和中国，是历届比赛中人数最多、水平最高的一次比赛。考虑到棋手们的习惯，比赛用的棋子分为平面和立体两种，由对弈双方商量选择。又考虑到华裔棋手和非华裔棋手的差距，主办方采用了统一比赛，分别录取名次的办法。可能是考虑到代表团的日程，本届锦标赛采用七轮积分循环制，两天赛完，时间紧凑。

我们在巴黎共停留了四天。26日下午，全队外出游览凯旋门，苏瑞源先生也陪同前往。凯旋门可俯瞰巴黎全景，塞纳河两岸风光也被尽收眼底。上凯旋门须交费五个法郎，对此钱洪发面有难色，意欲放弃。一旁的刘国斌以不到长城非好汉的理由说动钱洪发上了凯旋门。

26日晚上，应法国华人社团——法亚文化友爱会的邀请，全队同往，我和法亚文化友爱会的棋友们来了一场1对6的蒙目棋表演。我原以为，1985年柳大华在这里表演的是1对9的蒙目棋，我这次只是1对6，观战的人可能不会很多。没想到现场是车水马龙气氛蒸腾。1对6的蒙目棋表演是我胜5局，另外一局因时间太晚没有下完。对手的水平都不错，开局也很熟练，显然是经过"科班"的训练。了解后证明我的判断准确：6人中有一位原是柬埔寨金边市的棋坛三雄之一，后作为难民到了法国，现在已入了法国籍。在我1对6蒙目棋的同时，钱洪发和许波也没有闲观，有心人抓住时机与他们切磋，走马灯似的对手和他们俩杀得烽烟四起！行状不亚于打擂台，但现场是井然有序，输棋者都会主动让位。27日下午，第三届欧洲中国象棋锦标赛又进行两轮比赛；28日是从早到晚连续进行了五轮，我和许波、钱洪发都参加了。比赛结果，当然是我、许波、钱洪发包揽了前3名。27日晚上，我还与当地棋友下了1对18的车轮大战。

29日，我们告别了苏先生和巴黎中国象棋协会的棋友们，前往西柏林访问。对我来说，西柏林是一个既陌生又熟悉的城市。说它陌生，是因为我第一次来到这里。说它"熟悉"，是因为我记事后，就知道有这么一座特殊的城市。由于西柏林的特殊地位，进入这座城市，必须乘坐泛美航空公司的飞机，其他公司的飞机都不准入内。6月29日下午5时50分，代表团到达西柏林。由于我驻法使馆一直和西柏林中国象棋协会保持着密切联系，信息畅通，主人组织的迎宾队伍早已在飞机场等候。迎宾队伍中，有西柏林中国象棋协会主席施密特先生、副主席妲玛女士等人。

我和施密特先生相识于1986年在厦门举行的第二届"七星杯"象棋赛上。那一次，我没有参加"七星杯"赛，但是和柳大华、李来群、陈孝堃等人一起参加了名手表演赛，我和施密特进行了交流。那一年，施密特为参加第二届"七星杯"象棋国际邀请赛，在来华途中的"历险记"，一时传为美谈。施密特于10月24日从西柏林出发，取道伦敦入境香港。到达香港后，他发现他的行李被航空公司漏装，而且必须要等两天后才能得知确切的消息。为了如期参赛，施密特决定马上入关深圳。施密特一贫如洗入境深圳后，在第一时间买好了第二天去厦门的汽车票。屋漏偏逢连夜雨！他又撞上了倒霉的大运：车票上竟没有印发车时间，且语言又不通。无奈之中他只能凭借手里中旅社寄给他的夏时制的车班表，去等候秋季10月的汽车。因为他参照的是夏时制的车班表，结果必然是阴差阳错，误了去厦门的客车。更糟糕的是，深圳去厦门的客车隔天才有！施密特唯恐误了比赛，于是急忙坐上了深圳到漳州的车。到漳州后已是晚上，漳州去厦门的客车也没有了。施密特在漳州客车站一直坐到第二天早上7点，才上车赶到厦门如期赴赛。施密特是第一次来中国，而且他还是一个左腿假肢的残疾人。施密特的生活并不富裕，西柏林中国象棋协会也是一个公益协会，没有经济来源。施密特这次参赛的路费，还是几个会员凑成，他自己也变卖了一些东西。施密特为什么要这么做呢？他说这一切都是为了学习和推广象棋。施密特是这么说，也是这么做的。多年来，施密特正是以亲身的实践，努力践行着学习和推广象棋的美好愿望。

联邦德国及西柏林的棋类活动,都以国际象棋为主,象棋在那里处于萌芽状态,只是近两年,商店才有象棋出售。施密特1976年毕业于柏林大学。施密特在柏林大学攻读汉学,大学期间他阅读了大量的中国政治、历史等书籍,十分向往东方的文化古国。在柏林大学图书馆工作时,在与馆里一位华人朋友的接触中,喜爱上了象棋。朋友偶然从中国带来象棋书籍如《梅花谱》等,引起了他的浓厚兴趣。他钻研并翻译棋书,决心把象棋介绍给广大同胞。为学象棋,他还曾下功夫学了一点中文。工作之余,他常和这位华人朋友一起在"楚河汉界"上列阵对弈。施密特还先后看了近五十本象棋书,那绝妙的技艺和无穷的乐趣令他赞叹不已。他深深感到,象棋不仅是中国人民的,而且作为一种艺术应该为各国人民所了解。于是在他心中萌发了介绍和推广象棋的心愿。近几年来,施密特不仅自己进一步钻研、提高棋艺,还多次义务到一些学校讲习象棋,并曾登上西柏林国际象棋协会的讲台进行宣传。欧洲是国际象棋的世袭领地,知道象棋的人太少,而且宣传的阻力也很大。光靠一个人的口头宣传太微乎其微。施密特不畏艰难,参照中国棋手资料,用德文撰写并出版了《中国象棋入门》等三本书,终于在当地产生了一定影响。不仅如此,施密特还开办了培训班,培养了一批初识象棋的学员。现已扩大为联邦德国十个洲的四十多名会员。

施密特还在国民学校开课办班宣讲象棋;在西柏林广场与朋友对弈,吸引大家关注;还在青年活动节里公开教授象棋,并组织公众友谊赛。为了进一步推广象棋,1985年,施密特以十几名学员为基础,正式向市府申请成立了"西柏林中国象棋协会"。几年来,不管风吹雨打,他坚持每周有一个晚上和会员们切磋棋艺。协会成立后,施密特首先想到要与中国象棋协会建立联系,于是给中国象棋协会主席陈远高写信,盛情邀请中国象棋协会前去访问。1985年,中国象棋队出访西柏林,与该协会一起举办了系列活动,在当地扩大了影响,并被刊登在西柏林最大的报纸上。那次访问,开创了两国之间象棋交流的先河。

这一次，我和施密特在西柏林重逢，当然是非常高兴。施密特简要介绍了西柏林棋会的现状和中国队的安排，他告诉我们，西柏林市政府高度重视中国队的来访，要求把方方面面的接待工作落到实处。

施密特先生告诉大家，西柏林市长晚上要举行招待会，欢迎中国队参加。由于时间紧迫，中国代表团直接驱车去柏林饭店参加招待会。到了柏林饭店，在查验证件核对名单后，我们一行人先是被引入饭店主楼一侧的大花园中，受到了西柏林各界名流、学者的热烈欢迎。招待会在宽敞华丽的大厅里举行。大厅里灯火辉煌，笑声盈盈，非常活跃。西柏林市长致辞时，特为介绍了中国象棋队，引来了全场热烈的掌声和欢呼声，我们也高兴地起立恭身致谢。招待会进行了约一个小时，从9点开始正式举行宴会。与此同时，文艺演出的大幕也开启。幽雅的音乐在大厅中响起。演奏者是一批在西柏林进修音乐的中国留学生。这时，原先相当活跃的德国朋友们都十分严肃。表演期间，没有人抽烟、咳嗽、谈笑，全场鸦雀无声。待乐声消逝，才会有掌声。德国朋友告诉我，西柏林公民观看文艺演出时，都能自觉遵守纪律，不会喧哗。这一次宴会的规格很高，是18世纪德国宫廷的形式。宴会从晚上9时开始，一直延续到次日凌晨0点30分。我们因路途疲劳，12点之后就支撑不住，只能提早谢辞。中国队的住宿，是一家幽静舒适的宾馆。这一晚，我们睡得特别沉。第二天醒来时，已是日高三丈了。

在代表团到达之前，西柏林中国象棋协会已经贴出海报，除了介绍我、许波、钱洪发外，还宣布7月1日至4日都有象棋的表演和比赛。在7月1日至4日的这三天中，从联邦德国杜塞尔多夫赶到巴黎参赛的德国国际象棋特级大师休布纳先生，依次与许波、钱洪发和我下了三场比赛。我则另加了两场表演：与西柏林中国象棋协会会员1对8的蒙目棋；和中国留学生举行了一次三项棋的车轮大战；与休布纳先生下了2盘国际象棋。

休布纳身高1米80上下，灰白的头发随意交叉在微秃、宽广的额头上，红红的高鼻子上架着一副眼镜，他的身上，弥漫着日耳曼民族的认真和执著。1948年1月6日出生的休布纳先生时年38岁,性格开朗,很容易接近。休布纳在国际象棋棋坛上,是一个知名度很高的人物。休布纳是国际象棋特级大师,等级分曾排到世界第6。他曾两次打进世界八强,但是在进军世界冠军的征途中,运气太差,前后两次和苏联特级大师柯尔契诺依交锋,下了12局棋后都打成平手,最后只能用抽签形式决定出线权。结果,两次抽签中都失去争夺世界冠军的出线权。

面对休布纳,我有点兴奋:是什么力量,把一个声名显赫的国际象棋世界名将,吸引到象棋上?休布纳说象棋很有魅力,棋子分工也很合理,除了仕相专职保卫主帅外,车马炮威力很大,给人一种很神秘的感觉。我问他认为象棋与国际象棋有什么不同?休布纳说象棋开局简单,国际象棋开局复杂;中局时象棋与国际象棋各有千秋;残局时象棋比国际象棋更加复杂,难以把握。

休布纳是一位研究古代文字的博士。早在20世纪的60年代,他在学校研究中国甲骨文时,看到了一册1937年北京发行的德文版的《七星象棋谱》,书中介绍了象棋历史、象棋古今棋谱及基础知识,此书引起了他的兴趣。其时,因为他的精力都在钻研国际象棋上,没有时间对象棋进行探究。直到1986年,他在认识了施密特先生后,开始亲近汉文化以及象棋。休布纳说:"象棋绝非幼稚的儿童游戏,其中的奥妙玄机和艰难,是一个优秀的国际象棋棋手也难以驾驭的。"

使我惊奇的是,休布纳学象棋半年后,就在英国伦敦举行的象棋国际赛上,夺得亚军,冠军是华裔黎池刚先生。这次,他在巴黎又和黎池刚先生交锋。结果他不但战胜了黎池刚,还获得非华裔组的冠军。在这次欧洲赛上,他遇到这样一个棋局,当对方车准备要压他七路马时,他不知如何应付,走了相七进九,然后车九平七保马,结果输了。休布纳向我讨教,我告诉他,这时应该先不飞边相,而是走马三进四,对方走车4平3,就接走马七退五,以后再马五进三,这样可以立即转被动为主动。经过思考后,他表示理解了。第二天比赛时,他又遇到同样的局面,他采用了我教他的

"秘密武器"，接连胜了两场，最后他得到了4.5分，夺得非华裔组的冠军。

7月1日晚上，象棋表演活动在一家文化场所的大厅里准时进行。当天没有悬挂大棋盘，观众可以围观。赛场上闪光灯不时在休布纳面前闪过。平素，国际象棋的比赛场所，都是很寂静的。休布纳不习惯那天那种人头攒动闪光灯不时闪过的场面。为了能全神贯注，他把头深埋在两臂之间，偶尔才露露脸。休布纳与许波的分先两局赛中，休布纳已是超水平发挥，毕竟许波是技高一筹，休布纳以0比2败北。许波告诉我，比赛中棋桌前的休布纳，双手紧紧抱着头，全身几乎倾伏在棋盘上。这种"超凡入境"的下棋，在中国棋手中也不多见。和许波比赛后的第二天一早，休布纳又带了象棋和棋书赶到我住处，请我复盘。我见状当然是十分高兴，我很认真的不厌其烦的为休布纳复盘，一直到他弄清楚了为止。

1986年时，休布纳创办主编了德文的象棋杂志。后来他成为世界象棋联合会筹备委员会委员之一。1989年，汉堡市庆800周年，同时祝贺与上海市缔结金兰纪念，联邦德国象棋协会特意邀请我与休布纳先生进行了象棋与国际象棋对抗公开表演。这一次的表演，引起人们极大兴趣，观众达到了3 000人。

再说离开西柏林的前夕，应中国留学生的要求，我和象棋水平最高的群体、中国留学生为主体的对手进行了一次一对多人的三项棋车轮大战。报名车轮大战攻擂的人不少，除了中国留学生，还有西柏林象棋协会会员以及其他外国学生。限于条件，最后确定由19人登场挑战，包括12盘象棋、3盘国际象棋和4盘围棋。长方形的赛场中，不同棋种的棋具依次摆开。我在圈内顺时针巡行，观众于外围观看。此次活动主持人，西柏林中国留学生联合会主席李金昌委托刘国斌为裁判长。根据事前规定，不论棋种，一概由擂主让先。象棋的首台挑战者走了第一步炮二平五，我也依样以炮2平5回敬，完全是对攻抢杀的白刃战。国际象棋与围棋也随之鏖战。战端开启，靠近各台挑战者旁边的观众也加入其中——有建议的、有商榷或提醒的。按说应按照正式规则要求裁判忠实履行"严肃、认真、公正、准

222

确"的八字方针。裁判长刘国斌知情后竟不置可否。事后他说当日的车轮战，虽带有竞赛属性，实质还是联欢活动，更具有推广棋艺、促进文化交流、扩大国际影响等深层次含义，所以做了变通。于是，他就在一旁装傻。几位裁判看到裁判长漫不经心，也就听之任之。观众见裁判怀放纵之意，就无所顾忌地群策群力，出手自然不凡。

象棋场上，直至终场，一局刚完，就有人捷足先登，原地摆好棋子从头下起，随下随上，没完没了。我见状，微微一愣，然后不动声色应着继续。刘国斌在一旁统计，一共有八人在随下随上。在同一棋盘上，竟发生过三人接力。那一天，我下了将近四个小时，除了一盘国际象棋弈成和棋外，其余都胜了。其中，有几盘象棋在对手认输后，又有几位留学生上去，和我重新下。在下围棋时，我发现还有两位日本留学生在一盘围棋前当参谋。和中国留学生弈棋，我感到胜负是次要的，重要的是通过交流，给远在海外的留学生带去家乡的深情厚意。

在西柏林，我忘不了与黄学孔先生的会晤。黄学孔先生原籍四川成都，40年前移居联邦德国巴登-巴登市。他热爱象棋，是一位推广象棋的热心人。1984年和1986年，他曾两次回国参加"七星杯"象棋赛。黄先生在巴登-巴登获悉我已到西柏林，立即安排好他的旅馆业务，匆匆乘车到法兰克福，然后乘飞机到西柏林。见到我和刘国斌后，黄学孔十分激动，坚持要在4日中午请大家吃午饭。我因为下午要和留学生下棋，先是婉言谢绝。但因为黄先生的不屈不挠，盛情难却。午饭是在西柏林一家著名的欧洲中心餐厅。黄先生所以选择这家餐厅，除了餐厅的品质，更重要的是这个餐厅的叶经理也是四川人，早年曾在上海做过厨师。40年前，叶经理和黄学孔在上海同乘一艘船离开祖国。当时，两人在船上以下棋消除旅途寂寞。午饭后，黄学孔就匆匆往巴登-巴登赶，临行前盛邀大家去他家做客。

西柏林中国象棋协会原来只有会员10多位，自1986年李来群、林宏敏和孙志伟访问后，会员增加了近一倍。除此以外，还有很多人参加了象棋协会训练班。值得一提的是,西柏林中国象棋协会会员中,除了丁健达先生是华人外,其余会员都是地地道道的外国朋友。

　　说到这里,我想起了陈祖德曾经说过的一句话:"棋盘虽小,却包容了世界各国各地区人民的情谊;棋理虽深,挡不住不同语言人们之间的交流。象棋正被越来越多的人们所接受和喜爱,这一东方的古老文化,必将为世界人民所共享。"

第七章
扬帆于楚河汉界之上

四十一、"271"似乎是我的幸运数

以前上海的夏天，没有现在这么热。因为前后门都开着，弄堂又有对穿风吹来。南面吹来的一阵阵风中，可以闻到唐家湾菜市场的市井味；东面过来的风里，流动着法藏寺隐忍而悠长的禅味。隐忍而悠长的禅味，让我想到了吉安路271号。当时我不知道，这三个数字之和，和我有如此密切的关系。

自1960年登上巅峰，至1979年，我十连其冠。1980年，十届冠军的我乐山失利，降入乙组。这个时候的我，又一次想起了吉安路271号：271啊271，难道，我只能止步于十连冠吗？

1981年，我幸运地乔迁新居。新居在陕西南路271弄。我住在陕西南路271弄4号四楼。又是一个"271"！这一次的"271"，会是一个新的起点吗？ 8岁那年，我发蒙于吉安路271号法藏内的吉安路小学，一飞冲天后，冥冥之中似有神助！竟拿了十次全国冠军。

陕西南路271弄的北面，是上海有名的文化街绍兴路。上海文化出版社，就在绍兴路上。1985年，上海文化出版社请我出任《上海象棋》的主编，我非常高兴地接受了。因为离出版社仅有几步之遥，当然也是想为象棋的发展做一点贡献。书香难掩的绍兴路上，有几家出版社，那时还有几家书店和咖啡馆。和陕西南路一样，绍兴路同样被梧桐树掩映。我太太的阿姨就住在绍兴路上。平素我没有漫步在绍兴路上，即使有闲情雅致，散步也是晚上出去。因为很多人都认识，一个一个的招呼过去，我有点忙不过来。271弄的南面，是和志成坊一样的石库门建筑步高里。步高里位于陕西南路的东面，建国西路的北面。布高里为典型的旧式里弄住宅群，曾属于法租界。步高里比志成坊要大一点，共有砖木结构二层石库门建筑78幢。

早晨6点多，步高里和271弄还在苏醒中。早点铺里的炸油条、生煎包和豆浆，以及油豆腐细粉汤的味道，已经从我的楼下传来。闲来无事，我也会到步高里一走。步高里的屋脊上，红瓦如鳞，很多老虎窗被藤蔓缠绕。和志成坊一样，厚实乌漆的大门背后，是小小的天井。看到步高里，我就想到了志成坊。

271弄这一栋房子，说是临街，其实凹进去4米左右，形成了一个大约有60平方米的空地。我就住在这凹进去的临街四楼。一楼是一家点心店，店里的油豆腐细粉汤和生煎，常常会勾起我的回忆。让我感受最深的，是临街的这一块凹退之处，有蓄势待发的意味。

住到陕西南路271弄后，我又在1983年、1985年、1997年和2000年，荣获全国个人赛第1名。2000年，我荣获全国个人赛第1名后，忽然就想起了吉安路271号，想起了陕西南路271弄。这个时候，我忽然感到，"271"这个数字，是意味深长妙不可言——而我的阴历生日，又是10月10日。我发蒙于吉安路271号，从271号起程后，我十冠中华。1980年乐山折戟沉沙后，我乔迁新居到陕西南路271弄。我的风帆，再一次从陕西南路271弄扬起——再获四冠。最后一次夺冠的时间是2000年，那年，我55岁。

四十二、纵横楚汉一生的最大回报

2000年11月，在蚌埠举行的全国象棋个人赛，是20世纪最后一届全国象棋赛。为了争夺世纪末的最后一个全国冠军，全国象棋界的高手齐集蚌埠。赛前，人们几乎不约而同地都把目光投在等级分排前两位的许银川和吕钦的身上。因为近两年来，"岭南双雄"几乎包揽了各项象棋大赛的桂冠。我在1998和1999年两年里，表现是平平复平平。我已不是人们关注的焦点，大家都认为55岁的我，已是廉颇老矣！

因为2000年是千禧之年，我有了跃跃欲试的兴奋。又因为55岁的我不想成为廉颇。因此赛场上的我，还是存有斗志。事与愿违！比赛的开始阶段，前行的路是坑坑洼洼：前四轮，我仅仅是2平1胜1负保本。前两轮，我分别战和林宏敏和柳大华，第三轮胜广东汤卓光，第四轮，我遭遇许银川。行棋时，我的大脑竟是一片空白。因为空白，走棋不着边际，开局时就陷入被动。这还不算，至中局时，大脑的开关依然紧闭。稀里糊涂地被风头正劲的许银川轻易卷走两分。这一盘棋，是我棋艺生涯中走得最差的几盘棋之一。赛后复盘，我大惑不解，好几次自言自语："难道，我真的已成廉颇？"我责怪自己行棋质量太差，无颜对江东父老。想到2000年的不同寻常，在痛定思痛中，我的象棋细胞从第五轮开始，突然苏醒！

第五轮，我先走飞相局拿下特级大师于幼华；第六轮，我后走卒底炮胜大师尚威；第七轮，我先走飞相局赢了大师张强；第八轮，我后走卒底炮让特级大师陶汉明起座认负；第九轮，我先走飞相局降伏广东宗永生大师。一心要为队友保驾护航的宗永生，一上来就严防死守，但他的王城，还是被恢复到奇佳状态的我攻破。我豪取了五连胜。

第十轮前,我以7分一骑领先。许银川、吕钦、苗永鹏、聂铁文4人以1分之差紧随其后。第十轮,7分的我碰到了6分的沈阳苗永鹏。因为是倒数第二轮,苗永鹏如果拿下我,基本上可以登顶。赛前,苗永鹏曾信誓旦旦一吐为快:"胡荣华已是廉颇,只要拖他3个小时,不信他不会出昏着。"听了之后,我是笑了一笑。入座后,苗永鹏为了拉长战线,飞相以待。我也没想缩短时间,后走挺起了7路卒。弈至中盘,苗永鹏一度在中局取得多兵优势。我车双炮一过河卒对苗永鹏的车马炮三兵。一旁观战的吕钦和许银川等棋手一致认为:胡荣华的兵种为劣而且又少卒,此时的上上策是马上以自己的过河卒兑掉苗永鹏的红兵,以谋和棋一盘。吕钦和许银川等棋手们万万没有想到,此时的我非但不兑卒,而是进了一步没用的过河卒。高手们,包括对手苗永鹏都认为,老胡的糊涂又犯——"老胡"错过了谋和的唯一良机。这一下,老胡真的成了"老胡"。其实,我心明如镜。粗看这局棋,似乎是对手苗永鹏多兵且有兵种优势。但实际上,由于对手的马不易过河,因此是双方均势。我不兑兵,是故意让对手觉得有机可乘。只有这样,才有可能让对手产生优势意识,对手才有可能因急于求成而露出破绽。最后的结果正如我所料,苗永鹏因为求胜心切疏于防守最后落败。

17年过去后,苗永鹏是后悔当初,对这一盘棋还是心心念念。2017年,丁旭光去浙江省丽水市参加一个象棋邀请赛。从丽水市回来的第三天,在上海棋院采访我。采访中谈到了苗特大,谈到了当年的那一盘棋。丽水比赛期间的一次晚饭中,丁旭光和苗永鹏闲聊,谈到了当年苗永鹏与我的这一盘棋。苗特大后悔莫及:"马过不了河,怎么赢啊!和棋多好,要是和棋,名次还可以往前靠。"

在2000年的比赛中,尚威、张强、宗永生,是被大家一致公认的黑马。三匹黑马一一被我驯服。为此我曾调侃:"我是专驯黑马的驯马师。如果我驯不了的,绝不是黑马,而是真正的千里马。"我在取得六连胜后,最后一轮与黑龙江小将聂铁文握手言和,最终以7胜3和1负积8.5分的成绩夺取冠军。

我以55岁高龄,第14次站到全国象棋个人赛的冠军领奖台上,成为有史以来最年长的冠军。捧杯的那一刻,我是感慨万千:"假如真有天意,这次个人赛的过程和这一次的冠军,是给我纵横楚汉一生的最大回报!"千禧之年,我以这个特殊意义的无与伦比的冠军,庆祝55岁的我棋海拾贝40年。

　　在我55岁第14次获得全国冠军后,《人民日报》以"青春不老胡荣华"为题,发表了评论:"有谁会想到,55岁高龄的胡荣华还能夺得全国冠军呢。尽管他15岁那年首次夺得冠军,随后又取得十连冠,而且1997年还第13次夺冠;但如果有人在2000年全国个人赛前预测胡荣华会夺冠,那他一定会被认为脑筋'老朽'。因为当今的中国棋界,是广东棋手吕钦、许银川的天下,何况还有赵国荣、陶汉明、苗永鹏等许多新老棋手对冠军宝座虎视眈眈呢。但是,奇迹居然发生了。55岁的胡荣华第14次登上了全国冠军宝座。纵观胡荣华在2000年全国个人赛上的夺冠之路,或许只能用'神奇'两个字来概括。熟悉胡荣华的人都知道,他是个惯于创造'奇迹'的人,同时又是个洒脱、平和的人。在胡荣华身上,你找不到一丝一毫的拘泥、做作、装腔作势。胡荣华也喜欢侃侃而谈,但纵论天下大事、臧否各界人物,往往是点到为止。胡荣华看似万事不留心,但每当事关原则绝对说一不二,一诺千金。胡荣华鲜有正襟危坐的时候,无论赛场上还是日常生活中,他给人的印象永远是洒脱自如多于低头深思。因为有了骨子里的一分洒脱,才有了年轻的心态;因为有了年轻的心态,才凝聚起了创新的精神;因为有了不断创新的追求,才铸就了今天的辉煌。"

　　《中国体育》以"旷代棋王"为题,评论道:"本世纪最后一届全国象棋个人赛于2000年11月17日在蚌埠结束了。20世纪最杰出的棋手胡荣华夺得含金量最高的男子冠军金牌。赛前夺标呼声甚高的'岭南双雄'许银川、吕钦分获亚军、季军。这一结果也许有些出人意料,但应该说这是近百年象棋史上的一个精彩结尾,一个奇迹。胡荣华从15岁起就成为中国象棋第一人,是最小年龄获得全国冠军,唯一成为十连霸的棋手,唯一获得14届全国个人赛冠军的选手，唯一称雄棋坛40年的运动员，从而成为本世纪最杰出的象棋天才，不愧为象棋史上的旷代棋王。"

上海市体育局局长金国祥在为我第14次夺得全国冠军而举行的庆功会上说："胡荣华在将近半个世纪里成为中国象棋坛上第一人，他的辉煌成绩是上海体育界的骄傲。希望上海市运动员认真学习胡荣华对自己事业永远求新、永不满足的精神。胡荣华因为象棋而名满天下，象棋因有胡荣华而更显精彩。我们祝愿胡荣华在新世纪的棋坛上再抹上浓浓的几笔。"

成为真正意义上的"世纪棋王"后，上海市体育局奖励我奖金1万元。很多棋友知道后，打抱不平！认为以我的地位与功绩，这样的奖金是太少太少了！我闻之，诚心诚意地表白："选择象棋，是我人生棋局中下得最漂亮的一步……有了大家对我们象棋运动员的理解，没有奖金，我也会继续红黑论道。"

是的，没有奖金，我也会继续红黑论道。我之所以能14次夺取全国冠军，并能一直保持着棋艺的巅峰水平，这其中，除了勤奋、记忆力强、悟性高、意志顽强、战略战术灵活等因素外，重要的是还有一种精神，一种勇于探索、富于创新的精神。

棋坛把我的表现称为"胡荣华现象"。对于"胡荣华现象"，棋界专家们进行了研讨。有些专家把我比作"不死鸟"，是经过一次次"断翼折羽"而获得一次次"新生"创造伟业的。说我的象棋境界至今无人超越。在此，要感谢专家和象棋迷们对我的肯定。我想，一个棋手的自然年龄不可逆转，但心理年龄不能老化。倘若一个年轻棋手30多岁，心理年龄就老化了，就想退休了，那他永远也登不上新的高峰。

四十三、象棋的智性才情和赛制的改革

说到象棋的智性才情,我想谈谈象棋赛制的改革。二者似乎风马牛不相及,其实个中有内在的联系。一直以来,关于象棋赛制的改革,出现了很多争议:对我倡导的"平局黑胜""贴时竞叫"的非议声一直不断,赛制改革步履维艰。我之所以倡导"平局黑胜""贴时竞叫",是因为棋尽其变,但求精彩;是对和棋成风的纠偏;是还竞巧斗智象棋战斗性和竞争性、观赏性和表演性的本来面目。说到棋尽其变,我认为不仅仅是赛制的问题,而是牵涉到棋手的素养问题,因为现在的棋手下棋比较功利。正因为比较功利,才导致赛场上的和风一片。遥想当年,古代士大夫下棋是追求完美,乐在其中。因此,常常会在局面优势时,置输赢风险于不顾,去追求行棋的精彩。正因为此,才会出现大优势下的翻盘。说到象棋赛制的改革,我又想到了孩子们。我们小时候学棋,纯粹是爱好,连学了棋当不当职业棋手这个问题都从未想过,就是陶醉于杨官璘、何顺安等高手们精彩的楚汉争霸中。现在的家长之所以让小孩子学棋,绝大多数是出于考试加分的功利;如果拼上职业棋手,更可以名利双收。有围棋道场学棋孩子的家长,甚至放弃孩子义务制教育,一年动辄投入几十万,把孩子当原始股,等孩子入段上市,逼着孩子走独木桥!

这样的做法,就离开了事物的本原。棋类运动之所以对孩子具有经久不衰的吸引力,是因为棋类运动是形象思维和抽象思维相结合的游戏。又因为象棋的主动因素多于被动因素,在对弈中出现的变化具有无限多,因此棋类运动会有力地促进孩子们沉思,力求理解和探索。下棋决不能单单为了输赢,如果教小孩下棋只研究术,不讲究品,这就是本末倒置了。无论是象棋、国际象棋还是围棋，其本源都是为陶冶情操，开发智力，增加修养。本来是玩，是游戏，但是在领悟了象棋的理论，沉淀成文化后，就会成为一种传统。例如"宁弃一子不失一先""丢卒保车""丢车保帅""小卒子过河能顶车马炮"等棋谚，已经为全社会所理解，成为中华传统文化的一部分，对增强民族自信和凝聚力发挥了一定的作用。

四十四、创新是艺术发展的必然

　　古代棋谱和近代棋手对弈的精湛棋局，都是祖国棋坛的珍贵财富，也是每个棋手的必读教材。特别是古棋谱中的一些定式，初学者更应熟记。但是当棋艺达到一定水平后，就不应受这些定式的束缚，要打破旧框框，来一个突破。

　　我十分赞赏日本围棋棋圣藤泽秀行的一句名言："凡是我打过的棋谱，下棋时都会把它们忘掉，而且忘得干干净净才好。"我对藤泽秀行"把它忘掉"这句话的理解是："把它忘掉"就是没有了框框。没有了框框，别人对你就难以捉摸。如是这般，你在弈棋时就可以做到行云流水，无拘无束了。

　　艺术，贵在创新。象棋在中、残局方面的理论和实践，已达到了相当高度。但是，在开局理论的系统研究上，前辈留给我们的遗产却是少之又少。因此，我们必须推陈出新，有所创造。

　　象棋名宿徐天利说："如果说1964年前的胡荣华，棋艺上还只是全面吸收和继承，那么自1964年后，胡荣华已经以他深厚的功力，独具慧眼的创新，对象棋的理论和战术进行了全面的战略性改革。胡荣华的开局创新，和象棋理论研究同步进行。他创新的开局，都是有其理论根据。胡荣华在开局方面的理论，已达到前所未有的境界，尤其是对一些尖端课题，比如子力的协调、出子的速度、态势的优越、潜力的蕴藏、弱点的消除、各兵种的最佳配置以及效率的发挥、空间的争夺等等。胡荣华从象棋结构学的高度，对象棋进行了全面的探索和创新，并取得了巨大成就。胡荣华的创新，极大地丰富和深化了当代象棋的宝库，使这一门古老的艺术，放射出更加灿烂的光辉。"围棋选手曹志林说："胡荣华高在中盘的境界！"

两位的溢美之词，让我想到了王国维。王国维的"有境界乃自成高格"一说，意味深长。但凡艺术，都讲究境界。我以为，创新了就是有境界了。在棋艺上，我不喜欢循规蹈矩，一直想有所突破。如果一个人陷入惯性思维，总是下他人下过之棋，就不可能胜人一筹。如果大家陷入惯性思维，象棋就会止步不前。所以，当棋手们在系统地研究我的开局规律和战略战术，开始熟悉我的套路时，我已经也必须另辟蹊径。因为，我深知：只有不断推陈出新，象棋才会发展。

有道是"功夫在棋外"。除了心理训练外，还要扩大视野，除了国际象棋、围棋、桥牌等等，凡是与棋有直接或间接关系的书籍，包括辩证法，都应该去阅读。阅读之后，境界自然会提高。境界提高了，棋力自然会上去。埋头摆棋，研究一两着新招，用处不是太大。我非常喜欢看哲学著作，从哲学中汲取营养。因为，下棋本身就是一个充满辩证的活动，其胜负之道，就在于如何分析、判断、解决诸如攻与守、进与退、弃子抢先等一系列矛盾。哲学著作的理论，常常能指导棋手在纷繁复杂的棋局中理出头绪，抓住关键。学过辩证法以后，思路宽了，考虑问题的角度多了，对提高下棋的水平会很有好处。只有把实践经验提高到理论高度，才能到达一个新的境界。

我对象棋开局的创新，借鉴了围棋和国际象棋的思路。平时，我也喜欢下国际象棋与围棋。我认为，象棋与国际象棋、围棋棋理互通。接触国际象棋与围棋，对象棋会有所借鉴有所启发。

我经常在徐天利的训练室里，和他杀上几盘国际象棋。更多的时间，是浏览国际象棋的"布局法"：有王兵布局、后兵布局、C兵布局，从中又派生出俄罗斯布局、西班牙布局、意大利布局、苏格兰布局等等。和国际象棋比较，象棋的开局太过狭隘，开局理论也太过贫乏。几百年来，除了当头炮、屏风马、顺手炮被认为是所谓的正规开局，其他开局都被称为偏局。这似乎不太合理！

我认为从棋理上来讲，过宫炮、鸳鸯炮、进兵局、跳马局、飞象局，都应该成为正规开局。过宫炮、鸳鸯炮开局与当头炮、屏风马开局相比，只是开局的体系有所差别。我们应该去探索,去推陈出新!

在"上海杯"大师邀请赛上,面对李来群,我有针对性地打破常规首次变法自行卸炮。一般来说,象棋开局中,当头炮摆好后,除了主动出击和为了更好的防守,一般是很少自行卸炮。在我之前,在所有的古谱和名家对局中,没有在毫无危险的情况下自行卸炮的先例。那天,李来群先手飞象之后,我走了"炮8平3"还以金钩炮。等到李来群车一进一再车一平六之后,我走了一步炮3平6,把刚刚平到3路的炮,又转移到6路。走了三步棋,却动了两步炮。在场观战的棋坛名宿和大师都感到了惊异,因为,自有金钩炮一百多年来,从来也没有这样的招法。生性多疑的李来群面对怪招,不知所措。为了解决这一疑问手,李来群思考了三十多分钟。随后我继续施压,又走了几步看似违悖棋理的着法:单提马一边的象以及一兵一马两门炮,在一侧的边隅,布成了一条一字长蛇怪阵。李来群面对一长串大大小小复杂多变的问号!一时无解!等到进入白刃相交的中局,李来群是叫苦不迭!因为他还有14步棋要走,而时间仅仅只剩下短短的2分钟。匆忙之中,败着迭出,甚至把一个"炮"白送给我。这一局棋,李来群输得似乎是莫名其妙。有点出人意料之外,但也是情理之中。为什么这么说呢?因为,这是我针对李来群的生性多疑,有计划实施的开局和一系列的疑问手。当然,这一系列的疑问手,并非师出无名。主动卸炮,虽然浪费了一步棋,但卸炮后的棋形,类似另一种开局。而和那类似的开局相比,李来群的马位欠佳,如果李来群要让马位良好,至少需要调整两三步棋。这种用改变次序的方法重新开局,以一步棋换对方两步甚至三步棋的下法,在围棋中称为"手割"。这种主动卸炮的下法,被棋界仿效,后来成为流行。

大家知道,象棋中车的位置要四通八达,只有四通八达了,车才能威力无穷。开局中的一般下法,总是抢先亮车,以便辐射四方。正因为此,才有了"三步必出车"的说法。有一次,在一盘与杨官璘比赛的开局阶段,执红棋的我走了一步车一平三,把车藏在马兵之后。我的三路也就是杨官璘的

7路，这是双方的必争要道。如果仅仅是因为"未雨绸缪"，把威力巨大的车，放在三路马与三路兵的二重阻碍之后的着法，似乎有背常理。但是，兑掉三路兵跃出三路马二重阻碍化解后，三路车的威力尽显，立刻成为王者之师。置三路车于兵马之后的着法，是借鉴了国际象棋的战法。每当要打开一条通路，国际象棋的车就是藏身于兵后，然后掩护兵向前冲。而一旦小兵"阵亡"，车就会马上占据要道，成为关键的子力。如今，这步平车马兵后，已成为象棋开局中一个经典的范例。

需要补充的是，从创新这个层面上来说，我不认为都是我的一味付出，因为下棋是一个相互启发的过程，我能启发别人，别人也会启发我，只不过他人受我的启发可能多一点。

创新是历史赋予我们这一代棋手的重任。几十年来，我一直在不断地探索、革新。我曾经反思过，我为什么能14次夺取全国冠军，而且，能一直保持着巅峰水平呢？其中，除了勤奋、悟性、意志力等因素外，主要是有一种勇于探索富于创新的精神。

象棋名宿朱剑秋曾洞若观火地指出："披荆斩棘、永不停步，就是胡荣华获得成功的奥秘。"思于前，方能疾书于后。

毛泽东同志也曾说过一句古语："纲举目张。"从战略上来说，我认为在各地棋手的水平都已经相当接近的情况下，要想不冒一点风险就轻易地战胜对方，几乎是不大可能的。过分地追求平稳，其结果必将大大地增加和棋的可能性，而下两盘和棋就等于输掉一局。

因此，我总愿意把棋局向复杂化的方面引导，只要我预感到这种互有利弊的复杂局面对自己方面有较多的机会。向复杂化的方面引导的做法，不能保证不输棋，但获胜的机会也就会更多一些。我还以为，在复杂的变化中最能考验棋手们真正的实力，使棋手们丰富的想象力，有更广阔的可以大加发挥的天地。

原先我的开局也很单调，先手都是中炮过河车，后走多走顺手炮。刚进上海队时，因为火候未到，在开局上还没有鸟枪换炮，只能去模仿，拿到棋谱就是背就是看就是抄。能把前辈研究的成果消化,已经是善莫大焉,和创新是八竿子也打不着。而当代棋坛的竞逐十分激烈,各路名将无不采取革新手段勇攀高峰。为此,从20世纪的60年代起,我就有意识地面壁众多棋谱破壁,去开辟新天地。经过研究,我让尘封多年的古老开局经过推陈出新后重见天日,变成刚柔并济,内线和外线同时能战,弹性又很强的开局。1960年,我首次夺取全国冠军后,用了整整两年的时间,创出了新颖的中炮横车七路马开局。这一先走开局,特别是横车平四路肋道勒马头这一着,与屏风马进7卒的开局针锋相对;"飞相局""反宫马"两大具有百年历史的开局,被古谱和今人否定,我经过研究后,对"飞相局""反宫马"进行改革。然后,视不同对手,因人而异交替使用,在一系列的比赛中取得了惊人的胜率;我又对"鸳鸯炮""龟背炮"和"过宫炮"等开局进行了不同程度的创新;还发现了应付"中炮巡河炮"的最新应着。"鸳鸯炮"和"龟背炮"开局,因为子力龟缩一角,极容易受制于人,不易反击。"鸳鸯炮"和"龟背炮"历来被棋界权威认为是偏局,因而舍弃不用,已绝迹棋坛多年。我从孙子的"先为不可战,而后战胜之",也就是后发制人的理念出发,对这几种偏局进行了大胆革新。革新后,为把龟缩的子力演化为集中的兵力,将受制于人不易反扑的态势,转化为制于人的迅雷不及掩耳的奔袭。被打入冷宫多年的"鸳鸯炮"和"龟背炮",经过我的推陈出新后,已经成为攻守兼备的开局。

20世纪的70年代,我发掘整理的反宫马开局,历来人们都认为它难以与中炮相抗衡。经过研究,我冲破禁区,用反宫马开局去降龙伏虎。正如新加坡棋评家林关浩所言:"反宫马这类冷门布局,长期以来,许多棋手认为在对抗当头炮方面,防御术的应用不如屏风马坚实。但反宫马在胡荣华手中,却能化腐朽为神奇。"几乎是在每一届的全国象棋比赛上,我都会准备一两种偏局或古局做试验。1974年在成都的全国象棋赛上,我和孟立国相遇。孟立国的棋风彪悍,人称"东北虎"。赛前,我制定了要以太极拳的功夫来对付东北虎的计划。以勇猛强硬著称的辽宁名将孟立国,在1966年以前的比赛中，曾输过我多次。这次，他决心要"雪耻前仇"。他准备即使自己夺不到冠军宝座，也要争取把我打败，以显示他的实力。孟立国擅长"杀象入局"，且着法多种多样：孟立国有时用炮打象，有时用车捉象，有时用马踩象，有时用兵吃象。在个人赛的前几轮，他看到我用"新式武器"击败了对手，他怕自己也被"新式武器"所伤，便决定先下手为强，在我使用"新式武器"之前发动猛攻。因为他执红棋先走，掌握主导权，仗着先行之利，来势汹汹，一心要把局势导入他最熟悉的"中炮进三兵对屏风马"开局。

孟立国的意图，被我识破。我临场决定采用象棋中诡谲隐忍的"龟背炮"开局，走了一步炮8退1。"龟背炮"和"鸳鸯炮"的开局，有相似之处。20世纪40年代，上海棋手曾在实战中运用过，但效果不太理想。"龟背炮"和"鸳鸯炮"开局的理念，得益于太极拳后发制人的理论，是后战胜之。开局的战术是右炮退一左移，缺点是子力拥堵在一起，处理不好是自寻麻烦。特点是对方进攻越凶，反弹越大，也就是作用力与反作用力的关系。我经过研究之后，发现"龟背炮"和"鸳鸯炮"开局可以因人施之。于是便开始在全国比赛中使用，以达到出其不意的效果。

因为孟立国是东北棋手，杀力大。又因为孟立国知道我的一句经典名言：杀棋怕杀。因此，我对孟立国采用了看似柔性的"龟背炮"。此举既是兵不厌诈，又可以出乎孟立国的意料之外。果然，孟立国看到了新式武器"龟背炮"后，一时不知所措！孟立国攻也不是，不攻也不是。左思右想后，惯性使然的孟立国决定还是大刀阔斧进攻。我把双炮双车全都龟缩在棋盘一二路边上"诱敌深入"，和孟立国打起了持久战。中局时，我又投其所好，把自己的一只象送给了他。

前二十四个回合，对手是大兵入境，我没有一子过河。其实，平静的水面下，早已是暗流涌动。久攻不下的孟立国露出了一个不易被人发觉的破绽。我抓住机会双炮齐发双车夹攻，活擒孟立国的一匹马。而此时，我还是没有一子过河。至第二十五回合，当我的一匹马甫一过河，就投鞭断流——孟立国马上投子认输。这局歼对手于境内的棋局，直到现在仍是独一无二的经典。

　　我之所以敢在全国象棋大赛上使用偏局或古局，是基于这样的考虑：对于偏局或古局，即使我自己尚未拆透，但总是比没有拆过或拆得更少的对手要好。我认为，创新应该是理论联系实际。对于流行开局，也不能一成不变，应该进行改造。如屏风马平炮兑车局，十多年来都是黑方飞上3路象，在对方进车塞象眼捉炮时，势必退2路炮成担杆起到保护作用。如是，保护作用是起到了，但也削弱了对对方左翼的钳制力。我把飞3路象变为飞7路象后，给马底炮留下一条退路，马底炮被对方车捉时无需用另一侧的炮来解围。这样，马底炮的弹性更足，风险更小。除此以外，我还为劣势的开局进行研究，为劣势开局寻找生机。因为研究出劣势开局化弱为强的变化，往往会起到出其不意的效果：当对手自以为得势时，因为新变效应，形势突然翻转，对手往往会不知所措，如1979年全国比赛我后走顺炮拿下傅光明成就十冠王的关键之战。

　　为了促进棋艺的发展，我还不惜在一般比赛中公开精心研究的秘密武器，1984年2月19日的《新民晚报》，刊登了《胡荣华"重锤"敲吕钦》一文。本文曾在江南棋迷中广泛流传，一时传为佳话。佳话说的是"昆化杯"第二轮，我先手战胜吕钦的那一盘。被称为"重锤"是第十一回合我走了车四退四的这一手棋。我针对对方开局中一丝不易察觉的漏洞，投其所好，抛下金钩香饵，诱吕钦袭用喜爱的"中炮过河车对左象盘河马"开局。这种开局，一直为广东队所偏爱。吕钦曾用它胜过不少名手。车四退四的这一手棋，我的红车绕了一个圈后，退到左右无路的士角上，准备和黑方兑炮。这一步棋看似平淡。然而，正是这步看似平淡无奇的着法，却被称为"重锤"。而这"重锤"一出，吕钦当即感受到了分量，长考之后，还是苦无良策，只能是看着流水落花春去也。中盘时，我巧施"后中争先"的妙手，弃相兑去对方全部"恶"子。对方的右翼顿时瘫痪，暴露在强大的炮火之下。这一盘棋，吕钦是输得心服口服。我的队友、象棋大师朱永康对十一回合我的车四退四这步棋的评价很高："胡荣华很推崇吕钦的棋风，认为吕钦是一个极有前途的棋手。但是，好钢需要重锤炼。所以，胡荣华以实际行动无私地提携他一同前进。胡荣华分明是在告诉气势汹汹的吕钦——棋还可以这样下！胡荣华教给吕钦的，不单是一步具体的棋，而是对棋的一种理解，也就是境界。"

象棋大师朱永康原籍广东后迁居上海，他棋风绵密细腻，善于运子谋兵。朱永康1977年获得全国亚军，后担任上海象棋队教练。朱永康十分重视资料整理，尤其是历届全国大赛的对局以及海内外交流的资料等。经过搜集、整理，后来与朱剑秋、刘殿中、丁晓峰等评注合编过年度《象棋对局选》，由安徽科学技术出版社出版了六集（1985—1992年），向海外发行，受到各地棋友们的欢迎。

"中炮横车七路马""飞相局""反宫马""鸳鸯炮""龟背炮"和"过宫炮"等开局，在象棋发展史上不可替代的地位，已经得到了棋界的公认。为此，我也非常荣幸地被誉为"中国象棋现代理论体系的重要奠基人。"

第八章
弘扬棋文化是我一生的使命

四十五、创下了14盘的蒙目棋纪录

　　1970年，我被一位搞过体育运动的"革命司令"安排到他分管的崇明上海体委"五·七干校"去劳动。农场的工作还是比较辛苦的，一天下来感到很吃力。有时候想调节调节，坐下来下下棋，可一时找不到象棋，只能是苦笑一声。再想一想，即使找到象棋，也找不到对手。无奈之中，就坐在那里闭上眼睛，在大脑里假设对手演练古谱。然后，就开始在虚拟的棋盘上车马纵横楚汉争霸。日久天长之后，蒙目棋达到了极高的水平。农家们见我常常闭目端坐，感到非常好奇，问我为什么不到床上去睡觉。

　　我告诉他们我没有睡觉，只是闭目养神。听说只是在闭目养神，农家们并没有过多的介意。后来见到我几乎是天天打坐，以为我有精神问题。农家们很朴实地安慰我："你不要想不开，老是闭着眼睛，有空的时候还是和大家聊聊天，打打牌。"我知道有人对我产生了误解，便作了解释："谢谢大家关心，我是闭着眼睛在脑子里想棋。"农家们听清楚后，解除了疑问。但是，解除了我没有精神问题的疑问后，农家们又产生了一个疑问：一个人在脑子里下棋，可能吗？ 为了进一步消解农家的疑问，我说如果你们不信，你们可以叫几个人来跟我试试，我背对棋盘坐，不看棋盘。农家们非常好奇。

　　一次，东风农场派人来下战书，要和"五·七干校"学员进行象棋对抗赛。那位"革命司令"问我有没有兴趣下，我问他们有几个人，回答是15个，我说那我一个人就够了，而且提出来下蒙目棋。于是就这样定下了：我1对15下蒙目棋。比赛那天，他们少来了1个，这样，就是1对14。农家们对我不太了解，但东风农场的14位象棋高手已经知道我就是全国冠军胡

245

荣华，对我很是敬畏。但因为是蒙目1对14，他们有点不大买账。那晚的"五·七干校"打谷场上，摆上了14盘棋。14盘棋依次编排成号，我背对棋盘，开始应战。

在农家的眼里，蒙目1对14是天下奇事。因此，竟来了男女老少一大群人，围在棋桌四周。围观的人群中，有不会下棋，就是来看热闹的。经过两个多小时的你来我往，我是12胜2和。在场的农家们轰动起来，给了我热烈的掌声。当时，去农场劳动锻炼的干部很多，我只是很多人中的一位。农家中好多人都不知道我姓甚名谁？更不知道还有专业棋手。很多人好奇地问："这青年平时干活不那么利索，可下起棋来却那么神奇，他是什么人？"和我接近的几位老农已知道我的底细，这个时候也就如实告知了："他就是五届全国象棋冠军，大名鼎鼎的胡荣华。"

现场有人提问："过去有人下过蒙目棋吗？"我借此机会告诉大家："古书上就有蒙目棋的记载。宋代的《文山别集》这本书上就写着'以意为枰，行弈决胜负'。这分明是说只凭脑子想，不用棋盘棋子，两人即可对弈决定胜负。可见宋代就有人下蒙目棋了。著名的棋坛前辈谢侠逊在30年代也下过1对3的蒙目棋。"

因为蒙目12胜2和，"革命司令"很高兴，认为我给"五·七干校"长脸了。因此任由我在打谷场上答"记者"问。

蒙目棋有据可查的最早时间，可以上溯到唐朝。因为《王积薪闻棋》里的棋是围棋，所以我在现场就没有展开。唐人李肇曾写有一篇《王积薪闻棋》的文章，作者李肇在唐宪宗元和年间任中书舍人。王积薪是唐玄宗时人，曾为翰林，围棋棋艺高超。自以为天下无敌的王积薪将游京师，在去京城准备一展雄姿途中，他在旅店里耳闻了一局蒙目棋。下蒙目棋者并非弈林豪杰，而是开店的婆媳两人。第二天复盘时，王积薪确定自己的棋艺在婆媳之下。从那一刻开始，王积薪切实感受到了什么是"天外有天，山外有山"。《王积薪闻棋》用笔极俭，寥寥百字，把王积薪的春风得意踌躇满志之态尽显。在唐人李肇的笔下，隔墙而呼的婆媳两人呼之欲出。而婆媳两人的棋艺水平,让国手王积薪自叹不如。

关于《王积薪闻棋》,坊间还有另外一个版本:棋待诏始于唐朝。棋待诏由翰林院管辖,随时等待皇帝召见对弈,所以叫"待诏"。公元755年,平卢、范阳、河东三镇节度使安禄山发动叛乱,大兵直逼唐帝国的首都长安。唐玄宗李隆基带领杨贵妃和一批亲王、大臣、随员仓皇逃往四川。棋待诏王积薪奉命随行。进入四川境内的一天,沿路房屋被大官占据。王积薪在溪流深处,看到茅屋两间。茅屋有婆媳二人居住,王积薪只能屋檐下寄宿。夜深人静。忽然,王积薪听婆婆说:"晚上的时间太长,难以消磨,我们下一盘围棋如何?"王积薪纳闷:婆媳分处,又无灯光,怎么下棋呢?此时,传来婆婆和媳妇的对话:"我在东五、南九下子了。""我下在东五、南十二……"

我随意的一场蒙目1对14的比赛,创造了一个纪录。好多老棋手都感到惊奇。何顺安也曾下过蒙目棋,但只能1对3。他有点不相信我能1对14:"你怎么能同时1对14?"我很自信地回答他:"14盘还是很轻松的,如果再加6盘,加到20盘也没有问题。"何顺安说:"想不到你在当了工人农民以后,还在研究象棋。看来,你的棋艺又提高了。能蒙目1对14,说明你的记忆力已十分惊人。"

1984年国庆前夕,我和河北象棋大师刘殿中,以及北京的两位国际象棋棋手王陛钧、白岷一起,在领队王品璋的率领下,去大西北新疆传经送宝,讲授象棋和国际象棋。在上海出发之前,我对新疆的印象就是边塞诗人岑参的诗:"一川碎石大如斗,随风满地石乱走。"在短短的15天时间中,除了在乌鲁木齐和克拉玛依两地讲课,我还进行了象棋表演。所到之处,受到各族人民的热情欢迎。新疆人民的热情好客,让我走出岑参诗句的意境,改变了我对新疆的印象。9月23日,一行人到达乌鲁木齐的当天傍晚,我们受维吾尔族国际象棋棋手古拉提邀请,去他家做客。起初,我以为只是一次礼节性的拜访。到了古拉提家里才知道,这是好客的主人精心准备的丰盛晚餐。热情的主人先敬四位棋手三杯酒。古拉提说这是前奏曲——"先走三杯"。维吾尔族的请客习惯是客人吃得愈多,主人愈高兴。

我见状，便入乡随俗，一口气先干了一杯伊犁大曲。古拉提一家非常高兴，晚餐时已经载歌载舞。女主人舞到我面前，邀请共舞。酒使我的理性束缚减弱，显得真率、单纯。我起身，看着对方的姿势起舞徘徊。我的起舞，引来了满堂的大笑。

第二天晚上，我在乌鲁木齐市举行了一场1对8的蒙目棋表演。因为蒙目棋在乌鲁木齐的历史上是第一次，所以观棋者众多，场面热烈。蒙目棋表演后的第二天，我在进修班讲课，把前一天下的8盘蒙目棋逐一复盘，给学员一一指出每盘棋失利的原因。我说其中一局棋当时红方如果不进炮打马，而是相一退三先补一手可保无虞时，学员们是叹为观止。学员们对我1对8下蒙目棋，已经非常佩服，而过了24小时后还能一步不差地复现，更是感到不可思议。

我告诉学员们：所有的一切，都是源自扎实的基本功。说到基本功，我又向学员引进一个概念：象棋的开局要左右均衡和呼应。我简明扼要地分析：一盘棋，分为三个组成部分，即开局、中局和残局。开局是一盘棋的基础部分，犹如造房子的打地基，其重要性不言而喻。那么，开局要注意什么呢？首先，开局时必须而且一定要注意左右均衡。一般来说，只要在开局时做到均衡了，那么，左和右自然也就呼应了。而一旦做到了左右均衡左右呼应，那么，己方的子力在各路各线上，也就做到了运子适当，为立于不败之地打下良好的基础。

四十六、棋盘上播种的老农

夜花园里的车轮大战

随着年龄的上去,我开始喜欢忆旧。话说20世纪中叶的中国,不管男女老少,无论城乡僻野,皆为象棋的魅力所染。1956年,象棋被定为正式体育项目后,几乎每年都举行全国性的比赛。1962年,中华全国体育总会的下属组织——中国象棋协会成立。而后,各地相应建立了下属协会机构。

记得1982年7月,江宁路静安区体育俱乐部弈棋夜花园应广大棋迷的要求,特地请我到夜花园作车轮大战,为大家下指导棋。《新民晚报》预先发了我将在江宁路夜花园作车轮大战的消息。

7月下旬的一个晚上,华灯初上,清风徐来,夜花园的广场中央,四张长桌围成一个方形。桌上放着12张棋盘。另一边高高地挂着12个大棋盘。棋盘上方标明着对局者的姓名和台号。大棋盘前的一排排椅子上,已经是座无虚席。椅子的后面,还有许多人站着。表演赛之前,举行了简洁的开幕式,主持人作了简短的讲话。主持人讲话的内容大概是:"胡荣华同志的大名已家喻户晓,自1980年他在四川乐山全国赛中失去桂冠后,从今年年初至今,已捧回了'五羊杯''亚洲杯'和'三楚杯'三座金杯。胡荣华同志虽然是国手,但为了普及和提高棋艺,他还是在百忙之中抽出时间为大家下指导棋……"

那天的车轮战,说是我1对12,实际上是1对14。第一台的主将是上海市人民艺术剧院的著名演员魏启明,他是业余象棋高手,是《陈毅市长》剧中扮演陈毅同志的主角。魏启明说同胡荣华比赛有点胆怯。为此,他特地把《陈毅市长》的编剧沙叶新请来助战，沙叶新的棋比魏启明高一些，沙叶新又把比自己水平更高一些的弟弟请来一起助战。这样，第一台就有3个人。第二台的挑战者是王健康，是南京路上的最佳服务员，是全国新长征突击手。王健康是象棋科班出身，六年前，他曾在上海棋社的培训班受过专门训练。第三台是业余象棋宿将，上海市工商联副秘书长舒忻。舒忻在50年代曾和徐天利交过手，在去年一次友谊比赛中，他胜了上海市队的林宏敏，舒忻的棋艺水平是相当高的。第十二台的挑战者是复旦大学分校政法系学生申求实。他是1981年复旦大学象棋冠军。其余各台的挑战者，都是上海市各区的业余高手，在全区和全市的业余象棋比赛中得过名次。

棋坛名宿屠景明在开幕式上说："胡荣华自进入上海象棋集训队之后，20多年来，对象棋做出了突出的贡献，把我国的棋艺水平提到了前所未有的高度。今年他连续捧得多项全国精英战的奖杯，绝非偶然。相信他会把桂冠重新夺回。胡荣华在普及方面也作了很多工作，不遗余力地给广大棋艺爱好者下指导棋……"

比赛开始后，我飞快应着，从第一台应到十二台，只用了38秒。第二轮、第三轮应手所用的时间，也都是在1分钟之内。因为应着飞快，挂大棋盘的工作人员来不及挂棋。因为太紧张，有一台的对手在我转身后，居然连走了两步。我一圈兜过来后笑问："你为啥多走一步？"

观众们大笑起来，对手很不好意思，自我检讨："我想试试您的记性？不好意思！"四五个回合走下来，我主动把12局棋走成各不相同的布局。有中炮横车七路马对屏风马；有五七炮进七兵对屏风马双炮过河；有仙人指路对挺卒或卒底炮转列炮；有后补列炮等等。

比赛进行到40分钟时，第一台的魏启明连声叫急："挺不住了！"

工商联副秘书长舒忻说："水平相差太大，处处感到束手束脚。"新长征突击手王健康说："我的棋肯定要输了。"2个小时后，12台棋全部下完。我以10胜2和收工。能为象棋的普及出力，我很高兴，胜负不重要。我很乐意普及象棋，传播象棋。

2017年3月26日，在静安区的悦达广场1对5的车轮战，是上海电视台"五星运动汇·挑战胡荣华"上海首届市民象棋挑战赛，旨在通过象棋挑战赛，传播文化！拓展象棋！比赛历时近月，吸引了八百多名选手参与。参赛选手分小学、中学、大学和成人四个组别，各组别产生的冠军再加一名马来西亚籍的外卡选手，五位民间高手向我发起5对1的车轮挑战。这一次车轮战，很可能是我车轮战的句号。比赛期间，五星运动汇的记者采访了我。

比赛前，举行了舞龙表演，由上海非物质文化传承人三林舞龙队表演；胡荣华象棋学校的小朋友们表演了书法和古筝。我的学生单霞丽、欧阳琦琳、谢靖、董旭彬以及丁旭光等人到场。

回望自己的这么多年，我感到自己就是一个在棋盘上播种的老农。从当年上海城隍庙得意楼、国际饭店和大新公司、大世界大象棋表演、窦国柱和徐大庆先生让我应战来宾，到我一系列的车轮大战，以及上海的象棋擂台赛，这种普及象棋的活动，被上海象棋队传承了下来。上海历史上最红红火火的象棋擂台赛，于1988年创办。擂台赛还是一直在静安体育俱乐部进行，象棋的"娱乐价值"在上海市民心中有一定地位。其时，上海的民间象棋方兴未艾：由专业棋手组成的御林军接受绿林好汉的攻擂。绿林好汉里既有退役的前专业棋手，又有身怀绝技的民间高人。"绿林军"和"御林军"之间的楚汉争霸，吸引了众多棋迷。《新民晚报》等主要媒体进行了连续报道，成为上海市民街头巷尾的谈资。在1988年创办的第一届上海象棋擂台赛上，绿林好汉竟然一路过关斩将，最后由上海市冠军王鑫海请出了我。王鑫海在中炮横车盘头马对反宫马的布局中，突然走出进炮骑河打车的新招，导致我措手不及，陷入被动。因为王鑫海的几度手软，让我"割须弃袍"，终成和棋。王鑫海也因此错失了一台国产24寸彩电的奖品。当年曾有"盘头夹马，鑫海突施杀手，平炮撑士，荣华平息干戈"为题的棋评，发表在《上海象棋》上。

1990年夏，《新民晚报》与上海棋院合作，在静安区体育俱乐部举办了第三届上海象棋擂台赛，来自卢湾区的陈东伟出场后大爆冷门，接连把邬正伟、林宏敏挑落，我只好亲自披挂上阵。陈东伟的身后，还有王鑫海、葛维蒲两员大将。林宏敏失利后，因为我要代表中国队去马来西亚参加亚洲杯赛，擂台赛暂停了二十多天，回国后我仓促上阵。本来，我弃子抢攻吃回一子后已占优势，但对没有得过上海市冠军，仅仅得过上海市千人赛亚军的对手掉以轻心，越下越松，成全了陈东伟，制造了上海擂台史上的一个最大冷门。

为此，陈东伟赢得一台上菱牌的双门大冰箱。那个型号，当时市面上还没有。当时的市场价是 2 350 元。赢棋后的陈东伟，因为紧张和激动，擦火点烟时，双手一直在颤抖！看到棋迷们的欢呼雀跃，我也为此感动！关于这一次比赛，记者有生动的描述：本届赛事，实出人意料。"绿林好汉"的攻擂，顺风顺水。其中陈东伟，善用过宫炮开局，接连把胡司令帐前"哼哈二将"邬正伟、林宏敏挑落马下。如此，老胡只好亲自披挂上阵。有道是：螳螂捕蝉黄雀在后，在陈东伟身后，还有王鑫海、葛维蒲两员大将。胡司令真是又气又急：气的是手下如此不给力，急的是还有其他赛事要参加。想到这里，胡司令难免情绪波动，这棋也就像坐电梯，忽上忽下。本来老胡弃子抢攻，吃回一子后已占优势。谁知却越下越松，不但被陈东伟吃光士象，还多得一炮！最后陈剩车炮仕，胡只有车卒，这棋还怎么下！当胡司令投子认输时，台下棋迷欢呼雀跃，掌声雷动。

在当时文娱活动贫乏单一的态势下，象棋擂台赛既丰富了上海市民的生活，也让棋手得到了锻炼。上海的象棋擂台赛，推动了上海象棋的发展。20世纪的八九十年代，上海有多人代表上海、上海浦东和国家各部委参加全国大赛。除了上海象棋队，还有以葛维蒲为灵魂的上海浦东队；于红木、邬正伟、董旭彬组成的轻工队；朱祖勤、宇兵加盟的邮电队；王鑫海、庄永熙加盟的纺织队。

上海的象棋擂台赛，也让年轻的选手得到了锻炼。后来获得全国冠军的孙勇征，1999年在擂台赛为上海队守关，竟然是一夫当关万夫莫开！来了一次"一杆清"。这一次的一夫当关,对孙勇征而言寓意深远。

破格招常昊入围棋队

1984年,日籍华人棋圣吴清源访华,到上海棋艺俱乐部看望小棋手时,当得知8岁的常昊在让四子棋中战胜过日本棋圣藤泽秀行之后,连声称赞:"真不错! 真不错!"称赞之后,吴清源与常昊合影留念。

1982年,常昊由妈妈带到上海体育俱乐部围棋班,以插班生的身份入学。一开始,常昊只会以四个子包围一个子。开头两天根本不能与别人对局,只是聚精会神地在棋桌前观望。常昊全神贯注的架式,引起了教练邱百瑞的注意。邱百瑞感到此子可教,就单独给他吃了两个月的"小灶"。两个月后,零基础的插班生常昊便赶上了其他同学,成为体育宫少年体校的学生。这个阶段的常昊,已经到了一天不下棋就不行的地步。一年后,常昊战平了日本棋界前辈安永一的让7子指导棋。战平后,安永一称赞常昊:"这样的棋,我怎么能让7子呢?"幸运的常昊在短短的两年里,不但得到了邱百瑞教练的精心指导,还有机会与陈祖德、曹志林,甚至是藤泽秀行、安永一等中日高手交战。当然,他的进步,主要还是得益于自己的努力。学棋两年中,常昊有一天下十盘棋的纪录,有在让子棋中战胜日本棋圣的成绩,也有大意失荆州输给低手的教训。1986年,经上海市体委主任金永昌批准,上海围棋队招收10岁的常昊入队。常昊进上海围棋队,和我的力荐分不开。我力荐的理由很简单:"冠军棋才可遇不可求,一旦发现了,就必须破格培养。"

20世纪的80年代,受中日围棋擂台赛的影响,围棋的影响力在国内日益增强。在这样的态势下,上海棋院开始着手长远培养人才计划。除了培养曹大元、钱宇平、芮迺伟等已经崭露头角的一批新秀,还把眼光放到了邵炜刚、常昊等少年棋手的身上。上海棋社的人才培养计划,也得到了我的老朋友、中国棋院首任院长陈祖德的大力支持。中国围棋国家少年队正式成立,邵炜刚、常昊和天才少年罗洗河等一起入选。这一批少年棋手,后来成为中国围棋有名的"七小龙"。常昊之所以后来达到的高度最高，是因为上海棋社为了培养常昊，倾上海棋坛的最好资源。而常昊也以他良好的素养，赢得了社会各界的认可。后来，常昊成为继陈祖德、聂卫平、马晓春之后，中国围棋具有代表性的领军人物，曾三次获得个人世界冠军（应氏杯、三星杯、春兰杯），是中日擂台赛和中韩擂台赛的终结者，是中国队首次夺得"农心杯"世界团体赛（中日韩三国擂台赛）冠军的最大功臣。

常昊的成长过程，开始是一帆风顺。后来因为韩国围棋的崛起，因为曹薰铉、李昌镐、李世石三代天才的出色表现，常昊和中国围棋一度陷入低谷。在常昊从低谷奋起的过程中，作为上海三棋的总教练，当年力荐常昊进入职业棋手之门的我，对常昊是关怀备至。

2003年，常昊在几项世界大赛中止步八强。作为主将，常昊又在围甲联赛中，目睹最重要对手重庆队在上海队主场完成六连霸业。面对这样的刺激，常昊一度竟难以自拔。我见状于心不忍。于是借助《新民晚报》，寄语常昊为自己的实力正确定位，然后从低谷中奋起。常昊当然知道我的语重心长，更相信我的洞察力。第二年，通过调整和努力，常昊的棋力在年底时有所恢复：首先，率中国移动上海队夺得了围甲联赛的冠军，这也是围棋团体赛职业化后，上海队的首次夺冠。然后，又先后杀进了丰田杯和应氏杯的决赛。丰田杯和应氏杯决赛，都是在2005年年初举行。应氏杯的对手是韩国小将崔哲瀚。崔哲瀚年龄虽然不大，但在韩国国内的比赛中，已连续几次把李昌镐拉下马，而由此获得"毒蛇"之称。应氏杯决赛的五番棋，先是在韩国举行两盘，常昊和崔哲瀚下成了1比1平。随后，在日本名古屋举行了丰田杯的三番棋决赛。丰田杯的奖金仅次于应氏杯，是国际第二大赛事。常昊的对手是韩国小将李世石。外界认为，常昊遭遇李世石，要比以往遭遇李昌镐好下得多。我担心常昊的自信心。因为我感到出征名古屋前的常昊，依旧没有摆脱低迷。因此在常昊出征前，多次找他谈心。常昊对李世石不是没有信心，但当时的背景是，中国围棋在整体上被滚滚"韩流"所压。来势凶猛势不可挡的"韩流"，完全能左右决赛的氛围；又因为常昊自身还没有调整到位,因此,作为上海三棋的总教练,我认为非常有必要和常昊进行交流。

苦口婆心的我以自己兵败乐山又重新崛起的故事,帮助常昊调节心理,鼓励常昊继续奋进。我对常昊说:"我能下到60岁,你就打个八折,下到48岁,那还是有很长时间好下!"我一再劝慰常昊:"韩国围棋拿了那么多冠军,你不能有优势心理,要有'死马当活马医'的心态。要有背水一战的勇气,但不要去孤注一掷。"我还和常昊开玩笑:"我和你一起去名古屋,效果肯定好!"我只是在开玩笑,当然没有去名古屋。

我的担心不幸成真:在关键性的三番棋决战中,常昊还是缺乏背水一战的勇气:1比2输给了昔日视常昊为"苦手"的李世石。而且输的那两盘棋,是常昊在巨大的优势下功亏一篑。赛后,回到上海参加中国围甲联赛闭幕式的常昊,虽然捧起了冠军奖杯,但明显可以感觉到他的怅然有失。为此,我再一次苦口婆心地开导常昊:人在遭遇挫折的时候,一定要向前看,看远方;一定要正确面对,只有正确面对了,才能使自己处于有利的位置。我的一席话,让常昊茅塞顿开。他知道,顺境的时候,应该向前看,不忘本;逆境的时候,应该向后看,不灰心。看到常昊精神面貌的转变,我是喜在心头。在常昊出征丰田杯时,我预言:如果常昊拿了一个世界冠军,接下来他就可以拿第二个。

我的预言,得到了证实。在北京进行的应氏杯最后决赛中,痛定思痛后的常昊脱胎换骨判若两人。摆正了位置后的常昊,主动去拼对手。脱胎换骨后的常昊,比"毒蛇"崔哲瀚更毒!更毒的常昊一气呵成连下两城,为中国围棋捧回了告别多年,又是4年一届被称为"围棋界奥运金牌"的应氏杯。

少年成名的常昊,历经坎坷才登顶世界冠军,很重要的一点,是他善于吸取失败的教训,在逆境下奋起。我知道常昊有这样一个特质,不然的话,当年我也不会力荐常昊入队;不然的话,我也不会如此苦口婆心!常昊为上海争光,作为曾经的上海棋院院长的我,当然是十分高兴。

常昊用他的成绩,回报了我的苦口婆心!

带谢靖重走当年路

生于1989年的谢靖,比我的第一个弟子单霞丽小27岁。谢靖是江苏泰州人,父母亲在泰州市人民医院工作,是医院里的骨干。谢靖幼时就读于泰州市人民医院幼儿园和大浦中心小学。4岁时,父亲特意买了一副象棋给他,谢靖玩着玩着就着了迷。酷爱象棋的父亲看到儿子迷恋象棋,自然是非常高兴。谢靖的悟性甚高,仅仅向父亲学了半年,便出于蓝而胜于蓝。1995年,年仅6岁的谢靖获得了扬州地区少儿象棋比赛亚军。看到儿子有如此之高的象棋天赋,父亲决定送谢靖去江苏棋院接受系统的学习。于是,谢靖孩提时的寒暑假,就一直奔波在泰州和南京之间。1998年,9岁的谢靖一举获得全国少儿象棋比赛冠军。

1998年,我到泰州参加亚洲象棋赛的活动,当地很多棋迷告诉我泰州有棵象棋"好苗子",说谢靖是一位很有天赋的少年象棋人才。棋界很多朋友,包括曾经教过孙勇征的上海棋手葛维蒲,都向我推荐了谢靖。听到年仅6岁就获得了亚军,又是扬州地区的,我自然很是关注。扬州又是我老师窦国柱的家乡。关注之后,我约谢靖见了个面。那一次见面,谢靖给我留下很好的印象。

1999年和2000年,谢靖又以不败的战绩连续获得全国少年赛分龄组冠军。谢靖来到上海学棋的机缘,缘于上海浦东新区组队参加全国乙组象棋团体赛。当时的全国象棋乙组团体赛,规定每队4名棋手中必须要有一名少年棋手。

上海浦东象棋队的领队、我的同门师兄贾友福了解了谢靖的情况后,出面商借谢靖。贾友福想尽了一切办法,把谢靖从江苏借调来上海浦东,作为浦东象棋队的少儿棋手,参加2000、2001年的全国象棋乙级团体赛。代表浦东队征战全国乙组比赛的谢靖,因赛季战绩不错,又一次引起了我的关注。我发现谢靖的棋感良好,基本功扎实,是难得的棋才。于是我在

2001年收下了年仅12岁的谢靖为"关门弟子"。

2001年8月,全国象棋少年锦标赛在上海举行。经过两年全国象棋乙组团体赛锻炼的谢靖,以12岁的低龄,参加了16岁组的比赛,越龄"以小打大"。结果,谢靖获得了16岁组的冠军。谢靖以11岁零9个月的年龄,晋升为国家象棋大师,创造了全国最年轻象棋大师的纪录。同年,谢靖被我破格引进到上海象棋队试训。上海棋院启动了全面培养的方案。为了让谢靖这一棵棋坛"好苗子"在上海队中茁壮成长,当时的上海队助理教练单霞丽,不仅要照顾好谢靖的生活起居,更重要的是还要安排好谢靖的训练和学习。

谢靖到上海队的时候,还不满13周岁,且又是外地来沪。为此谢靖的母亲特地办了留职停薪陪伴着他。我特地关照兼任教练的林宏敏带着谢靖母子去找合适的出租房。担任院长助理的单霞丽,也经常照顾谢靖这个小师弟的成长。只要有时间,单霞丽就会开着那辆老旧的桑塔纳,接送谢靖到"绿林高手"出没的茶室去实战。茶室里的"绿林高手"们虽然行棋不太规范,但个个是身藏"飞刀",常常能走出棋谱中鲜见的招数来。我和单霞丽用心良苦,是希望谢靖吸收了江湖棋的搏杀能力后增加棋力。

因为是我的弟子,谢靖成为单霞丽的师弟。在单霞丽面前,谢靖的辈分一下子提高了。1978年,单霞丽成为我的弟子。单霞丽在家排行最小,她的爸爸与哥哥都是棋迷。爸爸与哥哥下棋,她就在旁边观看。看着看着,她的象棋天赋开始显示:没过多久就成了弄堂里的象棋大王,成为学校的象棋冠军。小学的体育老师及时把她推荐到精武体育会棋训班。单霞丽的父亲更是把对棋艺和对女儿的双重厚爱,倾注到对单霞丽的辛勤培育上。1978年,是单霞丽棋艺生涯的第一个丰收年。挂着上海市少年亚军、全国少年季军和上海市第6届运动会成年冠军的奖牌,单霞丽迈进了上海队。聪颖的单霞丽非常勤奋,除了我,也得到徐天利、朱永康等名将的指导。1980年,单霞丽获全国冠军;1984年,单霞丽再次夺得全国冠军。

我对谢靖充满了期待。为了谢靖走向成熟,我是付出了很多很多。在谢靖的成长过程中，我给他的机会，不比给他任何一个师姐师兄要少。谢靖进入上海象棋队时，上海象棋队已经从上海市体育宫里100多平方米的上海棋院，搬到南京西路上的上海武术院内。这时候的上海棋院占地已达550多平方米。

在我的精心培养下，谢靖的棋艺稳步提高。2008年，谢靖夺得"威凯杯"全国象棋排位赛冠军。这一年，19岁的谢靖成为中国最年轻的特级大师。成为特级大师之后，我要求谢靖把奋斗目标定格在全国冠军上。参照老冠军们的发展模式，晋升为特级大师后，如果顺势而为的话，全国冠军应该是指日可待。我没想到这一等就是5年。此后5年，谢靖一直没有脱颖而出：在一个个邀请赛上都没有显山显水，在全国个人赛上是一次次空手而归。

我非常着急，谢靖的父母也是。当时的棋坛竞争残酷，和谢靖年龄相仿的蒋川、赵鑫鑫、王天一等几位年轻棋手已先后夺冠，许银川延续佳绩，湖北的汪洋在快棋上成绩突出。谢靖还是不温不火，我分析后得出的结论是：谢靖在全国个人赛上五次空手而归，是因为他在关键的时刻缺乏孤注一掷的搏性。我认为，在这样的态势下，谢靖如果还是随惯性而行，要在全国个人赛上加冕，无疑是镜中月水中花。为了激发出谢靖的象棋搏性，承担起使命感，久经考虑后，我决定对谢靖来一次棋外长棋。于是，在2012年春天的一个上午，我带谢靖赴窦国柱先生的旧居，去感受我的老师、谢靖的老乡窦国柱先生从江苏来上海后的生活艰难，和在棋盘上敢于搏杀的"剑客"血性。

我告诉谢靖：我第一次去窦老师家，是1956年夏天的一个下午。听我说窦国柱先生60岁还在参加比赛，谢靖有点惊讶。

我和谢靖来到窦老师当年住处时，窦老师那白墙小瓦的家已了无踪影。我和谢靖面对的，是整整齐齐高六层楼的一排排公房。那公房所在地的小区叫电影新村，公房的南面，是高30多层的恒益公寓。恒益公寓的门头，是书法家周慧珺的题书。

离开窦国柱旧居时，我凭记忆力，带着谢靖往正阳路东面走，一边走，一边为谢靖解说："三十多年前，脚下的这一块地叫和厚里，是一条呈之字形走向曲里八拐的路。这一条路，既没有铺石板，也没有铺水泥。小路的两旁，都是陋之又陋的油毛毡作顶的土房。从和厚里拐出去，是一条河，那条河叫日晖港。日晖港里的河水，非常浑浊。日晖港一头搁在肇嘉浜路，一头向南移，一直移到黄浦江。从肇嘉浜路到黄浦江这一段，叫日晖港龙须沟。龙须沟属于日晖港河的分支。"

这一次，我带谢靖故地重游时，日晖港已不复存在。当年的日晖港，已经在20世纪90年代被填，河上的桥也同时被拆除。日晖港被填后，起名为日晖东路。当年的日晖东路一侧，存有依稀可辨的残堤。时至今日，几经改建的日晖东路，更名为瑞金南路。如今的瑞金南路西面，当年和厚里的土地上，已经鼎立起几十座高楼。当年日晖港龙须沟的残堤，也早已不见影踪。

几十年前的我从窦国柱家出来时，是穿过曲里八拐的和厚里，绕过日晖港后，走到了打浦桥瑞金二路和肇嘉浜路的交汇处。当年的打浦桥，并没有天桥，在现在天桥东侧的下面，就是最早的17路电车的起始站。17路电车站的南面，也就是十几步之遥处，是窄窄的斜徐路。同样是十几步路之遥的西边，是一条更窄的徐家汇路，徐家汇路是一条柏油路。站在17路的车头，朝南望去，车后的背景，便是又低又矮的简陋的房屋。陋居以小瓦片封顶，墙面上尽目是斑斑驳驳，破损不堪！斜徐路的路面是弹硌路，弹硌路两旁，是一排木质小棚。木质小棚是斜徐路露天小菜场的摊位。当时因为菜场少，几乎一整天，斜徐路菜场都是人来人往，嘈声不断。我告诉谢靖，当年打浦桥地区最热闹的地方，也是瑞金二路，长约350米的沿街两旁，是一溜儿门面不高的店铺。走进店铺时，必须举腿跨越，因为下面是一横档。头上也有一横档。横档中是凹槽，用来插一根根长板。晚上之后，一根根长板就成了一堵墙。今天的瑞金二路，依然是打浦桥最热闹的地方，只是一溜儿门面的店铺已不见。取而代之的是日月光大厦。斜徐路早已不现,往年的斜徐路早与徐家汇路两条路并为一路,拓宽成宽宽的徐家汇路。当年的斜徐路南侧,如今是现代化商住两用楼海华大楼。如今的打浦桥,通过肇嘉浜路和北面的徐家汇连为一体,被称为"东方的曼哈顿"。站在日月光大厦下的我,抚今忆昔,感慨万千!我对谢靖感言:"社会在发展,象棋也在发展。我们都会老去,作为一个棋手,应该在棋艺生涯中留下点难以磨灭的痕迹来。"谢靖点了点头,他已经体会到了我的语重心长。从窦国柱先生的旧居归来后,谢靖对象棋是更加投入,在比赛中的关键时刻,也敢于搏杀。我知道,谢靖想争夺冠军了。

2013年底,全国象棋个人锦标赛开张。虽然谢靖在起步阶段表现平平,下到第七轮时,是3胜4和,落后领头羊整整2分。但此时搏性大开的谢靖,已是开弓不带回头箭。面对混战的格局,静下心来的谢靖是放手一搏。因为放手一搏,谢靖在取得二连胜后匹马当先。最后一轮,谢靖后手战胜了北京名将蒋川,最终以6胜5和的成绩,登上了冠军宝座。

谢靖楚河称霸后不久,上海棋院也搬到了南京西路上新落成的大厦。那一天,站在上海棋院窗口的我是再一次感慨万千:上海棋院从早期在上海市体育宫里的100多平方米,至南京西路武术院内的550多平方米,到现在改建后的12 000多平方米,从一个侧面,见证了共和国的成长,见证了改革开放40年的胜利成果。从上海棋院寸土寸金南京西路的地理位置,也可以看到上海对象棋、围棋和国际象棋的重视,看到上海这一座现代东方大都市对传统文化的重视。

有时我也有力不从心之感,一心想培养出一个或几个接班人,现在好像有点想通了:悟性这东西,有些是天生的,只能顺其自然!可能是我的要求太高了,谢靖和上海另一位棋手孙勇征夺冠后,没有能二度称雄。虽然有点遗憾,也说明了楚汉争霸的艰难。但是作为继往开来的一代棋手,他们已经或者正在起到承上启下的作用。

我对我的门生说:"作为一名棋手,只有从象棋结构学的高度,对象棋进行全面的探索和创新,丰富和深化当代象棋的宝库,为象棋艺术更上一个台阶做出贡献,才能无愧于这个伟大的时代。"

喜收"俗家弟子"李文壅

在2005年全国象棋甲级联赛闭幕式上,我60岁生日时,我破格收了一名"俗家弟子"李文壅。在业余棋手中,李文壅的棋艺是十分了得,我只能让他一马。在我60岁生日的前一天,李文壅向我送上了一份特殊的礼物作为"拜师礼":一副红木棋盘、黄金棋子的象棋,价值十几万。从来不收重礼的我,这一次破例收礼。李文壅是上海市足球协会副主席,非常喜欢下棋,他虽不是"科班出身",但很有"悟性"。在象棋圈中,李文壅是一匹"黑马"。李文壅的棋,大局观很强,因为他的棋是从街头象棋闯出来的,行棋不落俗套,很有搏杀力,而且在关键时刻不手软。李文壅还是上海九城置业的董事长。就在拜我为师的前几天,李文壅旗下的"九城湖滨"楼盘,在松江"内部预定"时,第一天就"消化"了133套。

因为我的这一次"破墙收徒",让上海象棋界迎来了一位出色的棋友。每年,上海有很多品牌赛事,有赛车的,有网球的,还有田径的……唯独没有象棋的。在棋手和棋迷的眼里,这当然是一个遗憾!

在我的影响下,出于对象棋的热爱,出于对社会的回报,2008年,李文壅豪掷300万,创办了国内象棋比赛奖金最高的"九城置业杯"全国象棋超霸赛。李文壅还出资支持了两届象甲联赛的冠名,出资支持了象棋界破天荒规格的巨奖赛事,还出资支持了一系列深受上海市民欢迎的牌类如"九城"大怪路子和"九城"欢乐三打一的赛事。不仅如此,李文壅还雪中送炭资助了上海女子象棋队……李文壅不但支持象棋,还支持"脑力运动"。在繁忙的工作之余,李文壅担任了上海市象棋协会副会长、上海市休闲棋牌协会会长。作为市民喜闻乐见的智力运动,在2014年"上海市民体育大联赛"上,经过几年的培育,逐渐成熟的"九城"大怪路子和"九城"欢乐三打一赛事,出现在市民体育大联赛上,而且,还得到政府支持,作为政府购买服务的比赛项目。

有不少人赞誉我慧眼识人的"破墙收徒"高招。我说非也！在改革开放之前，李文壅只是上海一家工厂里一位普普通通的工人、一位普普通通的棋迷。当时的李文壅，是工余暇时与工友小赌怡情在饭菜票上来来去去的性情中人。如果没有改革开放，李文壅不可能成为九城置业的董事长；如果没有改革开放，李文壅的才华，还是施展在来来去去的饭菜票上；如果没有改革开放，我即使有慧眼一双，也只能是望穿秋水。

临场组建的"棋院二队"

我除了制订"斗地主"比赛规则，我还参加"斗地主"比赛。有一年，上海市休闲棋牌协会组织了一次"斗地主"比赛，我以"棋院二队"身份参赛。说起这支"棋院二队"，有缘由。原本，我出任本次比赛裁判长，没准备上场。弟子谢靖已经组成了一支"上海棋院队"参赛。可在比赛第一天，有一支已报了名的队居然没来，这会影响同一组其他三个队的比赛。我见状，现场组织了李文壅和上海棋院副院长单霞丽、院长助理欧阳琦琳组成了这支"棋院二队"临场救火。没想到，这支"救火队"出手不凡，过了两关，只差一轮，就可以进复赛的十六强了。

关键的一轮比赛，我险些成为全队的"命门"：单霞丽和李文壅分别拿下9分和16分，欧阳琦琳负5分，全队能否保本确保晋级，关键就看我了。我在那一轮开局时，就做成两副"地主"。但随后我接连抢做"地主"失败，好不容易积累的一点小本钱一下荡然无存，让观战的单霞丽等连连跺脚："胡老师怎么这么冲动？"当时，我越是被"农民"打倒，就越想做"地主"翻本，越是做"地主"，输得也就越多，我的负分一下就上了两位数。比赛结束，我输了整整16分，不仅把队友的积分全耗尽，还负了5分。我想我们已经是没戏了！没想到礼从天降，原来我们这组里有一支队分数奇高，其他三队都是负分。其中，两支队负了13分，结果负5分的"棋院二队"昂首出线直接进入十六强。事后我道出了实情："下次比赛前，再也不喝酒了！"原来，比赛当天李文壅请客，劝了我不少酒。我是带着醉意上场，难怪扯了全队的后腿。下一轮比赛前,我没有喝酒,因为是山外有山,人外有人,"棋院二队"还是输了。

胡荣华象棋学校

办一所象棋学校,是我多年的心愿。因为浦东新区政府的大力支持,这一夙愿得以实现。2000年底,我在新区有关领导的陪同下,实地考察了拥有百年校史的名校——上海市第六师范附属小学。这所学校的教育教学管理和取得的各项成绩与荣誉,令我十分满意。而学校方面也认为,增办象棋学校将使百年老校更具魅力、长葆青春,也给予全力支持。在各方的努力下,胡荣华象棋学校于2001年6月26日在上海市六师附小正式挂牌成立,国家象棋大师董旭彬、朱伟频担任了上海市六师附小的象棋老师。

两位国家大师是"教学相长":董旭彬和象棋大师葛维蒲合作,编著了象棋教材《象棋》。董旭彬又是五星体育频道家喻户晓的棋牌栏目"斗地主"的主持人。朱伟频完成了本科学历,考出了教师资格证。而六师附小也随着胡荣华象棋学校的挂牌,完成了一次升华:从以前的借选手参加浦东新区的象棋比赛,到自主组队参加上海市和浦东新区的象棋比赛,并屡次斩获冠军。更重要的是,学生们在学习象棋的同时,对中国传统文化有了直观的认识。作为独生子女为主体的这一代人,学生们通过象棋的学习,耐挫力得到了很大的提高。

编著象棋教材《象棋》,我认为是很有必要的。当时的图书市场上,象棋初级教材很多。但我觉得绝大多数的教材编得都不太理想,过于趋向"成人化"。趋向"成人化"的初级教材对于识字不多、理解力不强的低龄小朋友来说,未免太深。没有理想的象棋教材,势必影响象棋教学的质量。2002年,成立已满一年的上海市浦东新区胡荣华象棋学校为适应素质教育的发展,将象棋教学纳入校本课程,学校的专职象棋老师董旭彬和闸北区二少体教练葛维蒲,共同担起了象棋教材的编写工作。在时间紧、任务重的情况下,这两位年富力强的象棋大师圆满完成了象棋教材的编写任务。

教材出版前，我浏览了整部书稿，觉得它的编法突破了以往几乎一成不变的"定式"，完全按照课时的安排，把似乎不可分割的象棋知识体系均匀地打散、分解。这种大胆的"创新"，使学生经过第一学期17个课时的学习，便能到棋盘上实战。真刀真枪地尽早让学生到棋盘上战斗，可以激发他们的兴趣，提高教学的质量。我觉得，一位小学生如能在教师的辅导下，根据这本教材的内容，循序渐进地学习，会顺利地步入象棋艺术的殿堂。但最后是否能成为象棋之才，则要看各人的天赋和修为了。2002年，小学课堂教材《象棋》正式出版。自编教材的问世，使象棋课堂教学更加规范化。

上海胡荣华教育培训有限公司

继胡荣华象棋学校成立后，2015年，"上海胡荣华教育培训有限公司"正式成立。"上海胡荣华教育培训有限公司"是为弘扬中国传统文化，传承棋艺、牌艺的教育培训机构，主要从事"五棋一牌"（象棋、围棋、国际象棋、国际跳棋、五子棋、桥牌）的教育培训，拥有以国内棋牌大师挂帅的优秀师资团队。公司自2016年底成立以来，致力于智力运动进校园的推广普及，已在全市二十多所中小学开设各类棋牌课程，覆盖学生近5 000人，以棋启智，以牌育人，培养智力运动后备人才，许多学员在2020年的上海市青少年体育精英系列赛桥牌赛象棋赛、学生阳光体育大联赛桥牌赛、上海市中小学生象棋锦标赛等比赛中取得了佳绩。

公司是上海市象棋教练员培训机构、上海市青少年智力运动培训基地、上海市第三届市民运动会合作伙伴、上海市青少年体育冬夏令营合作伙伴、上海城市业余联赛智力运动会合作伙伴。公司是上海市业余象棋升级赛平台运营及赛事承办单位、上海市棋类、桥牌等升级升段赛事承办单位之一。近几年来，公司承办了全国象棋个人锦标赛、全国象棋业余棋王赛、全国象棋少年网赛和上海城市业余联赛及上海市中小学生象棋锦标赛、第二十届亚洲象棋锦标赛和"一带一路"上海友好城市象棋邀请赛。公司还承办了世界国际象棋女子冠军对抗赛和叶氏杯上海桥牌大师赛、上海市第三届市民运动会以及上海市青少年体育精英系列赛等赛事。

公司经理胡爱莲，是原上海东方明珠集团副总裁，现任杨浦区象棋协会会长。公司在胡爱莲经理的经营下，引进了长效的发展机制，公司经营得风生水起。不仅如此，针对象棋考级10级制的不足，公司提出增加象棋文化的元素，把原来的10级定为12级。12级的定级方法，得到了中国象棋协会的认可。目前，已经在全国范围内实施。针对考级级数的变化，公司已着手在编写新的象棋教材。

```
    ┌───┐
    │ 1 │
  ┌─┴─┬─┴─┐
  │ 2 │ 3 │
  └───┴───┘
```

1. 1980年12月，参加首届亚洲杯中国象棋赛的代表们在澳门合影，自左至右为胡荣华、秘书、杨官璘、柳大华、王嘉良、谢思明

2. 1985年，胡荣华（左一）与新加坡北斗象棋研究会主席林关浩（右三）等拜访百岁棋王谢侠逊（左二）

3. 1986年，胡荣华（左）参加亚洲象棋联合会美加访问团，在纽约与泰国棋王谢盖州留影

1. 1986年，胡荣华参加亚洲象棋联合
   会美加访问团，在联合国大厦广场
2. 1987年，胡荣华（左一）在上海复
   兴公园与少年棋手作车轮表演赛
3. 1987年，中国象棋代表队在巴黎凯
   旋门留影（自左至右为胡荣华、刘
   国斌、钱洪发、许波）

1. 1992年8月,胡荣华在新加坡吉隆坡怡东宾馆
2. 1993年11月,在泰国曼谷举行的第六届亚州城市象棋名手赛开幕式上(自左至右为欧阳琦琳、刘殿中、胡荣华)
3. 1992年8月,上海象棋代表团在新加坡北斗象棋研究会成立10周年纪念联欢晚宴上(自左至右为孟建勋、林宏敏、单霞丽、胡荣华、陶建平、徐天利)

1. 1993年，胡荣华（站立者）在上海第三届英达尔杯象棋擂台赛上，观林宏敏（左）与葛维蒲的比赛

2. 1995年，胡荣华（左一）与单霞丽（左二）、万春林（左三）在自己五十岁寿宴上

3. 1995年，上海静安区象棋代表队访问泰国（右四为胡荣华）

1. 1995年，在上海举行的胡荣华首获冠军35周年庆祝活动中，胡荣华在上海大世界表演车轮大战
2. 1997年，胡荣华在上海棋社为读者签售《胡荣华妙局精萃》
3. 1996年《上海象棋》杂志同仁（自左至右为葛维蒲、王存礼、李昂、徐天利、林宏敏、胡荣华、单霞丽、陈效渭）

1. 2018年，胡荣华在居文君获国际象棋世界冠军的庆功会上
2. 2018年8月，胡荣华（中）接受上海人民广播电台记者采访
3. 2014年，在金外滩集团与上海棋院象棋队联谊会上，胡荣华作车轮表演

1. 2019年7月21日，上海市文史研究馆胡荣华馆员在上海图书馆开讲《上海象棋七十年——我的象棋故事》
2. 2022年，丁旭光在上海棋院采访胡荣华
3. 2022年7月25日，中共上海市委统战部副部长蔡忠(右)看望胡荣华馆员，左为上海市文史研究馆副馆长沈飞德

| 1 |
| 2 |
| 3 |

1. 2008年，胡荣华和郭莉萍在首届"九城置业
杯"全国象棋超霸赛上讲棋
2. 2010年，上海棋院成立50周年合影，左起：
万春林、孙勇征、郑轶莹、欧阳琦琳、胡荣华、
单霞丽、林宏敏、赵玮、谢靖
3. 1996年，胡荣华在宋庆龄幼儿园"上海市幼
儿象棋培训基地"辅导小朋友

1. 1998年,胡荣华(右)指导弟子单霞丽
2. 2001年,胡荣华(左)指导弟子孙勇征

<table>
<tr><td>1</td></tr>
<tr><td>2</td></tr>
</table>

1. 2003年，胡荣华（左）和常昊交流谈心
2. 2009年3月，第四届大棋圣战期间，胡荣华关心弟子谢靖

1
2

1. 2010年，时任上海市副市长赵
   雯向胡荣华颁发上海市文史
   研究馆馆员聘任证书
2. 2008年，胡荣华参加上海"祥
   云"奥运会火炬接力活动

1. 2013年第13届世界象棋锦标赛期间合影，前排左起：胡荣华、世界象棋联合会主席霍震霆、世界象棋联合会副主席耐格勒博士；后排左起：亚象联秘书长林关浩、惠州华轩置业董事长李惠雄、惠州市副市长操向农、中国棋院象棋部主任刘晓放、李文雍，后排右起：特级大师郭莉萍、悉尼象棋协会会长常虹

2. 2014年，胡荣华（右）70大寿，世界象棋联合会和亚洲象棋联合会副主席、亚洲象棋联合会永远名誉主席、上海棋院顾问王铭先生赠送贺礼

3. 2018年亚锦赛期间合影（左起郭莉萍、王铭、霍震霆、胡荣华、朱国平、单震丽）

	1	
2		
	3	

1. 2017年，胡荣华（中立者）在上海市象棋实验学校（上海市六师附小）参观"象棋文化课堂教学展示"活动
2. 2017年，胡荣华在上海市象棋实验学校（上海市六师附小）为学生们签名
3. 2017年，胡荣华（后排左三）在上海市象棋实验学校（上海市六师附小）和学生代表合影

| 1 |
| 2 |
| 3 |

1. 2021年1月,胡荣华在"上海胡荣华象棋基金会揭牌仪式"上发言
2. 2022年,第二届上海杯象棋大师公开赛闭幕式上,时任上海市副市长陈群(左六)、中国象棋协会顾问胡荣华等出席闭幕式并为获奖棋手颁奖

附录：胡荣华年表

1945 年

出生于上海市卢湾区志成坊 20 号，父胡焱森，母唐招娣，祖籍江苏省盐城市。排行第二，前有一姐后有一妹三弟。

1952 年（7 岁）

入上海市卢湾区吉安路私立思诚小学。随父亲学象棋。

1956 年（11 岁）

思诚小学更名为吉安路小学，迁至法藏寺里上课。

1957 年（12 岁）

上海市小学生个人赛第 1 名。受两先与棋王谢侠逊下和。上海：城隍庙得意楼应战来宾。上海：大世界应战来宾。拜徐大庆为师。

1958 年（13 岁）

上海：在文庙路蓬莱区文化馆守擂。

1959 年（14 岁）

入上海象棋集训队。上海：上海市秋季运动会第 3 名。

1960年（15岁）

上海：上海市个人赛第2名。杭州：五省市象棋友谊赛第1名。广州：广东—上海、温州联队对抗赛。上海：复旦大学1对30车轮战。北京：全国团体赛第1名,全国个人赛第1名。

1961年（16岁）

从顾水如、刘棣怀学习围棋。上海：上海—广东对抗赛。广州：广东—上海对抗赛。南京：江苏—上海对抗赛。上海：上海—辽宁对抗赛。哈尔滨：六省市友谊赛。

1962年（17岁）

上海：上海—广东对抗赛。上海：上海—浙江对抗赛。成都：四川—上海对抗赛。合肥：全国个人赛第1名。

1963年（18岁）

上海：上海—东北联队对抗赛。哈尔滨：东北联队—上海对抗赛。上海：上海、江苏、安徽、杭州四省市邀请赛。苏州：苏州—上海对抗赛。广州：广东—上海对抗赛。

1964年（19岁）

杭州：全国个人赛第1名。上海：上海市第四届运动会第1名。苏州：苏州—上海对抗赛。广州：1964年全国前6名名手邀请赛。

1965年（20岁）

加入中国共产党。银川：全国个人赛第1名。上海：上海四省市友谊赛。苏州：苏州—上海对抗赛。

1966年（21岁）

郑州：全国个人赛第1名。越南：中国象棋队访问越南。

1967年（22岁）

上海棋社外调。

1968年（23岁）

上海金山县"三秋劳动"。

1969年（24岁）

上海宝山县"三秋劳动"。上海市跳水池劳动。

1970年（25岁）

上海：崇明上海体委"五七干校"劳动。

1971年（26岁）

上海：上海614造币厂劳动。

1972年（27岁）

"借调"至上海象棋集训队。

1973年（28岁）

广州：广东—上海对抗赛。上海：上海—广东对抗赛。上海：上海市个人赛第1名。

1974年（29岁）

结婚，妻方国英。成都：全国个人赛第1名。上海：上海市第五届运动会第1名。

1975年（30岁）

女儿胡艳鹭出生。上海：上海—广东对抗赛。北京：全国个人赛第1名。

1976年（31岁）

广东：广东—上海对抗赛。兰州：全国个人赛预赛。

1977年（32岁）

太原：全国团体赛第5名。全国个人赛第1名。菲律宾：中、菲、马、港象棋名手邀请赛第3名。

1978年（33岁）

福州：全国团体赛第6名。郑州：全国个人赛第1名。上海：代表卢湾区参加上海市第六届运动会第1名。广州：四省市友谊赛。

1979年（34岁）

北京：全国团体赛第1名。北京：全国个人赛第1名。澳门：亚洲象棋邀请赛。

1980年（35岁）

福州：全国团体赛第3名。乐山：全国个人赛第10名，由甲组降入乙组。澳门：第一届"亚洲杯"团体赛第1名。

1981年（36岁）

肇庆：全国团体赛第2名。温州：全国个人赛乙组第4名。广州：第一届"五羊杯"。承德：11省市邀请赛。曼谷：第一届亚洲城市名手邀请赛。

1982年（37岁）

武汉：全国团体赛第3名。成都：全国个人赛第2名。广州：第二届"五羊杯"第1名。上海："上海杯"大师邀请赛第1名。上海：代表卢湾区参加上海市第七届运动会团体和个人第1名。在上海市第七届运动会上做1对12车轮大战。杭州：第二届"亚洲杯"团体赛第1名。武汉：第一届"三楚杯"第1名。哈尔滨："北方杯"。

1983年（38岁）

担任黄浦区人大代表。哈尔滨：全国团体赛第2名。昆明：全国个人赛第1名。广州：第三届"五羊杯"。镇江："恒顺杯"。贵阳：贵阳市体育馆1对6（5胜1和）蒙目棋表演。《夹炮屏风——反宫马布局研究》出版（香港业余象棋协会、新加坡北斗象棋研究会）。

1984年（39岁）

合肥：全国团体赛第4名。广州：全国个人赛第2名。广州：第四届"五羊杯"。昆山、苏州："昆化杯"第1名。肇庆："七星杯"第1名。武汉：第三届"三楚杯"第1名。马尼拉：第三届"亚洲杯"团体赛第1名。担任上海棋社社长。《反宫马专集》出版（上海文化出版社）。收万春林为徒。

1985年（40岁）

西安：全国团体赛第3名。南京：全国个人赛第1名。广州：第五届"五羊杯"第1名。上海："百岁杯"。上海："长寿杯"闭幕式上，1对18车轮战。上海：拜访百岁棋王谢侠逊，陪新加坡北斗象棋会拜访谢侠逊。嘉兴：在嘉兴市工艺美术厂指导该厂选手。淄博："柳泉杯"，在西河镇农家做客。兰州："敦煌杯"。新加坡：第二届亚洲城市名手邀请赛。出任《上海象棋》主编。

1986年（41岁）

邯郸：全国团体赛第1名。湘潭：全国个人赛第6名。广州：第六届"五羊杯"第1名，在文化公园做1对7蒙目（6胜1和）表演。昆山：第三届"风华杯"。沙州：上海市队访沙州。杭州："青春宝杯"。厦门：象棋名手赛。太原：第二届"天龙杯"第1名。美国、加拿大：亚洲象棋明星队访问美国、加拿大。上海：出席上海棋社与延中复印公司挂钩签字仪式。推荐常昊入上海市围棋队。《胡荣华象棋自战解说谱》出版（山西人民出版社）。《十连冠的棋艺精华》出版（人民体育出版社，与徐天利合著）。

1987年（42岁）

福州：全国团体赛第5名。广州：第七届"五羊杯"第1名。上海、北京：南北国手对抗赛。新加坡："健力士杯"。法国：中国象棋队访问法国。

1988年（43岁）

担任上海市人大代表（任两届）。孝感：全国象棋团体赛第4名。呼和浩特：全国个人赛第2名。广州：第八届"五羊杯"第1名。常州：第四届"后肖杯"第1名。扬州："扬州日报·木建杯"第1名。天津："净安杯"第1名。哈尔滨：第一届"棋王赛"第1名。沈阳：出席"东方——齐洛瓦杯"邀请赛。丹东：1对15车轮战（全胜）。新加坡：第5届"亚洲杯"象棋赛第1名。上海：参加谢侠逊追悼会。上海：参加棋坛前辈朱剑秋80寿辰。广州：客串主持广东珠江经济广播电台《名人热线》节目。新加坡：接受台北《民生报》记者林英喆电话采访。

1989年（44岁）

重庆：全国个人赛第2名。上海：上海"航空杯"擂台赛。广州：第九届"五羊杯"。常州：第五届"后肖杯"。济南"金角杯"第1名。北京：第二届棋王挑战赛。北京：出任"五粮液杯"过五关象棋国际擂台赛擂台主。新加坡：访问新加坡。德国：上海汉堡友好城市活动，三棋车轮1对18。为《丁旭光侦破小说集》题字。

1990年（45岁）

邯郸：全国团体赛第4名。杭州：全国个人赛第3名。广州：第十届"五羊杯"。泰州："泰州杯"。柳州：第一届"银荔杯"。武汉："体育博览杯"。北京："华远杯"三棋全能。大连："合作银行杯"南北象棋超级棋星对抗赛，南方队胜、胡荣华得分首位。新加坡：第一届世界锦标赛。曼谷：第六届"亚洲杯"第1名。

1991年（46岁）

荣获国家体育运动荣誉奖章。无锡：全国团体赛第1名。广州：第十一届"五羊杯"。上海、广州：辛未年迎春电话快棋赛。上海："张裕杯"擂台赛。常州：第3届"后肖杯"。柳州：第2届"银荔杯"。昆明："宝仁杯"象棋世界顺炮王争霸战第1名。山打根：第5届亚洲城市名手邀请赛第1名。出席上海棋社30华诞暨《围棋》月刊创刊30周年庆典。上海：出席上海象棋队与上海蓄电池厂喜结良缘签字仪式。新加坡：任教新加坡象棋队。

1992年（47岁）

抚州：全国团体赛第2名。北京：全国个人赛第3名。北京：参加中国棋院建院典礼。广州：第十三届"五羊杯"。上海：上海象棋擂台赛。烟台："蓬莱阁杯"。桂林：第三届"银荔杯"。四川成都："蜀都杯"国际名手双人赛。华阴："华山杯"棋王赛第1名。老河口："环空变压器杯"第1名。新加坡：上海象棋队访问新加坡。《胡荣华飞象百局》出版（新加坡《北斗棋苑》、台湾《宝岛象棋》联合）。

1993年（48岁）

南京：全国团体赛第2名。广州：第十三届"五羊杯"。广州：第一届"嘉宝杯"。常州：第四届"后肖杯"。青岛："中行杯"第1名。桂林：第四届"银荔杯"。泸州："棋王杯"。曼谷：第六届亚洲象棋名手赛第1名。新加坡：应邀参加北斗象棋研究会会庆10周年。

1994年（49岁）

石家庄：全国团体赛第1名。郴州：全国个人赛第5名。广州：第十四届"五羊杯"。上海："嘉丰房地产杯"王位赛。上海：第二届"嘉宝杯"。桂林：第五届"银荔杯"。泸州：第四届棋王赛。天津：迎战三棋百人童子军。香港：香港棋艺嘉年会。

1995年（50岁）

峨眉：全国团体赛第4名。广州：第十五届"五羊杯"。上海：出席"胡荣华首获全国冠军35周年"庆祝活动，并做蒙目1对6车轮表演。广州：第三届"嘉宝杯"。温州："阿信杯"。桂林：第六届"银荔杯"。青岛："华天杯"。哈尔滨："高科杯"。曼谷：泰国、上海名手邀请赛。

1996年（51岁）

新都：全国团体赛第5名。宁波：全国个人赛第6名。广州：第十六届"五羊杯"。上海："电话发展杯"第1名。上海：第四届"嘉宝杯"。顺德：第3届过宫炮棋王赛。桂林：第七届"银荔杯"。纽约：访问美国并在孙逸仙中学蒙目1对6。上海：出席上海胡荣华象棋俱乐部有限公司成立仪式。上海：与宋庆龄幼儿园合作开设"上海市幼儿象棋培训基地"。上海：出席上海象棋队与市建八公司"联姻"新闻发布会。

1997年（52岁）

上海：全国团体赛第4名。漳州：全国个人赛第1名。广州：第十七届"五羊杯"第1名。广州：第五届"嘉宝杯"。北京：首届"中立杯"。香港：访问、任亚洲象棋联合会第一副会长。《胡荣华妙局精萃》出版（上海辞书出版社）。

1998年（53岁）

担任上海市政协委员。宜良：全国团体赛第4名。广州：第十八届"五羊杯"。上海："九百杯"。南京："安居杯"。桂林：第九届"银荔杯"。通州："通州杯"。太原："五粮醇杯"。太原：三项棋车轮战，象棋5胜1和，国际象棋2和，围棋（授2子）1胜1负。

1999年（54岁）

入选新中国体育50星选。广州：第十九届"五羊杯"。上海：上海象棋擂台赛。北京：第十届"银荔杯"。无锡："红牛杯"。沈阳："怪坡杯"。平阳："鹏昌杯"。荥阳：首届"少林汽车杯"。上海：出席上海邹郎御酒象棋队命名仪式。

2000年（55岁）

宜春：全国团体赛第4名。蚌埠：全国个人赛第1名。广州：第二十届"五羊杯"。上海：全国大棋圣战。桂林：第十一届"银荔杯"。淄博："嘉周杯"。

2001年（56岁）

乐山：全国团体赛第4名。第二十一届"五羊杯"。番禺："富豪山庄杯"。澳门：第七届世界锦标赛。上海：与上海浦东第六师范小学合作，成

288

立上海市胡荣华象棋学校。收谢靖为徒。

2002年（57岁）

济南：全国团体赛第3名。第二十二届"五羊杯"。中央电视台拍摄播放《体育人间·胡司令外传》五集电视纪录片。为丁旭光《橘中雅戏——象棋初步》作序。为董旭彬、葛维蒲《象棋》(小学课堂教材)作序。

2003年（58岁）

全国甲级联赛第1名。第二十三届"五羊杯"。

2004年（59岁）

第二十四届"五羊杯"。

2005年（60岁）

全国甲级联赛第3名。第二十五届"五羊杯"。上海："上海棋界祝贺胡荣华60大寿暨首次夺冠45周年"活动。收李文壅为徒。

2006年（61岁）

北京：威凯房地产杯全国象棋排位赛冠军。全国甲级联赛第2名。在象棋甲级联赛首推"红先贴时"赛制。

2007年（62岁）

全国甲级联赛第1名。

2008年（63岁）

全国甲级联赛第3名。上海："祥云"奥运会火炬接力活动。为单霞丽《单霞丽电视讲棋精选集》作序。

2009年（64岁）

全国甲级联赛第4名。上海："九城置业杯"象棋超霸赛。成都：全国第一届智运会，上海代表团象棋队队员。

2010年（65岁）

被上海市人民政府聘任为上海市文史研究馆馆员。

全国甲级联赛第4名。

2013年（68岁）

全国甲级联赛第4名。武汉：全国第二届智运会，象棋男子团体第1名。

2014年（69岁）

全国甲级联赛第3名。

2015年（70岁）

上海：成立上海胡荣华象棋培训有限公司。

2017年（72岁）

上海：上海首届市民象棋挑战赛"五星运动汇·挑战胡荣华"1对5的车轮战。上海：全国大学生棋赛开幕式和闭幕式。为《西北棋王钱洪发专集》一书题词。

2018年（73岁）

上海：为"花木杯"第20届亚洲象棋锦标赛获奖棋手颁奖。上海：受邀东方卫视艺术人文频道《今晚》栏目采访。上海：受邀上海人民广播电台采访。

2019年（74岁）

上海：在上海图书馆"上图讲座·上海市文史研究馆大家讲坛"开讲《上海象棋七十年——我的象棋故事》。上海：出席杨浦区象棋协会成立大会。为丁旭光长篇棋侠小说《烟雨秦淮》作序。为谢靖《我与象棋》作序。

2020年（75岁）

上海：参加上海棋院建院60周年纪念座谈会。上海：受邀东方卫视"可凡倾听"栏目采访。

2021年（76岁）

上海：出席2020年全国象棋锦标赛开幕式。上海：出席上海胡荣华象棋基金会揭牌仪式。上海：出席第一届"上海杯"象棋大师世界公开赛战略合作签约仪式及新闻发布会。

后　记

　　2017年初，上海市文史研究馆副馆长沈飞德老师数次约我交谈。交谈中，沈老师围绕着《胡荣华口述历史》，仔细询问我的写作情况，交代写作的注意事项，并让我带走《沈寂口述历史》《汪观清口述历史》《颜梅华口述历史》三本书做参考。这以后，沈老师一直关心书稿的进程，多次和我沟通。成稿之后，沈老师又几次审稿，还请文史馆馆员郭志坤先生审读书稿，提出了非常宝贵的意见。也正因为此，才有了今日此番。

　　2017年3月26日的上午，我从一个有着四百年历史的古镇出发，身着蓝色上装的我，背着一个蓝色的双肩包，走在乡间的小路上，把自己交给了一大片油菜花的背景。我的目的地，是去静安悦达广场，观摩一场"五星运动汇·挑战胡荣华"的胡荣华1对5的车轮战。"五星运动汇·挑战胡荣华"，是上海首届市民象棋挑战赛，此举旨在让业余棋手有机会过招胡大师。

　　我是应邀而去。就在上一周，应中国象棋协会副主席王连云先生之邀，我和胡荣华老师等几位师友一起喝茶。茶叙中，上海棋院院长单霞丽请我为《上海棋牌》杂志"棋人棋事"栏目撰稿。

　　在中国，胡荣华几乎是家喻户晓。这样的一位公众人物，南京路上散个步，王家沙里喝一碗粥，都可以成为新闻，都可能是留在史料里的一段文字。更何况，这么多年来，有关胡荣华的文字，点点滴滴聚在一起，就是一条大河。采访胡荣华，记录文字，是扬帆于楚河之上，在汉界的两边去芜存菁。但因为这尺半方寸，其实是八荒六合，可以神游，也可以是无法抵达的彼岸；又因为胡荣华13岁就入专业象棋队，他的生活，几乎是依棋而行。

如果在《胡荣华口述历史》中就棋论棋，担心和者盖寡；如果平铺直叙，又恐不及方物。好在胡荣华的智田里是慧果满园，作为撰稿者要做好的就是条分缕析。

《胡荣华口述历史》中的很多细节，都是首次披露。在本书中，胡荣华老师首次对外披露了他和太太方国英从谈恋爱到结婚的过程。胡老师的讲述，又一次把我们带到了那个纯真的年代。不仅如此，胡老师还对1960年全国象棋个人赛第三轮前的坊间有关传说，做了还原。提起窦国柱先生时，胡老师又让我们看到了窦国柱先生的另一面。胡老师说："窦国柱先生是一个很有情趣的棋手，他曾经和国民党的一些要员关系不错，特别是和李济深先生渊源颇深。但这并没有影响他对社会主义的热爱。有一天，我去他家里，不知道什么事让他兴奋得不得了，他居然打着节拍唱起了'社会主义好，社会主义好……'而且，一开口，就没有停下来的意思，竟唱了好几遍。"

胡老师的一番话，把我带到了六十年之前，那盏昏黄路灯下面对棋盘物我两忘的窦国柱先生。窦国柱先生是象棋名手，上海文史馆馆员，中国象棋史上赫赫有名的"扬州三剑客"之一。窦先生和胡荣华有师生之谊。窦先生家是白墙小瓦，墙壁上，紧贴着的，是竹篱笆。窦先生的门外，是一条弹硌路。弹硌路的南面，是一大片农田。夏令时节，有蛙声一片。大概在我八九岁的时候，我常常会猫一般地窜到窦先生门前那盏昏黄的路灯下，看他下棋听他讲棋，听他说少年胡荣华。

胡老师说窦国柱先生是一个很有情趣的棋手，其实，胡老师自己又何尝不是一位有情趣的棋手呢？2017年12月的一天，在上海棋院举行的全国大学生象棋锦标赛开幕式上，胡老师和中国象棋协会副主席王连云及中国棋院象棋部主任、象棋特级大师郭莉萍，应邀出席。与运动员合影后，胡荣华、王连云、郭莉萍来到上海棋院二楼贵宾室稍作休息。那天，胡老师也邀请了我一起到场。在贵宾室我问他："你小时候在弄堂里玩侧身翻的事，还记得吗？"胡老师听了当即站起身，像孩童般地旋转起来。当时他已年逾七十，我立刻伸出双臂欲作保护，惹得坐在一旁的两位嘉宾忍俊不禁。胡老师说："我的平衡力很好，小时候经常在弄堂里的无花果树下侧身翻，而且一翻就是十几个。"

胡荣华的大名，在棋界与棋迷中是以顶礼膜拜的方式传播的。胡荣华行棋中的霸气，往往令对手噤若寒蝉。胡荣华对象棋布局理论体系的发掘和研究，无人能出其右。

象棋名宿徐天利在评价胡荣华时曾说："如果说1964年前的胡荣华，棋艺上还只是全面吸收和继承，那么自1964年后，胡荣华已经以他深厚的功力，独具慧眼的创新，对象棋的理论和战术进行了全面的战略性改革。胡荣华在布局中无数前无古人的创新，在实践中卓有成效，一次次成为棋坛众多高手的楷模。胡荣华极大地丰富和深化了当代象棋的宝库，也为象棋艺术更上一个台阶做出了独一无二的贡献。"

胡荣华的棋高在境界，高在他的创新意识。用胡荣华的肺腑之言来说，"创新是历史赋予我们这一代棋手的重任"。

怀着高度责任感和使命感，胡荣华从60年代起师古而不泥古，面壁众多棋谱图破壁，让尘封多年的古老开局经过推陈出新后重见天日，变成刚柔并济，内线和外线同时能战，弹性又很强的开局。是他，革新了"中炮横车七路马"的开局；是他，发现了应付"中炮巡河炮"的最佳应着；又是他，创新了被古谱和今人否定的"飞相局""反宫马""鸳鸯炮""龟背炮"和"过宫炮"等开局。"鸳鸯炮"和"龟背炮"开局，因为子力龟缩一角，极容易受制于人，不易反击，历来被棋界权威认为是偏局，因而舍弃不用，绝迹棋坛多年。胡荣华从孙子的"先为不可战，而后战胜之"，也就是后发制人的理念出发，对这几种偏局进行了大胆革新，巧妙地将龟缩的子力演化为集中的兵力，出奇地将受制于人变为制于人，将不易反扑的态势转化为迅雷不及掩耳的奔袭。被打入冷宫多年的"鸳鸯炮"和"龟背炮"，经过胡荣华的推陈出新后，攻守兼备：防守时可藏于千仞之下，进攻时可动于九天之上。

上述开局，在象棋理论的发展史上具有不可替代的地位。胡荣华也因此成为中国象棋现代理论体系的重要奠基人。胡荣华以他的创新,丰富了象棋宝库,使这一门古老的艺术,放射出更加灿烂的光辉。

探索象棋奥妙,实在不是一件容易之事,虽然一枰之间不过是"流血五步"的战场,河界之隔也只是"一衣带水"。然而,高手们却向大家展示了多少惊心动魄的战斗场面,奏出了多少高山流水般的乐章,还有多少弦外之音要人们深品细尝才能领悟其中三昧。

正因为斯,我们才如此迷恋象棋。

在采访胡老师的过程中,我得益匪浅。因耳濡目染了大家风范,便自然而然地得乎其中了。2017年12月,我在中国象棋协会主办的全国老年象棋邀请赛中,超水平发挥,以3胜6和的成绩打进前8名,获得了中国棋协大师的称号。参赛选手中,有北京、上海、浙江和江西等省市冠军多人。回上海后,我向胡老师报了喜。胡老师说:"有意思,人家50岁都在退棋,你60多了,还在长棋。"

我是一个作家,也是一个棋手,研棋打谱,成了我生活中一个重要的组成部分。那一日,当我又一次神游楚汉时,那一声声蛙鸣又来造访。那一声声的蛙鸣,让我又一次想起了窦国柱先生,想起了弹硌路上的那盏路灯。

(在采访记录整理《胡荣华口述历史》的过程中,得到了摄影家洪南丽、李昂、项秉康、吕昊、章昊豪、孟祥蓉,上海棋院办公室赵彦宏,上海棋谱藏家陈建国的支持,在此表示谢意。)

丁旭光

2022年10月10日于谷隐轩

图书在版编目（CIP）数据

胡荣华口述历史 / 胡荣华口述；丁旭光撰稿. --
上海：上海书店出版社，2023.11 (2024.5重印)
（上海市文史研究馆口述历史丛书）
ISBN 978-7-5458-2316-5

Ⅰ.①胡… Ⅱ.①胡…②丁… Ⅲ.①胡荣华－回忆
录 Ⅳ.①K825.47

中国国家版本馆CIP数据核字（2023）第165175号

特约编审　郭志坤
责任编辑　邓小娇
封面设计　郦书径

上海市文史研究馆口述历史丛书
胡荣华口述历史
胡荣华　口述　丁旭光　撰稿

出　　版　上海书店出版社
　　　　　（201101　上海市闵行区号景路159弄C座）
发　　行　上海人民出版社发行中心
印　　刷　江阴市机关印刷服务有限公司
开　　本　640×965　1/16
印　　张　19
版　　次　2023年11月第1版
印　　次　2024年5月第2次印刷
ISBN 978-7-5458-2316-5/K・483
定　　价　85.00元

ORAL HISTORY

上海市文史研究馆
口述历史丛书